¿Qué es la historia?

E. H. Carr

¿Qué es la historia?

Ariel

Título original: *What is history?*

Primera edición en editorial Ariel: septiembre de 1983
Primera edición en esta presentación: marzo de 2025

Traducción de Joaquín Romero Maura
Traducción de la introducción y del capítulo de R. W. Davies:
Horazio Vázquez Rial

© 1961: Edward H. Carr

Derechos exclusivos de edición en español:
© Editorial Planeta, S. A., 2025
Avda. Diagonal, 662-664, 08034 Barcelona
Editorial Ariel es un sello editorial de Planeta, S. A.
www.ariel.es
www.planetadelibros.com

ISBN: 978-84-344-3848-4
Depósito legal: B. 3.609-2025

Impreso en España

Índice

«Me maravillo a menudo de que resulte tan pesada, porque gran parte de ella debe de ser pura invención.»

Catherine Morland, hablando de la Historia
(Jane Austen, *Northanger Abbey*, cap. XIV)

INTRODUCCIÓN

Richard J. Evans

I

E. H. Carr (1892-1982) no fue un historiador profesional en ninguna de las acepciones del término admitidas hoy día. Jamás impartió clases en el departamento de historia de ninguna universidad. Estudió Lenguas Clásicas en Cambridge, antes de la Primera Guerra Mundial. Según confesó más tarde, en aquella época carecía totalmente de interés por la historia.[1] Tampoco hizo el doctorado, que actualmente es el recorrido habitual a seguir en la profesión académica. En 1916 se graduó y entró directamente en el Foreign Office, donde permaneció durante los veinte años siguientes. Durante ese tiempo invirtió sus ratos libres, mucho más abundantes de lo que ahora podría permitirse, en la redacción de biografías de escritores y filósofos del siglo XIX. En 1931 publicó un libro sobre *Dostoievski*, en 1933 un estudio sobre Herzen y su círculo *(The Romantic Exiles)* y en 1937 una biografía de *Michael Bakunin*. Asimismo comenzó a escribir críticas de libros y artículos sobre diplomacia contemporánea. En 1936 dimitió del Foreign Office para

Agradezco a la Universidad de Birmingham que me haya permitido acceder a los Documentos de Carr conservados en la sección de Colecciones Especiales de la Biblioteca de la Universidad. Quiero dar las gracias a Jonathan Haslam por su cuidadosa lectura de un borrador de esta introducción y por sus provechosas sugerencias. Todas las opiniones son mías.

1. E. H. Carr, «An Autobiography» (1980) en Michael Cox (ed.), *E. H. Carr. A Critical Appraisal* (Londres, 2000), pp. xiii-xxii, aquí p. xiv.

ocupar una cátedra en la Universidad de Aberystwyth, aunque de relaciones internacionales, no de historia.

De este modo, Carr llegó a ser conocido por un reducido, aunque de gran ascendencia, número de obras sobre política exterior, la más famosa de las cuales quizá sea *The Twenty Years' Crisis 1929-1939*, publicado en vísperas de la Segunda Guerra Mundial. Si cuando trabajaba en el Foreign Office dedicaba cada vez más tiempo a escribir libros, ahora que lo hacía como profesor universitario invertía cada vez más tiempo en la práctica del periodismo. En 1941 se convirtió en *assistant editor* de *The Times* y redactó numerosos artículos destacados para este diario, hasta que lo abandonó en 1946. Es posible que el hecho de dedicarse plenamente a escribir para un periódico nacional no le granjeara las simpatías de sus superiores de Aberystwyth, pero cuando finalmente se vio obligado a renunciar a la cátedra fue por razones personales. Tras un lapso en el que se ganó la vida como periodista independiente, conferenciante y comentarista radiofónico, en 1953 obtuvo el cargo de tutor de ciencia política en el Balliol College de Oxford, antes de ocupar su puesto definitivo a partir de 1955 como miembro del Senior Research Fellowship en el Trinity College de Cambridge, donde permaneció hasta su muerte en 1982 a la edad de 90 años.[2]

Por esta razón, Carr aborda la historia desde la perspectiva de alguien que ha pasado su vida al servicio del Foreign Office y de un periódico nacional. Estas influencias y experiencias imprimieron un marcado acento a sus puntos de vista sobre la historia y la manera de estudiarla. Accedió a esta materia a una edad relativamente avanzada. Emprendió la elaboración de su única obra histórica de envergadura, *History of Soviet Russia* en catorce volúmenes, publicada entre 1950 y 1978, cuando rondaba la cincuentena y cuando se puso a escribir *¿Qué es la historia?* ya llevaba tiempo retirado. Después aseguró que su interés por la historia nació durante la propia Revolución rusa, que contempló desde lejos siendo un joven auxiliar administrativo del Foreign Office británico en 1917. Sin embargo, ese interés permaneció aletargado durante muchos años hasta que despertó de forma definitiva y decisiva durante la Segunda Guerra Mundial, cuando, como a otros muchos británicos, aunque quizá de forma más absoluta y perma-

2.   «E. H. Carr: Chronology of His Life and Work, 1892-1982», en ibíd., pp. 339-343.

nente, le invadió la admiración y también la preocupación ante la entrada de la Rusia soviética en la guerra a favor del bando aliado en junio de 1941.[3]

La elaboración de su obra *History of Soviet Russia* enfrentó a Carr, según dijo, con temas clave como «la causalidad y el azar, el libre albedrío y el determinismo, el individuo y la sociedad, la subjetividad y la objetividad», que le abrieron un nuevo campo de esfuerzo intelectual. Cuando era estudiante en Cambridge, «un mediocre profesor de lenguas clásicas» le enseñó que el relato hecho por Herodoto de las guerras persas fue configurado y moldeado por su postura frente a la guerra del Peloponeso, que tenía lugar mientras escribía. «Ésta fue una revelación fascinante», confesó Carr años después, «y me hizo entender por vez primera en qué consistía la historia».[4] Mientras investigaba y redactaba su obra sobre la Rusia soviética, Carr recogió esta idea e intentó encajarla con los problemas teóricos que planteaba su proyecto, en una serie de artículos escritos para *The Times Literary Supplement* durante los años cincuenta. El primero de ellos trataba la cuestión de la objetividad. Ésta tenía una especial importancia para él debido a que en la época en que se publicó el primer volumen de su historia, en 1950, la opinión sobre la Unión Soviética se hallaba polarizada entre los comunistas que no toleraban la menor crítica y que encontraban justificado e inevitable todo cuanto se refería a su desarrollo, por un lado, y los partidarios occidentales de la guerra fría que veían en el comunismo una amenaza para los derechos humanos y los valores democráticos no menos grave que la que había representado el nazismo y condenaban la existencia de la Unión Soviética como una abominable aberración, por el otro.

History of Soviet Russia de Carr constituyó un intento pionero de reconstruir detalladamente lo que sucedió en Rusia entre 1917 y 1933 a partir de las fuentes disponibles. Al propio tiempo, fue un serio intento de seguir el rumbo entre los polos opuestos de la polémica en la guerra fría y de elaborar un relato que pudiera considerarse a la vez docto y objetivo. Pero ¿cómo podría definirse la objetividad en semejante situación? En 1950, cuando se publicó el primer volumen de su monumental obra, Carr proclamó con osadía: «La historia objetiva no existe.» Sin embargo, al mismo tiem-

3. Carr, «An Autobiography», pp. xv, xx.
4. Ibíd., p. xiv.

po, en el primero de sus artículos para *The Times Literary Supplement* sostiene que intentar conseguirlo estaba lejos de constituir una empresa vana: «Afirmar que los falibles seres humanos están demasiado implicados en las circunstancias temporales y espaciales para alcanzar la verdad absoluta», escribió, «no es lo mismo que negar la existencia de la verdad; una negativa semejante destruye todo criterio de discernimiento y convierte cualquier enfoque de la historia en algo tan falso o verdadero como los demás». Evidentemente esta perspectiva no era muy satisfactoria. De modo que Carr optó por situarse en una posición «donde es posible sostener que la verdad objetiva existe, pero que ningún historiador o escuela de historiadores puede aspirar a conseguir por sí mismos más que una leve y parcial aproximación a ella».[5]

No obstante, el problema no era de tan fácil resolución. En una reseña del libro *History and the Historians in the Nineteenth Century*, del eminente diplomático e historiador G. P. Gooch, que vio la luz por primera vez en 1913 y fue editada con un nuevo prólogo cuarenta años después, Carr destacaba la «inquebrantable fe en la posibilidad de establecer los hechos, y una vez establecidos, en el valor de éstos para la Humanidad». Esta fe era consecuencia de la formación de Gooch en la tradición historicista de Leopold von Ranke, erudito del siglo XIX que le enseñó a describir el pasado «tal como fue en realidad». Sin embargo, continuaba Carr, el Gooch de 1952,

> sabe que el mundo ha avanzado mucho en los últimos cuarenta años y no es posible que la actual generación acepte esta fe absoluta e incondicionada en la preeminencia y el único mérito de los hechos históricos… Ya no se puede poner en duda que nuestra investigación de los hechos históricos y nuestra identificación de los mismos al detectarlos, están necesariamente determinadas por las —quizá inconscientes— ideas y suposiciones que guían la investigación. La profunda convicción de que los «hechos» son neutrales y de que el progreso consiste en descubrirlos y aprender de ellos es producto de una concepción racional-liberal del mundo que hoy día no puede darse por supuesta, como lo era para nuestros antepasados, situados con mejor fortuna en el siglo XIX.

No obstante, al mismo tiempo, Carr admitía que la distorsión de la historia efectuada por el régimen de Stalin en la Unión Soviéti-

---

5.   E. H. Carr, «Truth in History», *TLS*, 1 de septiembre de 1950.

ca, su mutilación de documentos y su falsificación de archivos históricos, ponía de manifiesto que la libertad de conocimiento tenía mayor importancia que nunca.[6]

Meses más tarde, Carr volvió a ocuparse de las tensiones pendientes que el artículo había puesto de manifiesto y trató de desarrollar un poco más sus razonamientos. ¿Cuál era la relación existente entre el historiador y los hechos?, se preguntaba en otro artículo para *The Times Literary Supplement*, que apareció en junio de 1953.

> Entre el pasado y el presente, hay un camino de dos direcciones, el presente se configura a partir del pasado y, al mismo tiempo, lo recrea constantemente. Si bien es cierto que el historiador hace la historia, no lo es menos que la historia ha hecho al historiador... El actual filósofo de la historia, que esforzadamente mantiene un difícil equilibrio entre los riesgos del determinismo objetivo y el pozo sin fondo de la relatividad subjetiva, consciente de que pensamiento y acción se hallan inextrincablemente entrelazados y de que la naturaleza de la causalidad, tanto en la historia como en la ciencia, parece tanto más escurridiza cuanto mayor es la firmeza con que se pretende asirla, está más ocupado planteando interrogantes que respondiéndolos.[7]

Algunos de estos planteamientos resurgen en *¿Qué es la Historia?* Pero, con toda seguridad, Carr no podía creer de verdad que los historiadores se ocupaban únicamente de formular preguntas, puesto que en su *History of Soviet Russia* se dedicó a contestarlas casi en cada página. Por lo tanto, la cuestión quedó pendiente.

En 1960 probó suerte de nuevo con el problema de la objetividad en un debate acerca de la inclinación nacionalista de los manuales de historia. Aquí le encontramos de un humor paradójico:

> Lo embarazoso de la historia es que la tendenciosidad parece ser un elemento esencial de ella —incluso en la de mejor calidad—. La realidad es que, pese a lo que se diga, los hechos «no hablan por sí mismos» o, de hacerlo, es el historiador quien decide qué hechos han de hablar, pues no puede concederles la palabra a todos. Y la decisión del historiador más concienzudo —de los historidores más conscientes de su trabajo— vendrá determinada por su punto de vista, que los

6. E. H. Carr, «Progress in History», *TLS*, 18 de julio de 1952.
7. E. H. Carr, «Victorian History», *TLS*, 19 de junio de 1953.

demás podrán calificar de tendencioso. No sería del todo cínico afirmar que el mejor historiador es aquel que tiene la mejor tendencia y no aquel otro, inexistente por otra parte, que carece de ella.

Desde el punto de vista de Carr, en este caso era mejor la tendencia internacional que la nacional, lo que significaba la renuncia a escribir la historia como un acto de patriotismo, tal y como hicieron los historiadores alemanes en sus debates sobre el Tratado de Versalles y sus consecuencias, considerar el pasado reciente de Alemania y su lugar en el sistema internacional a partir de 1919, desde el enfoque del propio sistema internacional. No obstante, hay que cuestionar si «tendencia» es la palabra idónea para eso. Lo que en realidad quiso decir Carr es que en los últimos años los historiadores alemanes habían empezado a ser *menos* tendenciosos porque, al examinar su pasado, habían comenzado a ver más allá del limitado interés nacional de su propio país. «Es razonable pedir al historiador», concluía Carr, «que encabece los movimientos progresistas e ilustrados de su tiempo, en lugar de ir a la zaga».[8] Sin embargo, ¿quién decide lo que es progresista e ilustrado y lo que no lo es? Carr tampoco logró resolver el problema de la objetividad de modo satisfactorio. A todas luces, se hallaba dividido entre la sensación de que la objetividad estaba amenazada por la polémica de la guerra fría y la creencia de que la objetividad, en cualquiera de sus acepciones tradicionales, era una ambición imposible que ningún historiador podía razonablemente esperar alcanzar. Estas tensiones en el pensamiento de Carr afloraron de un modo bastante diferente a principios de los años sesenta, cuando intentaba atar todos los cabos sueltos en *¿Qué es la Historia?*[9]

II

«La historia», escribió Carr en una reseña publicada en 1954, «no valdría la pena de ser escrita ni leída si careciera de sentido».

---

8.   E. H. Carr, «History without Bias», *TLS*, 30 de diciembre de 1960.
9.   Jonathan Haslam, *The Vices of Integrity. E. H. Carr 1892-1982*, Londres, 1999, pp. 192-196.

Para su pensamiento fue crucial cuestionarse la «suposición de que en la historia las explicaciones importantes han de hallarse en los propósitos conscientes y las previsiones de los *dramatis personae*».[10] Pero ¿de dónde procede el significado en historia? Aquí Carr desarrolló sus ideas en el curso de una larga controversia con el filósofo e historiador de las ideas Isaiah Berlin, un amigo con quien tenía la suficiente intimidad como para tutearse, algo poco corriente según las normas de la época. Los dos compartían un conocimiento y un interés profundos por la literatura y el pensamiento rusos. Ambos estaban vivamente influidos en sus ideas políticas por la tradición liberal inglesa. Pero en lo tocante a la Unión Soviética, disentían. A pesar de ser crítico con muchos aspectos del régimen comunista en Rusia, Carr nunca perdió por completo la simpatía que éste despertó en él durante su lucha contra Hitler en la Segunda Guerra Mundial. Por el contrario, como refugiado de la Rusia soviética, Berlin carecía de tal apego. Durante los años cincuenta llegó a ser uno de los principales portavoces de los valores liberales «occidentales» y en contra de la teoría e ideología comunistas, a ambos lados del Atlántico.[11]

En 1950, Berlin hizo la crítica del primer volumen de *History of Soviet Russia* en términos que no dejaban lugar a duda sobre su desacuerdo con el método y el espíritu de la obra. Carr había escrito en el prólogo de su libro que su intención «no era escribir la historia de los acontecimientos de la revolución..., sino del orden político, social y económico que surgió de ella». De modo que su libro aspiraba a proporcionar «no un registro exhaustivo de los sucesos del período al que se refiere, sino un análisis de los acontecimientos que perfilaron las principales líneas de su desarrollo».[12] Así, por ejemplo, examinó con minuciosidad y detalle el desarrollo del pensamiento bolchevique respecto a toda una gama de temas antes de 1917, pese a que en esa época los bolcheviques tenían escasa o nula importancia en la Rusia de la época, porque su pensamiento fue crucial en la formación de las políticas que implantaron los bolcheviques tras su acceso al poder. Por otro lado, omitió cualquier consideración acerca de los sucesos de la revolu-

---

10.   E. H. Carr, «European Diplomatic History», *TLS*, 26 de diciembre de 1954.
11.   Michael Ignatieff, *Isaiah Berlin: A Life*, Londres, 1998, especialmente el capítulo 13.
12.   E. H. Carr, *The Bolshevik Revolution*, vol. I, Londres, 1950, pp. 5-6.

ción, las fracasadas alternativas a los bolcheviques o el violento conflicto de la guerra civil.

Para Carr, que escribía desde la perspectiva de un mandarín con muchos años a cuestas de servicio en el Foreign Office, lo que importaba era el proceso de construcción del Estado y la formación de las políticas estatales. Y al igual que otros muchos funcionarios interpretaba a pies juntillas los documentos oficiales generados por el Estado, las políticas formales, constituciones y documentos legislativos. Su biógrafo, Jonathan Haslam, destacó que la experiencia diplomática de Carr «menguó la idea de que cualquier situación podía tener una multitud de posibles desenlaces; una vez acontecido un suceso, cuando pasaba algo, bueno o malo, el diplomático lo aceptaba y pasaba a la acción». Y esto «acentuó su identificación con los gobernantes más que con los gobernados... al escribir su *History of Soviet Russia*, Carr trasladó su temprana identificación con la clase dirigente británica a la casta dirigente de la Rusia soviética».[13]

Berlin encontró este proceder básicamente censurable. En su reseña del libro, lamenta que «Carr considere la historia como una sucesión de acontecimientos regidos por leyes inexorables». Carr pensaba que la tarea del historiador consistía en dilucidar cuáles eran estas leyes y cómo funcionaban «sin tan siquiera echar una ojeada a los antecedentes, a las posibilidades no realizadas en las que se depositaron grandes esperanzas y temores, y menos aún a las víctimas y los damnificados durante el proceso». Por ello, acusaba a Carr de que

> ve la historia con los ojos de los vencedores; para él, los perdedores casi se han descalificado a sí mismos como testimonios... Si los restantes volúmenes de Mr. Carr igualan este impresionante inicio, constituirán el desafío más monumental de nuestro tiempo a ese ideal de imparcialidad, de verdad objetiva y de equidad en la redacción de la historia, que están firmemente enraizados en la tradición liberal europea.[14]

Por consiguiente, según Berlin la aproximación de Carr a la historia era todo menos objetiva. Quizá pensó que si mostraba una

---

13. Haslam, *The Vices of Integrity*, p. 146.
14. Isaiah Berlin, en una reseña de *The Bolshevik Revolution* en el *Sunday Times*, 10 de diciembre de 1950.

tendencia, debía ser la mejor de todas. Obviamente, Berlin no compartía su opinión.

En 1953, Berlin se explayó acerca de su visión de la historia persistiendo en sus ataques a Carr, aunque de forma menos explícita. Michael Ignatieff, su biógrafo, describió la conferencia sobre Auguste Comte que pronunció en la London School of Economics ese año «como una impresionante exposición de sus principales ideas». Según afirmó Berlin en la conferencia, que más tarde se publicó ampliada bajo el título de *Historical Inevitability*, los seres humanos son únicos por su capacidad de elección moral, la cual les hace relativamente independientes de las fuerzas impersonales que los historiadores como Carr, equivocadamente en opinión de Berlin, consideran determinantes del cuerpo humano. Bien es verdad, concedía Berlin, que tales fuerzas reducen el campo de actuación del individuo en una situación determinada. La misión del historiador es determinar cuál es ese campo de actuación, identificar los posibles cursos de acción alternativos a aquellos que siguieron efectivamente los individuos y juzgar su comportamiento en consecuencia. Insistir en la inevitabilidad de lo sucedido en el pasado, como hacía Carr, equivalía a declinar la responsabilidad moral de nuestras acciones en el presente.[15]

Carr no era de los que soportan las críticas en silencio. En la recensión de la conferencia aparecida en *The Times Literary Supplement*, insistió en que «la función específica del historiador, *qua* historiador, no es juzgar, sino explicar». Los historiadores, como siempre ha convenido el propio Berlin, siempre habían buscado en el pasado el sentido y la pauta.

> El analista se contenta con decir que una cosa sigue a la otra; lo que distingue al historiador es, en primer lugar, la proposición de que una cosa lleva a la otra. En segundo lugar, aunque los acontecimientos históricos se ponen en marcha en efecto debido a la voluntad de los individuos, «grandes hombres» o gente corriente, el historiador tiene que ir más allá de la voluntad de los individuos e indagar las razones que les impulsaron a querer y a obrar de la manera que lo hicieron, y a estudiar los «factores» o «fuerzas» que explican su com-

---

15. Ignatieff, *Isaiah Berlin*, pp. 205-206; Isaiah Berlin, *Historical Inevitability*, Londres, 1954, reproducido en Isaiah Berlin, *The Proper Study of Mankind: An Anthology of Essays*, editado por Henry Hardy y Roger Housheer, Londres, 1997, pp. 119-190, aquí p. 189; Haslam, *The Vices of Integrity*, pp. 197-198.

portamiento individual. En tercer lugar, aunque la historia nunca se repite, presenta ciertas regularidades y permite realizar ciertas generalizaciones, que pueden servir de guía para una acción futura.[16]

Éstos eran los razonamientos que subyacían a la carga de Carr contra los puntos de vista de Berlin, en las páginas de *¿Qué es la historia?*

Cuando el consejo de administración del Trevelyan Fund, creado por el gran historiador de Cambridge G. M. Trevelyan con los beneficios que le reportó el inconmensurable éxito de su *English Social History* y con su considerable patrimonio personal, solicitó a Carr que impartiera el segundo ciclo de las Conferencias Trevelyan en 1961, después de la serie inaugural a cargo de A. L. Rowse, contribuyeron con ello a establecer una tradición según la cual el conferenciante, aun siendo ajeno a la Facultad de Historia de Cambridge, tenía alguna relación pasada o presente con ella. Carr cumplía los requisitos a la perfección: nunca había sido miembro de la Facultad, pero era un licenciado de la Universidad y un miembro —pronto lo sería vitalicio— del Trinity College, lo cual, en la extraña estructura bifurcada de Cambridge, significa que era miembro de un College autónomo de considerable riqueza y prestigio, aunque no trabajara propiamente para la Universidad. Podía supervisar, y lo hizo, trabajos de investigación y estaba autorizado para supervisar los cursos de licenciatura, pero no formaba parte del profesorado habitual de la Facultad de Historia. Además, cuando pronunció las Conferencias Trevelyan, cercano a los setenta años, ya había sobrepasado la edad de jubilación.

Cuando el consejo de administración del Trevelyan Fund pidió a Carr que diera las conferencias, esperaba que hablara sobre la Rusia soviética, un tema que en aquella época no se enseñaba en la Facultad de Historia, donde el programa se centraba todavía de modo abrumador en la historia inglesa a partir de la Edad Media. Pero Carr tenía otras ideas. Como escribió en marzo de 1960 a su amigo Isaac Deutscher, biógrafo de Stalin y de Trotsky: «Durante tiempo he esperado la ocasión de poder hablar sobre la historia en general» y «contestar, entre otras cosas, las insensatas observaciones de Popper, Isaiah Berlin, etc., sobre la historia».[17] En *¿Qué es la his-*

---

16.   E. H. Carr, «History and Morals», *TLS*, 17 de diciembre de 1954.
17.   Carr a Deutscher, 29 de marzo de 1960, citado en Haslam, *The Vices of Integrity*, p. 188.

toria? cumplió todas sus promesas con creces. Redactó el borrador de las conferencias durante la travesía por mar de Londres a San Francisco, entre el 10 de septiembre y el 11 de octubre de 1959, y las rectificó un año después, empezando el 27 de septiembre de 1960. Las conferencias se impartieron de forma semanal en Cambridge entre enero y marzo de 1961, se retransmitieron por radio en la BBC y se publicaron de forma abreviada en el semanario de la BBC *The Listener*. Probablemente ningún otro ciclo de Conferencias Trevelyan recibió jamás tanta publicidad, ni antes ni después.[18]

Como periodista con numerosos contactos en los medios de comunicación, Carr tenía acceso inmediato a la BBC. Ante su clara intención de asegurarse la máxima publicidad posible, redactó las conferencias con su mejor estilo periodístico, sirviéndose de todas las técnicas que había refinado después de tantos años de escribir para la prensa. Desde un principio, resultó evidente que iban destinadas a un público mucho más amplio que el que pudiera reunirse en el Aula Mill Lane de Cambridge. Carr invitó a Isaiah Berlin no sólo con vistas al subsiguiente debate entre ambos, sino también porque sabía que al público su nombre le resultaría familiar. Los dos eran personajes sobradamente conocidos en la vida intelectual pública de su tiempo; los dos eran asiduos comentaristas en la radio, el medio de difusión más popular en la década de los cincuenta, todavía no desbancado por la televisión y considerado por algunos como el más idóneo para la transmisión y exposición de ideas y razonamientos sofisticados. El mundo intelectual británico de los años sesenta era aún muy reducido; tan sólo una minúscula parte de la población había cursado estudios universitarios, la profesión de historiador estaba lo bastante poco extendida para que la mayoría de ellos se conocieran personalmente; y el debate intelectual en los medios de comunicación, incluyendo *The Times*, el *Third Programme* de la BBC y *The Times Literary Supplement*, todavía constituían el dominio de un grupo selecto de personajes públicos al que pertenecían Berlin y Carr. Un observador externo destacaba «lo reducido de la sociedad intelectual británica, la disponibilidad de espacio en periódicos y revistas de la mejor calidad (lo cual era, desde luego, un aliciente para producir material controvertido) y la natu-

---

18. Haslam, *The Vices of Integrity*, pp. 189-192.

raleza sumamente individualista y beligerante de los eruditos ingleses», como influencias que imbuían de una extraña coherencia a la vida intelectual inglesa, dotándola de su especial predilección por el debate público.[19]

Como las conferencias de Carr fueron publicadas en *The Listener*, inevitablemente despertaron toda suerte de comentarios en las columnas dedicadas al correo de los lectores. Especialmente, Isaiah Berlin se apresuró a responder a los dardos emponzoñados lanzados por su amigo de Cambridge. Berlin aseguraba que en las conferencias se le había tergiversado. Jamás había afirmado que el determinismo fuera falso; se limitó a comentar que era una falacia responsabilizar de los actos humanos a fuerzas impersonales. Tampoco había afirmado que fuera un error el investigar las causas de las acciones humanas, un punto en el que su posición fue caricaturizada por Carr en las conferencias.[20] Carr respondió con citas de *Historical Inevitability*, en el sentido de que si Berlin pensaba que el determinismo era incompatible con la responsabilidad individual, entonces debía creer que ese determinismo era falso. Y que si Berlin juzgaba erróneo no colmar de alabanzas o de reproches la conducta pasada de los hombres, entonces debía considerar correcto juzgarles moralmente.[21]

Berlin replicó a Carr denunciando de nuevo la tergiversación y reiterando al propio tiempo su opinión de que los argumentos sobre el determinismo no eran convincentes.

> La proposición determinista de que las acciones individuales (o, en realidad, cualquier acción) están totalmente determinadas por causas identificables en el tiempo, no es compatible con la creencia en la responsabilidad individual... No veo razón alguna para negar que los hombres tienen una libertad de acción individual limitada, en unas condiciones que, en gran medida, no han elegido.[22]

La última parte parafraseaba con ligereza una sentencia pronunciada a este mismo efecto por Karl Marx, que había sido objeto de estudios biográficos por parte de Berlin y de Carr en los años

19.   Véase Metha, *Fly and the Fly-Bottle. Encounters with British Intellectuals*, Londres, 1963, pp. 93-94.
20.   Isaiah Berlin, columna de cartas de los lectores, *The Listener*, 18 de mayo de 1961.
21.   E. H. Carr, carta, *The Listener*, 1 de junio de 1961.
22.   Isaiah Berlin, carta en *The Listener*, 15 de junio de 1961.

treinta.[23] De hecho, no hacía sino afirmar ni más ni menos que lo que Berlin escribió en su *Historical Inevitability*. Carr tuvo ciertas dificultades para justificar su tergiversación de Berlin en este punto y se vio obligado a reconocer en una carta personal dirigida a su amigo con fecha 27 de junio de 1961, que «probablemente exageré mi argumentación», quizá porque era hipersensible a la acusación de crudo determinismo de que fue objeto su obra como resultado de los ataques inflingidos a su *History of Soviet Russia* por los partidarios de la guerra fría. No obstante, insistió en que las razones de Berlin continuaban inclinándose en la dirección de negar la validez del determinismo y de afirmar la necesidad de juicio moral en historia.[24] La respuesta de Berlin fue que él sólo admitía que el juicio moral era permisible para el historiador, pero nunca afirmó que fuera un deber.[25] Las posiciones de ambos se acercaban cada vez más.

Sin embargo, Berlin no cedió en su ataque contra Carr. En otra carta personal, fechada el 3 de julio de 1961, indicaba que de hecho la mayoría de los historiadores practicaba el juicio moral. Como ejemplo citaba el retrato que Carr hacía de Lenin: su caracterización de Lenin como progresista implicaba, indudablemente, una cierta aprobación moral, del mismo modo que la descripción de otros individuos como reaccionarios suponía lo contrario. Pidió a Carr que reconociera en la versión publicada de las conferencias que estaba satisfecho de que Berlin no sostuviera todas las opiniones que le adjudicó en *¿Qué es la historia?* Pero Carr se negó a ello, alegando que el proceso de publicación estaba ya muy avanzado y que era demasiado tarde para eso.[26] Esto despejó el camino para que se reanudaran las hostilidades en mayor escala.

---

23.   Isaiah Berlin, *Karl Marx: His Life and Environment*, Londres, 1939; E. H. Carr, *Karl Marx: A Study in Fanaticism*, Londres, 1934.

24.   Carr a Berlin, 27 de junio de 1961, en la Biblioteca de Colecciones Especiales de la Universidad de Birmingham, Caja 11. Todas las referencias a la correspondencia privada de Carr en esta introducción son documentos que se encuentran en este archivo, a menos que se diga lo contrario.

25.   Isaiah Berlin, carta en *The Listener*, 15 de junio de 1961.

26.   Berlin a Carr, 3 de julio de 1961, y Carr a Berlin, 18 de julio de 1961, ambos citados en Haslam, *The Vices of Integrity*, p. 201.

III

En enero de 1962 Berlin realizó la crítica de *¿Qué es la historia?* para la revista *New Statesman*, y en lugar de reabrir el debate sobre lo que él consideraba una tergiversación de sus opiniones por parte de Carr, lanzó un ataque masivo contra algunas de las tesis fundamentales de éste. Carr afirmaba que la teoría debía utilizarse para explicar el pasado y que la descripción de los motivos y deseos conscientes de los actores de la historia no bastaba por sí misma para justificar lo que hicieron. Sin embargo, inquiría Berlin, ¿no fueron los motivos y deseos conscientes de Lenin factores importantes en la Revolución bolchevique? En efecto, ¿no habría sido diferente el curso subsiguiente de la historia soviética de haber muerto Stalin antes que Lenin?[27] De modo semejante, en una reseña de *¿Qué es la historia?* publicada en *The Times Literary Suplement*, Isaac Deutscher se preguntaba: «si (como afirma Carr) el accidente modifica el curso de los acontecimientos, pero no la "jerarquía de las causas significativas", del historiador, ¿no será que algo no funciona en esa jerarquía?».[28] Al cabo de un tiempo, Carr llegó a reconocer que había algo de verdad en este razonamiento. «La palabra "accidente"», escribió a Isaac Deutscher en 1963, «es desafortunada»:

La muerte de Lenin no fue un accidente, estrictamente hablando. Sin duda, se debió a causas perfectamente definidas. Pero pertenecen a la medicina y no al estudio histórico. Sin embargo, me resulta difícil afirmar que estas causas, aunque externas a la historia, no afectaron su curso. Aun manteniendo que a largo plazo el resultado habría sido más o menos el mismo, hay un corto plazo importante que supone una gran diferencia para muchísima gente... Naturalmente, si la historia no fuese más que una sucesión de «accidentes» externos, no podría realizarse ningún estudio serio. Pero, de hecho, está sujeta a las suficientes regularidades como para poder realizarlo, aunque a veces estas regularidades se vean interrumpidas o perturbadas por elementos externos.[29]

27. Berlin, «Mr. Carr's Big Battalions», *New Statesman*, 5 de enero de 1962, pp. 15-16.
28. «Between Past and Future», *TLS*, 17 de noviembre de 1961, pp. 813-814. Para la identificación de Deutscher como reseñador, véase Haslam, *The Vices of Integrity*, pp. 204-205.
29. Carr a Isaac Deutscher, 17 de diciembre de 1963.

Tiempo después, en una entrevista mantenida con Perry Anderson, editor del *New Left Review*, para hablar de la conclusión de la *History of Soviet Russia*, Carr modificó nuevamente sus opiniones sobre este punto. En el caso de haber vivido, insistió, Lenin habría lanzado a la Unión Soviética de cabeza a la industrialización y a la colectivización. Sin embargo, jamás habría falseado la historia hasta el punto que lo hizo Stalin y habría tratado de «minimizar y mitigar el elemento coercitivo», a diferencia de Stalin, que lo maximizó. Ésta podría ser una visión demasiado optimista de Lenin. Pero equivalía a admitir que la personalidad ejercía cierta influencia en el modo en que sucedían las cosas, aunque Carr seguía insistiendo en que se trataba de una mínima influencia en la corriente global de su desarrollo.[30]

El concepto de Carr de causalidad también resultó poco satisfactorio en otros órdenes. W. H. Walsh, autor de un manual de filosofía de la historia muy utilizado, comentó que «lo que desvirtúa todo su razonamiento acerca de la causalidad es que le falta preguntarse si la búsqueda de las causas en la historia es práctica o teórica».[31] Esto obedecía fundamentalmente a que Carr no pasó sus años de formación intelectual en una torre de marfil académica, sino en el pragmático mundo del servicio diplomático y el Foreign Office, donde todo carecía de interés inmediato, a menos que contribuyese a la formación de la política. Carr nunca logró liberarse de la presuposición de que la historia se diseñó ante todo como guía política. Pero, como se preguntaba A. J. P. Taylor: ¿por qué razón el saber de dónde vengo me va a decir adónde voy?[32] El medievalista Geoffrey Barraclough, cuyos años de servicio durante la guerra le convencieron de que el estudio de la historia contemporánea era más importante, insistió en este punto con mayor detenimiento:

> A veces parece que Carr se halla peligrosamente cerca de la doctrina de que la historia existe para colmar una necesidad social. De ser así, confunde historia y mito. Lo que la sociedad quiere —y con demasiada frecuencia obtiene— no es historia, sino mito, el cemento

30. E. H. Carr, *From Napoleon to Stalin*, Londres, 1980, pp. 262-263.
31. W. H. Walsh, en *English Historical Review*, julio de 1964 (adjunto a los documentos de Carr, Caja 28); véase también ídem, *An Introduction to Philosophy of History*, 3.ª ed., Londres, 1967.
32. A. J. P. Taylor, «Moving with the Times», *The Observer*, 22 de octubre de 1961.

que mantiene a la sociedad unida. Precisamente porque la historia, como Mr. Carr afirma con rotundidad, es racional, es esencialmente personal y antisocial.[33]

Barraclough se hacía eco de la opinión reinante de que la función del historiador era desinflar mitos, no crearlos.

La afirmación de Carr en *¿Qué es la historia?* de que las únicas causas de interés para el historiador eran las que podían ser de utilidad para formular una política para el futuro, era una de las más endebles de la obra. Los historiadores investigan las causas con el fin de explicar lo sucedido, y aunque Carr probablemente tenía razón al sostener que las causas y contextos más amplios son esenciales para alcanzar esta explicación, no había la menor justificación intelectual para su sugerencia de que había que ignorar cualesquiera causas, amplias o no, que no sirvieran como guía para la acción futura; éste era precisamente el camino que desembocaba en la clase de manipulación de la historia de acuerdo con los intereses de la política que Carr había condenado con tanta rotundidad en Stalin y sus seguidores.[34]

Como partícipe en las negociaciones del Tratado de Paz de 1919, uno de los acuerdos internacionales más desastrosos de los tiempos modernos, Carr también pudo percatarse de que cuando la gente aprende lecciones de la historia a menudo son las lecciones equivocadas. La historia es mala profetisa de los acontecimientos futuros. Al pretender rescatar de sus detractores la idea de las habilidades predictivas de la historia, Carr no hizo más que confundir las leyes históricas con generalizaciones históricas. Las leyes científicas no se limitan a afirmar que hay un patrón con escasas excepciones: predicen con exactitud y bajo la premisa de inevitabilidad, de modo que, por ejemplo, cuando se mezclan dos sustancias químicas concretas en un tubo de ensayo, reaccionarán siempre e inevitablemente de un modo concreto. Todo cuanto los historiadores pueden hacer es generalizar y buscar patrones que encajen de una manera razonable con las pruebas históricas, pero no pueden utilizar estos patrones y generalizaciones para predecir el futuro, porque siempre habrán excepciones. Aún más, cuanto más amplia sea la generalización, más probabilidades hay de que se

---

33. Geoffrey Barraclough, «Historical Pessimism», *Guardian*, 20 de octubre de 1961.
34. *¿Qué es la historia?*, pp. 187-189.

produzca un mayor número de excepciones. Los historiadores se valen de hipótesis, y en esto estaba de acuerdo Carr, tales como la famosa idea de Max Weber acerca de la conexión existente entre el protestantismo y la aparición del capitalismo. Pero no esperan que se confirmen por completo cuando se contrastan con las evidencias históricas. Así pues, jamás pueden constituirse en leyes.

En opinión de Carr, el proceso de redacción e investigación constituía una interacción continua entre hipótesis y pruebas. Su versión del proceso de investigación y formulación como simultáneo en lugar de secuencial era, hasta cierto punto, un reflejo de sus propios hábitos personales. A menudo se ha comentado cómo se sentaba en su salón rodeado de trozos y hojas de papel que se acumulaban a su alrededor a medida que anotaba sus reflexiones y las iba hilvanando.[35] Quien quiera hacerse una idea de este desorden no tiene más que abrir las carpetas de notas reunidas para la inacabada segunda edición de *¿Qué es la historia?*, que se conservan en los archivos de Carr de la biblioteca de la Universidad de Birmingham, con sus azarosos garabatos en trozos de papel de variado tamaño, todo ello sin el menor orden aparente. En la era del procesador de textos, esto es realmente muy primitivo y no guarda la menor semejanza con los disciplinados hábitos de trabajo del gran historiador Edward Gibbon, que paseaba de un lado a otro de su habitación componiendo mentalmente cada párrafo hasta que estaba listo para ser trasladado al papel con la expresión justa y sin que nunca tuviera que hacer ninguna corrección. Sin embargo, el procedimiento de Carr no era tan insólito. El eminente historiador sir Lewellyn Woodward le escribió detallando como:

> También comienzo siempre a escribir en cuanto he leído —de lo que usted denomina fuentes principales— el mínimo necesario acerca de la materia que me ocupe y también empiezo casi siempre por la mitad o por el final, sin un plan ordenado ni un fajo de notas. En mi inocencia consideraba esto como algo vergonzoso por mi parte y suponía que ningún historiador que se preciara trabajaba como yo —en una especie de impetuoso e ilusionado desorden—, añadiendo y modificando continuamente párrafos y cambiando de opinión cuanto más leo. Es un inmenso alivio descubrir que un verdadero historiador como usted actúa de igual modo que yo.[36]

35. John Carr, «Foreword», Cox (ed.), *E. H. Carr*, p. ix.
36. Woodward a Carr, 9 de mayo de 1961.

Aunque los dos historiadores posiblemente estuvieran más desorganizados que la mayoría en sus hábitos de trabajo, el principio general descrito por Carr, de investigación y redacción formando un continuo proceso interactivo, al menos tras el período inicial de exploración de bibliotecas y archivos, es, con toda probabilidad, el que la mayoría de historiadores confesaría practicar y resulta altamente recomendable.

IV

La crítica de Berlin al concepto de causalidad de Carr y su insistencia en la importancia del contexto histórico condujeron a lo que quizá fuera el aspecto más importante de su desacuerdo: el concepto de objetividad de Carr. Según Berlin, la objetividad debería hallarse en el método del historiador; no se trataba de una cuestión de interpretación por su parte. La prueba de los métodos objetivos consistía en preguntar «si sus resultados pueden comprobarse mediante la observación, no de uno, sino de varios observadores; si la lógica de los razonamientos tiene una coherencia interna y si cuentan con la aceptación general de aquellos cuyas reivindicaciones de ser expertos pueden asimismo ser demostradas empíricamente». Según estos criterios, proseguía Berlin, el historiador francés liberal-conservador Helévy, y su colega ruso Klyuchevsky, más simpatizantes con el derrotado régimen zarista que con sus sucesores bolcheviques, eran objetivos; mientras que el progresista americano Beard y el historiador soviético Pokrovsky no lo eran, pese a su identificación con las fuerzas del cambio. Por el contrario, Carr equiparaba progresismo con objetividad. Su definición de un historiador objetivo era la de aquel que poseía la habilidad de «proyectar su visión hacia el futuro, de forma tal que él mismo penetra el pasado más profundamente y de modo más duradero que otros historiadores cuya visión depende totalmente de la propia situación inmediata».[37] Pero como señalaba un crítico:

37. *¿Qué es la historia?*, p. 206.

Cuando el futuro ya se ha convertido en pasado, la cuestión de si tal o cual historiador tuvo visión de futuro no tiene que decidirse necesariamente con mayor acierto que si la decidieran en aquel preciso momento los contemporáneos del historiador. La cuestión puede resolverse de modo diferente en tiempos futuros diferentes por parte de diferentes grupos de jueces con diferentes preguntas que formular y diferentes fines a los que servir.[38]

Dicho de modo más sencillo, es más que probable que los acontecimientos falseen la perspectiva de futuro del historiador, como le ocurrió efectivamente a Carr, cuando su visión de un futuro organizado conforme a los principios de la economía planificada al estilo soviético, sin duda modificados en una dirección social-democrática, ha resultado ser falsa por el momento. Carr no podía prever, ni lo hizo, el colapso del comunismo y el fin de la Unión Soviética, acontecimientos que falsearon su concepto de la objetividad como análisis del pasado conforme a una visión cuasi-marxista del futuro.

A juicio de Berlin, había una segunda grieta en el concepto de objetividad de Carr y residía en su definición de progreso. Según Carr, rezaba la acusación, «todo cuanto ocurre es bueno puesto que ocurre. Sabemos que las etapas pasadas han sido las metas correctas sólo porque se han alcanzado». El progreso es «todo aquello que logra en realidad el que detenta el poder». Carr siempre estaba del lado de los grandes ejércitos.[39] Este punto fue adoptado por otros críticos, en especial por H. R. Trevor-Roper, en aquel tiempo Regius Professor de Historia Moderna en la Universidad de Oxford y un destacado polemista contra la izquierda. Para Carr, arremetía Trevor-Roper,

«objetividad» no significa «ser objetivo» en el sentido hasta ahora aceptado del término —es decir, libre de compromiso, desapasionado, justo—, sino exactamente lo contrario, estar comprometido con el bando de los que van a vencer: el de los grandes ejércitos. ¿Cuál es la característica más visible de *History of Soviet Russia*? Es la decidida identificación de la historia con la causa victoriosa que hace su autor, su implacable rechazo de sus oponentes, de sus víctimas y de todo aquel

38. J. D. Legge (Universidad de Monash), reseña adjunta a los documentos de Carr.
39. Isaiah Berlin, «Mr. Carr's Big Battalions».

que no se sube o conduce el carro del vencedor. A los que «pudieron
haber sido», a los desviacionistas, a los rivales, a los críticos de Lenin,
se les reduce a la insignificancia, se les niega la justicia, la audiencia,
el espacio, porque apostaron por el caballo perdedor. La historia demostró que estaban equivocados y la misión fundamental del historiador es tomar partido por la historia. Aquellos a quienes la historia
consideró deficientes como políticos no han de ser escuchados ni
como testigos de los hechos, ni siquiera para ser condenados. Cuanto
creyeron, vieron o dijeron se ignora por irrelevante, sus voces son si-
lenciadas y todo ello con el mayor desdén. Ningún historiador desde
los crueles años del fanatismo clerical ha tratado la evidencia con un
dogmatismo tan implacable. Ningún historiador, ni siquiera en esa
época, ha exaltado ese dogmatismo en una teoría historiográfica.

Trevor-Roper observó que el «vulgar culto al éxito» de Carr se
puso de manifiesto en los años treinta, al erigirse en paladín del
apaciguamiento de la Alemania de Hitler; ahora había transferido
la adoración a la Rusia de Stalin.[40]

El ataque de Trevor-Roper fue con diferencia el más feroz de todos los que recibió *¿Qué es la historia?* procedentes de varios frentes.
Como señaló un comentarista, «tenía el don de sacar a relucir los
defectos de los historiadores», pero lo hacía «sin la menor compa-
sión. Después de leerlo, uno se preguntaba para qué se han escrito los libros, por qué alguien los lee y cómo es que alguien los toma
en serio». En sus manos, la crítica no servía para «acrecentar nuestra comprensión»; era simplemente «un instrumento de destrucción».[41] Sin embargo, cualesquiera que fuesen los excesos polémi-
cos de su estilo, Trevor-Roper había planteado una cuestión
importante. Otros críticos, incluso aquellos cuyas opiniones políticas normalmente les situaban a la izquierda, comentaron también
que Carr «tiende a aceptar que lo sucedido es históricamente correcto».[42] Como señaló A. J. P. Taylor, cambio no era necesariamente sinónimo de progreso:

El exterminio de los gulags perpetrado por Stalin se justificó porque contribuyó a construir lo que ha venido después, esto es, el actual
poderío de la Unión Soviética. (Por analogía, aunque Mr. Carr no lo

40. H. R. Trevor-Roper, «E. H. Carr's Success Story», *Encounter*, mayo de 1962,
pp. 69-77, en especial pp. 75-76.
41. Mehta, *Fly and the Fly-Bottle*, p. 117.
42. April Carter, «What is History?», en *Peace News*, 8 de diciembre de 1961, p. 8.

diga, el exterminio de los judíos no está justificado porque Alemania no es ahora una potencia mundial.) ¿Cómo puede el hecho de que algo haya sucedido demostrar que era correcto o equivocado?[43]

En estas críticas había grandes dosis de verdad. Taylor hizo ver, en efecto, que la rigurosa exclusión del juicio moral de la historia se ejercía en favor de los poderosos, los vencedores de la historia y de aquellos que habían pisoteado a las masas en nombre del progreso. Esto resultaba un tanto irónico si tenemos en cuenta que los primeros escritos de Carr fueron dedicados a algunos de los perdedores más espectaculares de la historia, como el populista ruso Herzen, que pasó la mayor parte de su vida en el exilio, o el anarquista Bakunin, cuyas numerosas aventuras revolucionarias en diversos puntos de Europa se saldaron con una larga sucesión de fracasos y humillaciones. ¿Qué habría sucedido si la Unión Soviética, que a principios de los años sesenta rivalizaba con Estados Unidos en riqueza y poder, se hubiera hundido del modo que lo hizo la Alemania nazi? ¿Habría sido de pronto moralmente injustificable el exterminio de los gulags?

Carr tomó todas estas críticas con reservas. Le dijo a un entrevistador que se sentía «insultado», pues Trevor-Roper le había «condenado con mucha ligereza». Era decepcionante porque se trataba de una «polémica desafortunada». Tanto Trevor-Roper como Berlin carecían de la más mínima visión de futuro; los dos vivían con la vista fija en una edad de oro ya pasada, aunque era difícil de precisar dónde la situaba Trevor-Roper «porque no ha escrito lo suficiente para revelar ni siquiera eso».[44] Sin embargo, Carr pensaba que los buenos historiadores se alzarían por encima de las limitaciones de su tiempo, no sólo proyectándose hacia un futuro imaginado, sino también, y tal vez con mayor razón, reconociendo la naturaleza y el alcance de sus propios prejuicios. En esta sugerencia había algo de verdad. Sin duda, los historiadores escribirán mejor la historia si son conscientes de su punto de partida político e intelectual. Sin embargo, Carr pensaba que los historiadores no podían escapar de la influencia de su propia época, lo cual introdu-

43. Taylor, «Moving with the Times». Los gulags eran campesinos supuestamente ricos cuya oposición a la colectivización de la agricultura que pretendía llevar a cabo Stalin a principios de los años treinta condujo a su deportación en masa, encarcelamiento y ejecución por parte del régimen soviético.

44. Mehta, *Fly and the Fly-Bottle*, pp. 156-161.

cía una contradicción importante en su razonamiento. Como comentaba A. J. P. Taylor,

> el principio general de que cada época tiene los historiadores que se
> merece no funciona en la práctica o bien funciona de forma tan alea-
> toria que ha dejado de ser un principio. La Inglaterra actual, donde
> las clases educadas han perdido la fe en su futuro y en sí mismas, me-
> rece indudablemente historiadores conservadores, como insinúa Mr.
> Carr... Entonces, ¿cómo es que nuestra desencantada época merece a
> Mr. Carr o incluso a mí mismo?[45]

Carr no tuvo la menor dificultad para responder a esta cuestión:
de una misma sociedad pueden surgir «diferentes clases de historiadores», repuso, «gentes con distintos pareceres debido a factores
personales: su entorno familiar, escuela y universidad, etc.». Lo que
intentaba explicar eran tendencias generales, no peculiaridades individuales.[46]

Otros críticos advirtieron que lo que parecía ser una tendencia
en *¿Qué es la historia?* en el sentido de sostener que toda historia es
subjetiva, entraba en contradicción con el estilo y el contenido de
la *History of Soviet Russia*, que era objetiva y empírica casi hasta el
exceso.[47] El biógrafo de Carr, Jonathan Haslam, ya había notado
«un curioso divorcio entre sus reflexiones sobre la naturaleza de la
materia y el modo en que practicaba su profesión». El mismo Carr
admitió finalmente la existencia de esta disociación al responder a
la crítica de que en su concepto de historia no había lugar para los
perdedores, a los que apenas había prestado atención en su obra
History of Soviet Russia: «Ése es el fallo de mi Historia», replicó, «no
de mi teoría de la historia».[48] En realidad, esta disociación era, en
muchos aspectos, más una cuestión de estilo que de fondo. *¿Qué es
la historia?* pertenece esencialmente al Carr periodista, como de-
muestra su meticulosa preparación para ser retransmitida por la radio y transcrita en *The Listener*. Efectivamente, ésta es la razón de
que, a diferencia de las interminables parrafadas de la *History of Soviet Russia*, su lectura resulte tan amena y accesible. Pero, aunque
en ocasiones lo parezca, Carr no era el defensor de un relativismo

---

45. A. J. P. Taylor, «Moving with the Times».
46. Mehta, *Fly and the Fly-Bottle*, p. 158.
47. «Entre el pasado y el futuro.»
48. Mehta, *Fly and the Fly-Bottle*, p. 158; Haslam, *The Vices of Integrity*, p. 211.

desenfrenado en *¿Qué es la historia?*, mientras que, por el contrario, la *History of Soviet Russia*, a pesar del denso empirismo de su detalle, estaba fundida en un molde que, por lo menos, Isaiah Berlin consideraba tendencioso en extremo. Como ha señalado Jonathan Haslam, el deshielo de la guerra fría hizo que Carr se sintiera menos obligado en 1961 que en épocas más conflictivas, o sea, unos diez años atrás, a defender en sus artículos para *The Times Literary Supplement* la tradicional creencia liberal de los historiadores en «lo sagrado de los hechos».[49] Pero lo más importante era que en el fondo Carr todavía creía que los historiadores deberían estar por encima de las subjetividades de su propia época y en su capacidad para lograrlo, si bien el modo en que expresó esta idea fue criticado con razón por algunos por ser sumamente subjetivo.

No obstante, el criterio de Carr —hoy día parte del equipo conceptual básico de la profesión— de que todo historiador lleva consigo algún tipo de bagaje conceptual, intelectual y político cuando investiga en los archivos, y su advertencia de que las fuentes que utiliza también contienen sus propias inclinaciones, irritó a los miembros más conservadores del estamento histórico de su tiempo. Muy pocos historiadores ingleses habían concedido demasiada reflexión a las cuestiones planteadas en *¿Qué es la historia?* G. M. Trevelyan, ya muy anciano cuando Carr pronunció las conferencias, no fue una excepción. Escribió a Carr para comunicarle que había hecho que le leyeran las conferencias en su casa cada semana. Olvidando al parecer que la primera serie ya había sido impartida por A. L. Rowse, Trevelyan expresó a Carr su agradecimiento «por haber dado tan buen comienzo al curso de conferencias que lleva mi nombre», pero añadía: «Leí la *Filosofía de la historia* de Hegel hace sesenta o setenta años y me pareció tan insustancial que nunca más me preocupé de la teoría de la historia, sólo de su práctica.»[50]

Opiniones como ésta eran corrientes en la Facultad de Historia de Cambridge. En privado, Carr consideraba la Facultad «una comunidad de historiadores no demasiado distinguida».[51] Dedicó algunos pasajes de *¿Qué es la historia?* a atacar a una de sus figuras

49. Haslam, *The Vices of Integrity*, pp. 194-196, citando a Carr, «Progress in History».

50. Trevelyan a Carr, 15 de diciembre de 1961.

51. Carr a Isaac Deutscher, 16 de noviembre de 1965, citado en Haslam, *The Vices of Integrity*, p. 207.

más ilustres, Herbert Butterfield, profesor de Historia Moderna, que ocupaba una cátedra que el propio Carr dejó de lado años atrás. En esa época, la obra de Butterfield *The Whig Interpretation of History*, publicada en 1931, era considerada importante y de obligada lectura para los estudiantes de licenciatura. Entre otras cosas, se planteaba una diatriba contra los historiadores que permitían que sus opiniones actuales moldearan su interpretación del pasado. Carr señaló en sus conferencias que eso era justamente lo que había hecho Butterfield en sus últimas obras. Pero su ataque a la Facultad de Historia de Cambridge fue aún más lejos. Recalcando la circunstancia de que nunca había sido miembro de la Facultad, Carr dijo que le habían «informado» de que los miembros de la Facultad no impartían conferencias sobre la historia de Rusia o de China, por ejemplo. Carr exigió una reforma del plan de estudios universitario orientada a ampliarlo y descentralizarlo de su actual interés exclusivo por la historia inglesa a partir de la Edad Media.[52]

Algunos miembros de la Facultad mostraron su simpatía hacia la opinión de Carr. Sus conferencias constituyeron el catalizador de un importante proyecto de reforma del plan de estudios que suprimía la obligatoriedad del estudio de la historia inglesa, permitía una mayor posibilidad de elección e incluía una fuerte dosis de historia de fuera de Europa. El propio Carr asesoró sobre estas propuestas que encontraron una fuerte oposición hasta el punto de que, después de que la Facultad aprobara una versión modificada de ellas, sus adversarios organizaron un ataque sorpresa por la retaguardia en el Senado que obtuvo un éxito parcial. No obstante, el molde ya estaba roto: el estudio de la historia inglesa de la Edad Media en adelante dejó de ser obligatorio en el plan de estudios y despejó el camino dando paso a cambios graduales que cuarenta años después han hecho de la historia social, la historia de la India y de África, la historia de género y la historia de la cultura, aspectos esenciales de la licenciatura en Historia por la Universidad de Cambridge. En Oxford se pusieron en marcha movimientos similares y la obra de Carr fue adoptada como bandera por jóvenes radicales, como el historiador marxista T. W. Mason, quien utilizó una recesión de *¿Qué es la historia?* para tronar contra «el agobiante anacronismo del estudio continuo de la historia inglesa» en el plan de estudios de Historia en Oxford y fundar un

---

52. *¿Qué es la historia?*, pp. 118-119 y 235-237.

grupo para la reforma de la historia que, siendo Oxford como es, todavía existía diez años después sin haber realizado el menor progreso entretanto.[53]

V

Se necesitaron cinco años para que las propuestas de reforma del plan de estudios de Cambridge llegaran al Senado. Poco después, el principal objetor a las ideas de Carr, el especialista en el período Tudor, G. R. Elton, reunió todas sus objeciones en una violenta réplica titulada *The Practice of History* que se publicó en 1967. Animado por su editor, Elton atacó *¿Qué es la historia?* de Carr en los términos más enérgicos, lanzando invectivas contra su defensa del estudio de la historia externa de Europa, su afirmación de que la historia tenía un propósito y un significado y, sobre todo, su teoría de que los historiadores proyectaban sus propias ideas y prejuicios en su trabajo, teoría que calificaba de «pernicioso desatino» que conducía a un «relativismo extremo» que convierte «al historiador en creador de la historia».[54] Evidentemente, Elton exageraba. Ningun lector desapasionado de *¿Qué es la historia?* podía evitar percatarse de que Carr creía, en primer lugar, que al escribir la historia los historiadores debían procurar estar por encima de sus prejuicios personales y, en segundo lugar, que las pruebas y los materiales con los que trabajan los historiadores imponen sus propias limitaciones acerca de lo que les es posible expresar. Según su opinión, en la investigación histórica se produce una interacción entre el historiador y los materiales, no un camino unidireccional en el que el historiador es activo y los materiales pasivos. Si Carr era relativista, en modo alguno pertenecía a la variedad que podría calificarse de extrema. Elton sostenía enérgicamente que el historiador tenía que prestar atención a las fuentes y evitar introducir en

53. Tim Mason, «What of History?», *The New University*, 8 de diciembre de 1961, pp. 13-14.
54. G. R. Elton, *The Practice of History*, Sydney, 1967, reimpreso Londres, 2001, con un epílogo de Richard J. Evans, pp. 170-171.

ellas ideas pertenecientes al presente, pero esto era un extremismo en dirección opuesta y dejaba pendiente la cuestión clave de cómo seleccionarían los historiadores los documentos con los que trabajaban los temas que investigaban, una cuestión para la que Elton nunca ofreció una respuesta satisfactoria.[55]

Una crítica más eficaz a la postura de Carr fue que concedía al historiador demasiado peso a la hora de decidir lo que era o no un hecho histórico. El ejemplo elegido por Carr en *¿Qué es la historia?* fue la muerte de un vendedor de golosinas en una feria por una muchedumbre embriagada a principios de la era victoriana. Según él, esto se convirtió en un hecho histórico en virtud de la mención efectuada en un libro escrito por George Kitson Clark, un colega de Carr del Trinity College. El ejemplo tal vez fue desafortunado, pues una investigación posterior del incidente reveló que no había la menor referencia a un hecho así en las fuentes contemporáneas. Por el contrario, estas fuentes subrayaban la curiosa falta de peleas de borrachos en la feria en cuestión. Carr no fue lo bastante crítico con el uso que hizo Kitson Clark de este ejemplo procedente de una fuente más que dudosa, las tardías memorias del empresario circense «Lord» George Sanger.[56] De modo que pocas pruebas había de que la referencia de Carr se correspondiera con un hecho real. No obstante, era lógico sostener que, de haber sucedido efectivamente, su objetividad habría sido independiente de todo proceso de cognición por parte de los historiadores.

El crítico de *The Times Literary Supplement* (Isaac Deutscher) se decantó en este sentido. El exterminio de millones de judíos por los nazis fue un hecho histórico con independencia de que los historiadores escribieran o no sobre él y señaló que Carr, en efecto, se refería a esto cuando empleó la analogía de la montaña. «Porque una montaña parezca cobrar formas distintas desde diferentes ángulos de visión», escribió Carr, «no debemos deducir que carezca objetivamente de forma o que tenga una infinidad de formas». Deutscher sugirió que lo que sí podía deducirse era que la montaña tenía una forma que, en realidad, era independiente de como la vieran los observadores. Y el propio Carr aceptaba esto. El historiador, proseguía, ha de respetar los hechos no sólo en términos de exactitud, sino también para que no falte en su descripción ningu-

---

55. Ibíd., pp. 176-181.
56. Para más detalles, véase Evans, *In Defence of History*, pp. 76-79.

no de los hechos conocidos o susceptibles de conocerse que fueran relevantes para el tema o el razonamiento. Por lo tanto, el total relativismo de que le acusaban comúnmente sus adversarios conservadores distaba mucho de ser cierto.[57]

Pero ¿cómo decide el historiador qué hechos incluir y cuáles descartar? Carr pensaba que era preferible optar por un uso consciente de la teoría a dejarse llevar por prejuicios inconscientes como hizo Elton, un acérrimo conservador en toda la extensión de la palabra, en su obra sobre el gobierno de los Tudor. No obstante, el entusiasmo de Carr por la teoría sociológica tenía ciertos límites. Algunos años después escribió al historiador de la economía M. M. Postan lo siguiente:

> Reconozco que muchos historiadores de hoy están muertos porque carecen de una teoría. Pero la teoría de la que carecen es una teoría de la historia, no una aportada desde fuera. Lo que se necesita es un camino de dos direcciones. El historiador debe aprender de los especialistas en economía, en demografía, en temas militares, etc. Pero el economista, el demógrafo, etc., también morirán si no trabajan dentro de un patrón histórico más amplio que sólo el historiador «general» puede proporcionarles. El problema es, como he dicho, que las teorías históricas son, por naturaleza, teorías de cambio y que vivimos en una sociedad que pretende o acepta de mala gana tan sólo cambios subsidiarios o «especializados» en un equilibrio histórico estable. De aquí, la trayectoria de la historia hacia la «especialización sectorial».[58]

En esa época, a juzgar por las carpetas de notas y recortes que recopiló para una posible segunda edición de *¿Qué es la historia?*, Carr derivó hacia una posición más cercana al marxismo de lo que había estado en 1961.[59] Por ello, su concepto de la «teoría de la historia» era muy probablemente marxista. Pese a que todas las teorías que concebía eran para él correctas, nunca las utilizaba en sus propias obras de un modo explícito. Aun cuando sostenía que en la historia los factores sociales y económicos eran decisivos, apenas

57. *¿Qué es la historia?*, pp. 101-102.
58. Carr a Postan, 3 de diciembre de 1970.
59. E. H. Carr, *¿Qué es la historia?*, 2.ª edición, especialmente pp. 76-80; documentos de Carr, Caja 11; Carr, mecanoscrito de un artículo para el *TLS*, 11 de junio de 1971, instando a los historiadores ingleses a estudiar a Marx.

hicieron acto de presencia en su *History of Soviet Russia* como determinantes del cambio político. Quizá describiera la Revolución bolchevique como una rebelión popular, dirigida desde abajo, pero realmente no estaba interesado en analizar el cómo y el porqué fue así.

Irónicamente, su interés se dirigía, igual que el de Elton, al funcionamiento del gobierno y de la administración. En el fondo, ambos compartían una visión elitista de la historia. En ningún otro lugar el elitismo de Carr, su identificación con los gobernantes más que con los gobernados, se reveló con tanta intensidad como cuando prescindió no sólo de los perdedores de la historia, sino de la inmensa mayoría de seres humanos del período que registraba, por carecer de interés para el historiador, ya que no habían contribuido al proceso del cambio histórico. «Indudablemente», protestó un crítico, «los historiadores no pierden sus títulos ni abandonan sus despachos por dedicar su atención a los más débiles política o económicamente y a los vencidos».[60] Sin embargo, Carr descartaba, por ejemplo, al campesinado ruso por ser «un colectivo primitivo, taimado, ignorante y embrutecido», e insistía en que el «proyecto original» del régimen soviético —«educar al campesino en una agricultura mecanizada, moderna y organizada— era totalmente sensato e inteligente»: y sencillamente era del todo utópico, dado el escaso número y la baja calidad de los hombres enviados para ponerlo en práctica y que desembocó en una trágica escalada de violencia «cuando toparon con la estupidez y obstinación de los campesinos».[61]

Esta opinión sobre el pueblo llano, muy propia de un mandarín, pronto quedó desfasada cuando, a partir de mediados de los años sesenta, los historiadores volvieron su atención hacia los pobres y desposeídos de la historia para rescatarlos «de la desmedida condescendencia de la posteridad», citando la famosa frase utilizada por E. P. Thompson en su obra *The Making of the English Working Class*, publicada en 1963, exactamente dos años después de las conferencias de Carr. Lo cierto es que *¿Qué es la historia?* se escribió en vísperas de una revolución en los estudios históricos británicos. Ésta se proclamó sobre todo en tres ediciones especiales de *The Ti-*

---

60. Morton White, «Searching for the Archimedean Point», *The New Leader*, 14 de mayo de 1962.

61. Carr a Moshe Lewin, 24 de enero de 1967.

mes Literary Supplement de 1966, donde varios historiadores reivindicaron en sus artículos la importancia no sólo de la historia externa a Europa y de la historia social y económica, sino también de la necesidad de estudiar a quienes en el pasado aparecen como ignorantes y engañados, y utilizar la moderna teoría social para explicar su comportamiento en términos racionales.[62]

VI

Por consiguiente, en algunos aspectos fundamentales las ideas de Carr no han resistido el embate del tiempo. Su concepto teleológicamente instrumentalizado de la objetividad, su teoría de la causalidad orientada a la política, su olímpico desdén por la historia de la gente corriente, su inconsciente identificación con el gobernante más que con el gobernado, su radical y arrogante rechazo del papel que juegan lo accidental y lo contingente, su confusión de las leyes históricas con las generalizaciones históricas, su dogmático rechazo de cualquier elemento de juicio moral en la historia, su insistencia en que la historia tiene un sentido y una dirección, ninguno de estos aspectos del pensamiento de Carr en *¿Qué es la historia?* le han granjeado el favor de los historiadores posteriores.

Por otra parte, las ideas más recientes de Carr han sido objeto de fuertes ataques procedentes de otro frente, el de los hiperrelativistas modernos que le acusan de hacer demasiadas concesiones al empirismo inglés, el cual, según algunos críticos, tuvo una influencia capital en su libro.[63] Un posmodernista ha tachado a Carr de «epistemológicamente conservador», «objetivista convencido» e inductor de ideas y métodos «que conducen al método histórico empírico».[64] Otro ha excoriado a Carr como paladín de «la objetividad y de la justa verdad», «certidumbrista», «irreflexivo» y «de-

---

62. «New Ways in History», *TLS*, 7 de abril de 1966, 28 de julio de 1966, 8 de septiembre de 1966. Véanse también las críticas a Carr del movimiento *History Workshop*, en Tim Mason a R. W. Davies, 20 de febrero de 1984.

63. Por ejemplo, «Entre el pasado y el futuro».

64. Alan Munslow, «E. H. Carr (1892-1982) *What is History?*», *Reviews in History*, Institute of Historical Research, Londres, página web.

masiado ingenuo para que le tomen en serio hoy día».[65] Éste es, se ha dicho, «el lenguaje de una campaña de erradicación».[66] No hay duda de que, como han señalado estos críticos, existen contradicciones en la obra de Carr y que, como hemos visto, es innegable que en algunos aspectos está ya desfasado o a punto de estarlo. Sin embargo, calificar a Carr de incorregible empirista constituye una distorsión equiparable al retrato que Elton hacía de Carr como redomado relativista. Una de las cosas más fascinantes de su libro es precisamente la tensión entre ambas tendencias, una tensión que en definitiva nunca llegó a resolver del todo.

Indudablemente, donde el cambio intelectual ha sobrepasado a Carr con holgura ha sido en el área del lenguaje y la textualidad, centro de atención de una gran parte de los ensayos sobre historia en los años transcurridos desde que se publicara su obra. Sin embargo, esto no ha tenido el radical efecto destructivo sobre el conocimiento histórico que muchos de sus promotores más extremistas pretenden, y mucho menos a causa de las implicaciones de relativismo total en sus propias obras; porque si todo es realmente subjetivo, si no podemos conocer con seguridad el pasado y el significado de los textos lo dan aquellos que los leen, entonces, ¿por qué hemos de creer lo que dicen los posmodernistas y por qué no podemos dar a sus textos un significado opuesto al que ellos pretenden dar?[67]

Uno de los muchos logros que se produjeron en el saber histórico desde que Carr escribió fue la aparición de géneros históricos que conllevan una fuerte carga moral, desde la historia feminista —éste es uno de los aspectos del estilo de Carr que más crispa al lector actual, el que constantemente se refiera al historiador como «él»— hasta la historia del holocausto. Esta última tal vez haya sido la que más ha hecho por restablecer la noción de hecho histórico con independencia del reconocimiento que obtenga por parte de los historiadores, en el curso de su batalla contra la escuela de «los que niegan el holocausto», que sostienen la inexistencia de judíos

65. Keith Jenkins, On «What is History?» From Carr and Elton to Rorty and White, Londres, 1995, p. 61; reproducido y a veces copiado literalmente en Keith Jenkins, «Rethinking What is History?», en Cox (ed.), E. H. Carr, pp. 304-322.

66. Anders Stephanson, «The Lessons of What is History?», en Cox (ed.), E. H. Carr, pp. 283-303, aquí p. 300, n.º 5.

67. Véase Richard J. Evans, In Defence of History, nueva edición con epílogo, Londres, 2001.

gaseados en Auschwitz, de programas nazis de exterminio y de los seis millones de muertos.[68] La terca insistencia de Carr en la ilegitimidad de cualquier clase de juicio moral en la historia, simplemente no se sostiene ante estos temas, aunque los historiadores, por otro lado, harían bien en tomar nota de sus advertencias sobre que probablemente el hecho de emitir demasiados juicios morales y demasiado simples ponen en ridículo al historiador en lugar de mejorar la comprensión del lector acerca del tema que se estudia.[69] Otro reciente y grato descubrimiento ha sido el retorno de los historiadores al estudio de lo irracional en el pasado, algo que Carr se negaba en redondo a reconocer, al menos en público, y que condenaba rotundamente cuando se veía forzado a admitir su existencia. La fe optimista de Carr en la razón y el progreso parece algo más que fuera de lugar en el sobrio y desencantado ambiente de principios del siglo XXI.

A pesar de todos sus defectos, sus contradicciones internas y su anticuado enfoque de muchos aspectos del estudio de la historia, *¿Qué es la historia?* sigue siendo un clásico. Después de todo, ha vendido más de un cuarto de millón de ejemplares desde que se publicara por primera vez y lo ha hecho por muy buenas razones. Al igual que otros muchos libros escritos rápidamente y originados en conferencias, posee un estilo fluido y punzante que con frecuencia se echa de menos en obras de mayor envergadura. A diferencia de otros muchos libros sobre la teoría y la práctica de la historia, contiene numerosos ejemplos concretos de historiadores y de libros de historia reales que ilustran los planteamientos más abstractos que en él se ofrecen. En contraste con la mayoría de textos elementales de introducción a la historia de diversa índole, no trata de modo condescendiente al lector, sino como un igual. Es ingenioso, ameno y divertido incluso cuando aborda los problemas teóricos más inaccesibles e intrincados. Después de cuarenta años, todavía conserva todo su poder provocador. Plantea cuestiones fundamentales no sólo de historia, sino también de política y ética. Trata de los grandes temas y lo hace de modo magistral. Su extensa gama de re-

---

68.   Véase Richard J. Evans, *Lying About Hitler: History, Holocaust and the David Irving Trial*, Nueva York, 2001.

69.   Para la *reductio ad absurdum* de un planteamiento de la historia basado en juicios morales hasta la exclusión de cualquier tipo de interpretación o análisis, véase Michael Burleigh, *The Third Reich: A New History*, Londres, 2001.

ferencias a historiadores, filósofos, escritores y pensadores es asombrosa. Carr era un hombre instruido e inteligente y parte de la seductora atracción de *¿Qué es la historia?* reside en su fácil despliegue de erudición e inteligencia.

Para el historiador, *¿Qué es la historia?* es importante por muchas razones, pero sobre todo por su insistencia en el hecho de que, como dijo Carr, «la historia es un proceso y no se puede aislar un fragmento del proceso y estudiarlo independientemente... todo está interconectado».[70] Carr pensaba acertadamente que la misión de los historiadores era estudiar cualquier etapa del pasado que escogieran tanto en el contexto de lo que sucedió antes como después, y las interconexiones entre el tema y su contexto más amplio. Sin embargo, la obra deja claro una y otra vez, por encima de todo, que, nos guste o no, siempre existe un elemento subjetivo en las obras históricas, ya que los historiadores son individuos, gente de su época, con opiniones y perspectivas sobre el mundo que no pueden eliminar de su forma de escribir ni de su investigación, aun cuando pretendan limitarlas, subordinarlas a las dificultades del material con el que trabajan y permitir a los lectores estudiar su obra de forma crítica haciendo explícitas esas opiniones y perspectivas. Es en este sentido que Carr ha dejado sentir mayormente su influencia y sus puntos de vista han sido ampliamente aceptados por los historiadores; y por esta razón más que por cualquier otra, su obra perdurará.

Bibliografía

El prólogo escrito por Carr para la proyectada segunda edición de *¿Qué es la historia?* que nunca llegó a materializarse, se incluye en ésta acompañado de una selección, realizada por R. W. Davies, de las notas que preparó para la nueva versión. La *History of Soviet Russia* de Carr fue publicada en catorce volúmenes, entre 1950 y 1978, por la editorial Macmillan, actualmente Palgrave. Existe un práctico resumen de la obra en su *The Russian Revolution from Lenin to Stalin, 1917-1929*, publicada en 1979. Al año siguiente, Carr publicó una recopilación de sus ensayos más importantes con el título de *From Napoleon to Stalin*.

70. Mehta, *Fly and the Fly-Bottle*, pp. 159-161.

La *Autobiography* de Carr fue publicada por Michael Cox (ed.), *E. H. Carr: A Reppraisal* (Londres, 2000), que también contiene una crítica perspicaz de Anders Stephanson a sus ideas sobre historia, *The Lessons of What is History?*, pp. 283-303. Muchos de los otros ensayos del libro son también útiles para entender la vida y la obra de Carr. Sin embargo, el más importante de todos es la biografía escrita por Jonathan Haslam, *The Vices of Integrity: E. H. Carr 1892-1982* (Londres, 1999), que contiene un interesante capítulo relativo a la génesis y la acogida de *¿Qué es la historia?* y su relación con la restante obra de Carr. La biografía de Haslam es el punto de partida esencial para todo aquel que esté interesado en Carr y sus ideas. Los manuscritos de Carr se conservan en la sección de Colecciones Especiales de la Biblioteca de la Universidad de Birmingham y están brevemente reseñados en un apéndice al volumen de ensayos editado por Michael Cox.

Las ideas de Carr sobre la historia tuvieron numerosas críticas. Durante su vida, las críticas más convincentes fueron realizadas por su amigo Isaiah Berlin, cuyas obras completas se encuentran en proceso de publicación por Henry Hardy. Véase en particular su conferencia-ensayo *Historical Inevitability* (Londres, 1954), reimpreso en *The Proper Study of Mankind: An Anthology of Essays* de Isaiah Berlin, obra editada por Henry Hardy y Roger Housheer (Londres, 1997). Los antecedentes de sus ideas se pueden encontrar en la biografía escrita por Michael Ignatieff, *Isaiah Berlin: A Life* (Londres, 1998). Desde un ángulo más conservador, el ataque más incisivo provino de G. R. Elton, *The Practice of History* (2.ª edición, con un epílogo de Richard J. Evans, Londres, 2001). Arthur Marwick se unió también al coro de críticos en su libro *The Nature of History* (2.ª edición, Londres, 2001) y en su artículo «A Fetishism of Documents? The Salience of Source-Based History», incluido en *Developments in Modern Historiography* (Nueva York, 1993), pp. 107-138, editado por H. Hozicki.

En la óptica del marxismo althuseriano, está el libro de Paul Hirst, *Marxism and Historical Writing* (Londres, 1985), mientras que en el rincón del posmodernismo está el de Keith Jenkins, *On What is History? From Carr and Elton to Rorty and White* (Londres, 1995), cuya revisión crítica corre a cargo de Geoffrey Roberts en *History and Theory* 36/2 (1997), pp. 249-260. Ideas similares fueron expuestas por Alun Munslow en su debate sobre *¿Qué es la historia?* en la página web del Institute of Historical Research de la Universidad de Londres (http://ihr.sas.ac.uk). La página web tiene también una sección dedicada a la clase de cuestiones planteadas por Carr.

Intentos más recientes de tratar estas cuestiones de nuevo han sido efectuados por Richard J. Evans en *In Defence of History* (2.ª edición con un nuevo epílogo, Londres, 2001), C. Behan MacCullagh en *The Truth of History* (Londres, 1998) y Robert F. Berkhofer, Jr., en *Beyond the Great Story* (Cambridge, Mass., 1995). El relativismo de Carr adquiere nuevas dimensiones en el análisis absorbente e inteligente razonado de Peter Norvick, *That Noble Dream: The «Objectivity Quiestion» and the American Historical Profession* (Cambridge, Mass., 1998). El libro *Historiography in the Twentieth Century* (Hanover, New Hampshire, 1997) de Georg G. Iggers es un juicioso y ameno relato del desarrollo del pensamiento histórico principalmente en Gran Bretaña, Francia, Alemania y Estados Unidos en la época de Carr.

Nota introductoria

E. H. Carr reunió gran cantidad de material para la segunda edición de *¿Qué es la historia?*, pero cuando murió, en noviembre de 1982, sólo había escrito el prólogo a la misma.

La presente edición póstuma se abre con ese prólogo y con un nuevo capítulo, «De los archivos de E. H. Carr: Notas preparatorias para una segunda edición de *¿Qué es la historia?*», en el cual me esforcé por presentar parte del material y de las conclusiones contenidos en la gran caja de apuntes, borradores y notas de Carr. A ello sigue el texto, sin revisar, de la primera edición.

Las frases entre corchetes, dentro de las citas del nuevo capítulo, fueron agregadas por mí. Agradezco a Catherine Merridale su cuidadoso cotejo de las referencias de Carr, y a Jonathan Haslam y a Tamara Deutscher sus comentarios. Las notas de Carr destinadas a la segunda edición de *¿Qué es la historia?* serán depositadas, junto a los demás papeles de E. H. Carr, en la Biblioteca de la Universidad de Birmingham.

R. W. Davies

Noviembre de 1984

Prólogo a la segunda edición

Cuando, en 1960, completé el primer borrador de mis seis conferencias, *¿Qué es la historia?*, el mundo occidental estaba aún aturdido por los golpes de dos guerras mundiales y dos grandes revoluciones, la rusa y la china. La era victoriana de inocente seguridad e irreflexiva fe en el progreso había quedado muy atrás. El mundo era un lugar poco tranquilo, inclusive amenazador. No obstante, se habían empezado a acumular señales de que estábamos comenzando a salir de algunas de nuestras dificultades. La crisis económica mundial, muchas veces anunciada como secuela de la guerra, no había sobrevenido. Habíamos disuelto el Imperio Británico serenamente, casi sin advertirlo. Las crisis de Hungría y de Suez habían sido superadas, o borradas. La desestalinización en la URSS y la desmacartización en los Estados Unidos progresaban saludablemente. Alemania y el Japón se habían recuperado rápidamente de la ruina total de 1945, y estaban haciendo espectaculares avances económicos. Francia, bajo De Gaulle, recobraba sus fuerzas. En los Estados Unidos finalizaba la plaga de Eisenhower; la era de esperanza de Kennedy estaba a punto de iniciarse. Las manchas negras —Sudáfrica, Irlanda, Vietnam— aún se podían mantener aisladas. Las bolsas de valores de todo el mundo estaban en alza.

Estas condiciones proporcionaban, hasta cierto punto, una justificación superficial para la expresión de optimismo y confianza en el futuro con que abrí mis conferencias en 1961. Los veinte años siguientes frustraron esas esperanzas y esa satisfacción. La guerra fría se ha reiniciado con redoblada intensidad, trayendo consigo la amenaza de la extinción nuclear. La postergada crisis económica se ha hecho realidad con creces, haciendo estragos en los países industrializados y extendiendo el cáncer del desempleo por toda la sociedad occidental. Es raro el país que esté hoy libre de la rivalidad entre violencia y terrorismo. La rebelión de los Estados productores de petróleo del Medio Oriente ha impuesto un significativo cambio en las relaciones de fuerzas, en desmedro de las naciones industrializadas occidentales. El «tercer mundo» ha dejado de ser un factor pasivo, y desempeña un papel positivo y perturbador en los asuntos internacionales. En esas condiciones, toda expresión de optimismo llega a resultar absurda. Los profetas del infortunio lo tienen todo de su parte. La imagen del inminente juicio final, diligentemente trazada por escritores y periodistas sensacionalistas, y transmitida a través de los medios de comunicación de masas, ha penetrado en el vocabulario de la conversación cotidiana. Hacía siglos que la otrora popular predicción del fin del mundo no parecía tan oportuna.

Pero en este punto, el sentido común sugiere dos importantes salvedades. En primer lugar, el diagnóstico de acuerdo con el cual no hay esperanzas para el futuro, si bien se pretende fundado en hechos irrefutables, es un constructo teórico abstracto. La inmensa mayoría de la gente simplemente no cree en él; y este no creer se manifiesta en su conducta. La gente hace el amor, concibe, tiene y cría niños con gran devoción. La salud y la educación son objeto de enorme atención, tanto en el ámbito privado como en el público, y se aspira a proporcionar bienestar a la generación siguiente. Se exploran constantemente nuevas fuentes de energía. Nuevos inventos aumentan la eficiencia en la producción. Multitud de «pequeños ahorristas» invierten en bonos del Estado, en empresas constructoras y en *trusts*. En todas partes es notorio el entusiasmo por la preservación del patrimonio nacional, arquitectónico y artístico, para beneficio de futuras generaciones. Me siento inclinado a concluir que la idea de una pronta aniquilación está limitada a un grupo de intelectuales malhumorados que son responsables de la parte del león en la actual publicidad.

Mi segunda objeción se relaciona con las fuentes geográficas de esa predicción de desastre universal, que emana predominantemente —siento la tentación de decir que exclusivamente— de la Europa occidental y de sus vástagos de ultramar. Ello no es sorprendente. Durante cinco siglos, estos países han sido amos indiscutidos del mundo. Pueden sostener con cierta plausibilidad que representan la luz de la civilización en un universo exterior de tinieblas bárbaras. Una época que día a día cuestiona y rechaza con más fuerza esa afirmación debe seguramente de preparar el desastre. Es igualmente natural que el epicentro de la conmoción, el sitio del más profundo pesimismo intelectual, se encuentre en Gran Bretaña. Porque en ninguna otra parte el contraste entre el esplendor del siglo XIX y la tristeza del XX, entre la supremacía del siglo XIX y la inferioridad del XX, es tan marcado y tan doloroso. Tal sentimiento se ha extendido por la Europa occidental y —quizá en menor medida— Norteamérica. Todos esos países participaron activamente de la gran era expansionista del siglo XIX. Pero no tengo razón alguna para creer que ese sentimiento sea dominante en ninguna otra parte del mundo. La erección de insuperables barreras a la comunicación, por una parte, y la incesante corriente de propaganda de guerra fría, por la otra, hacen difícil cualquier valoración sensata de la situación en la URSS. Pero cuesta creer que cunda la desesperación ante el porvenir en un país en que la inmensa mayoría de la población debe de ser consciente de que, cualesquiera que sean sus problemas actuales, las cosas están mucho mejor que hace veinticinco o treinta años. En Asia, tanto Japón como China, de diferentes modos, están en una posición de avanzada. En Medio Oriente y África, aun en zonas que hoy se hallan en conflicto, las nuevas naciones luchan por un futuro en el cual, aunque a ciegas, creen.

Mi conclusión es que la actual ola de escepticismo y desesperación, que no parece conducir sino a la destrucción y a la decadencia, y descarta como absurda toda fe en el progreso o toda perspectiva de mayor avance de la especie humana, es una forma de elitismo —el producto de grupos sociales de elite cuya seguridad y cuyos privilegios han sido muy conspicuamente erosionados por la crisis, y de países de elite cuyo otrora indiscutido dominio sobre el resto del mundo se ha derrumbado—. Los principales abanderados de este movimiento son los intelectuales, los proveedores de ideas del grupo social rector al cual sirven («las ideas de una sociedad son las ideas de su clase dominante»). Es irrelevante el que algunos de los intelectuales en cuestión hayan pertenecido por origen a otros grupos sociales, porque, al asumirse como intelectuales, son automáticamente asimilados a la elite intelectual. Los intelectuales, por definición, forman un grupo de elite.

Sin embargo, lo más importante en el presente contexto es que todos los grupos de la sociedad, aunque cohesionados (y los historiadores suelen encontrar justificación para tratarlos como tales), producen cierto número de inadaptados o disidentes. Esto tiende a ocurrir particularmente entre los intelectuales. No me refiero a las polémicas de rutina entre intelectuales, desarrolladas a partir de una aceptación común de los principales presupuestos de una sociedad, sino a los desafíos a esos presupuestos. En las sociedades democráticas occidentales, tales desafíos, en la medida en que se mantienen en los límites de un puñado de disidentes, son tolerados, y quienes los realizan pueden hallar lectores y un público. El cínico podría decir que son tolerados porque no son lo bastante numerosos ni lo bastante influyentes como para constituir un peligro. Durante más de cuarenta años he llevado la etiqueta de «intelectual»; y en los últimos tiempos empecé a verme con cada vez mayor claridad, y a ser visto, como intelectual disidente. Hay una explicación a mano. Debo de ser uno de los poquísimos intelectuales que aún escriben, formados, no en el apogeo, pero sí en el resplandor crepuscular de la gran época victoriana, de fe y optimismo, y me resulta difícil, aun hoy, pensar el mundo en términos de permanente e irreversible decadencia. En las páginas que siguen, trataré de distanciarme de las tendencias dominantes entre los intelectuales occidentales, y especialmente de los contemporáneos de este país, para mostrar cómo y por qué creo que se han extraviado, y para hacer un llamamiento, si no a considerar el futuro de un modo optimista, sí a hacerlo de una manera más saludable y más equilibrada.

E. H. Carr

DE LOS ARCHIVOS DE E. H. CARR: NOTAS PREPARATORIAS PARA UNA SEGUNDA EDICIÓN DE *¿QUÉ ES LA HISTORIA?*

R. W. Davies

En los años inmediatamente anteriores a su muerte, ocurrida en noviembre de 1982, Carr estuvo preparando una edición sustancialmente nueva de *¿Qué es la historia?* Sin dejarse desanimar por los contratiempos sufridos por el progreso humano que caracterizaron los veinte años transcurridos desde la primera edición, de 1961, Carr proclama en su prólogo que el propósito de la nueva obra era «hacer un llamamiento, si no a considerar el futuro de un modo optimista, sí a hacerlo de una manera más saludable y equilibrada».

Sólo el prólogo fue redactado. Pero, entre los papeles de Carr, hay una gran caja que contiene, además de un sobre repleto de reseñas y correspondencia relativas a la edición de 1961, media docena de carpetas marrones, de tamaño folio, con los títulos: Historia-General; Causalidad-Determinismo-Progreso; Literatura y Arte; Teoría de la Revolución y Violencia; Revolución rusa; Marxismo e Historia; Futuro del Marxismo. Es evidente que se proponía trabajar mucho más antes de completar la segunda edición. Las carpetas contienen los títulos de muchos libros y artículos sobre los cuales aún no había tomado notas. Pero también contienen material que ya había sido parcialmente elaborado: separatas marcadas y artículos recortados de periódicos, y numerosos apuntes manuscritos sobre trozos de papel de diversas dimensiones. También se incluye en las carpetas correspondencia mantenida con Isaac Deutscher, Isaiah Berlin, Quentin Skinner y otros, sobre filosofía y metodología de la historia, ostensiblemente destinada a la preparación de la nueva edición. Notas ocasionales, mecanografiadas o manuscritas, son, a todas luces, primeros borradores de frases o de párrafos. No hay ningún plan disponible para la propuesta nueva edición, pero en un apunte se lee:

Desorden de la Historia
Asaltos de la Estadística
Psicología

Estructuralismo
Desorden de la Literatura
Lingüística

Utopía, etc.
[en un trozo de papel añadido:
«*Último capítulo*
Utopía
Significado de la Historia»]

Carr, evidentemente, pretendía escribir nuevas secciones o capítulos sobre temas descuidados o inadecuadamente tratados en la primera edición, así como también ampliar los capítulos existentes de *¿Qué es la historia?* con respuestas a críticas y con material adicional que ilustrase y, en ocasiones, modificase sus planteamientos. A veces, un libro enteramente nuevo, sobre nuestro actual descontento y el mundo por el cual deberíamos luchar, parece esforzarse por surgir de los amplísimos apuntes y notas. Sin duda, se proponía entregar un último capítulo, o capítulos, quizá una versión completamente reescrita de la Conferencia VI acerca de «Un horizonte que se abre», donde expondría su propio punto de vista respecto del significado de la historia y su concepción del futuro, más directamente relacionado que cualquiera de sus textos anteriores con intereses políticos actuales.

Carr, obviamente, tenía pocas razones para modificar el desarrollo de sus dos primeras conferencias, sobre el historiador y los hechos, y sobre el historiador y la sociedad. Como ejemplo de las falsas afirmaciones del enfoque empirista de los hechos históricos, cita a Roskill, el eminente historiador naval, quien alababa a «la moderna escuela de historiadores», que «considera sus funciones limitadas a reunir y registrar los hechos de su período con escrupulosa precisión e imparcialidad». Para Carr, tales historiadores, si se comportasen realmente de acuerdo con sus principios, recordarían al protagonista de un cuento del escritor argentino Borges, *Funes el memorioso,* que jamás olvidaba nada que hubiese visto, oído o experimentado, pero admitía que, en consecuencia, «mi memoria es como vaciadero de basuras». Funes «no era muy capaz de pensar», puesto que «pensar es olvidar diferencias, es generalizar, abstraer».[1] Carr definía y rechazaba el empirismo en la historia como la «convicción de que todos los problemas pueden ser resueltos mediante la aplicación de algún principio científico no avalorativo, como por ejemplo el de que existe una solución objetivamente correcta y un camino para alcanzarla —los supuestos presupuestos de la ciencia transferidos a las ciencias sociales»—. Carr señala que Ranke, un talismán para los historiadores empiristas, era considerado por Lukács como antihistórico en el sentido de que presentaba una colección de sucesos, sociedades e instituciones, más que un proceso de avance de uno a otro: «por esta vía, la historia», escribía Lukács, «se fragmenta en una colección de curiosidades y excentricidades».[2]

Las notas de Carr proporcionan un amplio soporte a su violento ataque al empirismo. Gibbon creía que la mejor historia sólo podía ser escrita por un «historiador filósofo», que distinguiese los hechos dominantes en un sistema de relaciones:[3] proclamaba su deuda con Tácito como «el primero de los historiadores que aplicó la ciencia de la filosofía al estudio de los hechos».[4] Vico distinguía *il certo* (lo que es factualmente correcto) de *il vero; il certo,* el objeto de la *coscienza,* era particular del individuo; *il vero,* el objeto de la *scienza,* era común o general.[5] Carr atribuía la «debilidad y la falta de profundidad en tantos escritos políticos e históricos ingleses recientes» a la diferencia de método histórico, el cual «separa tan fatalmente a Marx de los pensadores del mundo de habla inglesa»:

1. J. L. Borges, «Funes el memorioso», en *Ficciones,* O. C. de J. L. B., Ed. Ultramar, Madrid, 1977, pp. 485-490.
2. G. Lukács, *La novela histórica,* Ed. Grijalbo, Barcelona, 1976, p. 198.
3. Edward Gibbon, *Ensayo sobre el estudio de la literatura,* 1761.
4. Edward Gibbon, *Historia de la decadencia y ruina del Imperio Romano,* Ed. Turner, Madrid, 1985 (facsimilar de la de Barcelona, 1842), cap. 9.
5. G. Vico, *Ciencia nueva,* libros I, IX y X, parágrafos 137 y 321.

La tradición del mundo de habla inglesa es profundamente empírica. Los hechos hablan por sí mismos. Una cuestión particular se discute «en relación con sus circunstancias». Temas, episodios, períodos, se aíslan para su estudio histórico a la luz de algún no especificado, y probablemente inconsciente, patrón de relevancia... Y esto hubiese sido anatema para Marx. Marx no era empirista. Estudiar la parte sin referencia al todo, el hecho sin referencia a su significación, el suceso sin referencia a su causa o consecuencia, la crisis particular sin referencia a la situación general, hubiese parecido a Marx un ejercicio estéril.

La diferencia tiene sus raíces históricas. No en vano el mundo de habla inglesa ha seguido siendo tan obstinadamente empírico. En un orden social firmemente establecido, cuyas credenciales nadie desea cuestionar, el empirismo sirve para hacer reparaciones de urgencia... La Gran Bretaña del siglo XIX proporciona el modelo perfecto de un mundo así. Pero en una época en que todos los fundamentos son puestos en duda, y vamos de crisis en crisis, en ausencia de toda línea rectora, el empirismo no basta.[6]

En todo caso, el velo del llamado empirismo sirve para ocultar principios de selección inconsciente. «La historia», escribe Carr, «es una concepción particular de lo que constituye la racionalidad humana: todo historiador, lo sepa o no, tiene tal concepción». En *¿Qué es la historia?*, Carr dedicó mucha atención a la influencia del medio histórico y social sobre la selección e interpretación de los hechos por el historiador, un aspecto de la condición humana que le había fascinado desde sus días de estudiante. Sus notas para la nueva edición ejemplifican aún más ampliamente la relatividad del conocimiento histórico. Heródoto encontraba una justificación moral para el dominio de Atenas en el papel que ésta desempeñaba en las guerras persas; y las guerras, demostrando que los griegos pensantes debían ampliar sus horizontes, indujeron a Heródoto a extender su investigación a más pueblos y más lugares.[7] La visión árabe de la historia fue fuertemente influenciada por su preferencia por el modo nómada de vida. Los árabes veían la historia como un proceso continuo o cíclico en que los habitantes de ciudades u oasis eran invadidos por los nómadas del desierto, que se establecían para ser, a su vez, invadidos por nuevas

6. Este pasaje, mecanografiado en sus notas, aparece en el ensayo de Carr sobre Lukács en *From Napoleon to Stalin*, 1980, p. 250.

7. M. I. Finley (ed.), *The Greek Historians*, 1959, Introduction, pp. 4-6.

oleadas procedentes del desierto; para los historiadores árabes, la vida sedentaria alimentaba la lujuria, que debilitaba a los pueblos civilizados respecto de los bárbaros. Por contraste, Gibbon, en la Inglaterra del siglo XVIII, no concebía una historia cíclica, sino en avance triunfal: en su famosa frase, «toda época ha incrementado, y sigue incrementando, la verdadera salud, la felicidad, el saber y quizá la virtud de la especie humana». Y Gibbon consideraba la historia desde la posición privilegiada de una clase dominante segura de sí misma en una civilización sólidamente asentada. Sostenía que Europa no tenía nada que temer de los bárbaros, puesto que, «para poder conquistarla, tienen que dejar de ser bárbaros». Carr observa que las épocas revolucionarias ejercen un influjo revolucionario sobre el estudio de la historia: no hay «nada como una revolución para suscitar interés por la historia». Los historiadores ingleses del siglo XVIII surgieron en el contexto del triunfo de la «Gloriosa Revolución» de 1688. La Revolución francesa socavó la «visión ahistórica de la Ilustración francesa, que descansaba sobre una concepción invariable de la naturaleza humana». En tales épocas de rápido cambio, la relatividad del saber histórico era ampliamente reconocida. Macaulay no hacía más que manifestar lo que era obvio para sus contemporáneos al declarar que «el hombre que tuviese exactamente la misma opinión acerca de la Revolución en 1789, en 1794, en 1804, en 1814 y en 1834, habría sido un profeta de inspiración divina o un loco obstinado».[8]

Dada la relatividad del saber histórico, ¿en qué sentido se puede decir que existe la historia objetiva? En *¿Qué es la historia?*, Carr argüía que, si bien ningún historiador podía reclamar para sus propios valores una objetividad más allá de la historia, se podía decir que un historiador «objetivo» era aquel «con capacidad para elevarse por sobre la limitada visión de su propia situación en la sociedad y en la historia», y con «capacidad para proyectar su mirada hacia el futuro de modo de formarse una idea del pasado más profunda y más duradera». Varios críticos de *¿Qué es la historia?* pusieron graves objeciones a este tratamiento de la «objetividad», y defendieron la idea tradicional de que el historiador objetivo es aquel que elabora juicios a partir de la evidencia, a despecho de sus propios preconceptos. Carr no tomó en serio estas críticas. Su *Historia de la Rusia Soviética* ofrece a menudo un extraordinario grado de

8.   G. Macaulay, *Works*, 1898, viii, 431 (de un ensayo sobre sir James Mackintosh).

«objetividad» en el sentido tradicional, presentando pruebas que otros historiadores habían empleado frecuentemente en apoyo de interpretaciones en conflicto con las de Carr. Pero él estimaba que tal escrupulosidad era la obligación mínima de un historiador competente; ello no significaba que la consideración de la evidencia por el historiador estuviese libre de la influencia de su medio social y cultural.

No obstante, Carr estaba dispuesto a reconocer, con cierta cautela, que se progresa tanto en el estudio de la historia como en el desarrollo de la sociedad, y que el progreso en el saber histórico está asociado con el aumento de la objetividad. En *¿Qué es la historia?*, reconocía los grandes avances hechos por la historia en los dos últimos siglos, y aplaudía la ampliación de nuestros horizontes, de la historia de elites a la historia de los pueblos de todo el mundo. Refiriéndose, a guisa de ejemplo, a la valoración de los logros de Bismack por sucesivas generaciones de historiadores, sostenía (o admitía) «que el historiador de la década de 1920 estaba más próximo al juicio objetivo que el historiador de la década de 1880, y que el historiador de hoy está más próximo que el de los años veinte». Pero luego matizaba esta aparente aceptación de un elemento absoluto en los patrones de objetividad del historiador, insistiendo en que «la objetividad, en historia, no descansa, ni debe descansar, sobre ningún patrón de juicio fijo e inamovible, existente aquí y ahora, sino sólo sobre un patrón localizado en el futuro y que evoluciona de acuerdo con el paso de la historia». Evidentemente, el problema de la objetividad en historia siguió preocupándole después de finalizar *¿Qué es la historia?* En sus notas, a la vez que rechaza «la objetividad absoluta e intemporal» por ser «una abstracción irreal», escribe: «La historia requiere la selección y el ordenamiento de los hechos referidos al pasado, a la luz de algún principio o norma de objetividad aceptado por el historiador, que necesariamente incluye elementos de interpretación. Sin esto, el pasado se disuelve en un informe montón de innumerables incidentes aislados e insignificantes, y no es en modo alguno posible escribir la historia».

En *¿Qué es la historia?*, Carr planteaba la cuestión de la objetividad histórica también desde otro punto de vista (aunque sin emplear el término «objetividad» en este contexto). Examinaba las semejanzas y las diferencias de método entre la historia y las ciencias naturales. Las semejanzas resultaban ser más que las diferencias.

Los científicos naturalistas ya no se proponen establecer leyes universales por inducción a partir de hechos observados, sino procesar descubrimientos surgidos de la interacción de hipótesis y hechos. Y la historia, como las ciencias naturales, no se interesa, como en ocasiones se supone, por sucesos únicos, sino por la interacción entre lo único y lo general. El historiador está obligado a la generalización y, en verdad, «no se interesa realmente por lo único, sino en lo que es general dentro de lo único».

Para la nueva edición, Carr reunió extensas notas sobre la metodología de la ciencia. La tendencia de su pensamiento aparece en sus apuntes, y reproduzco una selección de los mismos sin intentar imponer mi propia versión del razonamiento no escrito de Carr sobre ellos (he numerado cada apunte separado individualmente):

1. Criterio formal o lógico de la verdad científica; Popper creía que la ciencia «genuina» se distinguía por un principio racional atemporal...

T. Kuhn rechazaba un único método científico en nombre de una sucesión de métodos relativos... La transición de la concepción estática a la concepción dinámica de la ciencia, de la forma a la función (o propósito).

El relativismo (ningún «método científico» singular) lleva a Feyerabend, *Contra el método* (1975), al rechazo total del racionalismo.[9]

2. Platón, *Menón,* inquiere cómo es posible llevar a cabo una investigación ignorando qué se busca (par. 80d).

«... sólo tras haber reunido rapsodísticamente, por así decir, materiales de construcción relativos a una idea que se halla oculta en nosotros y nos sirve de guía, y aun después de haber pasado mucho tiempo combinándolos técnicamente, sólo entonces resulta posible ver la idea en una luz más clara y esbozar arquitectónicamente un todo según los fines de la razón.»

Kant, *Crítica de la razón pura* (1781), Metodología trascendental, Sección Tercera.

La tesis de Popper según la cual una hipótesis que no logra producir conclusiones comprobables no tiene sentido, es insostenible (Selección natural).

9. P. Feyerabend, *Against Method: Outline of an Anarchistic Theory of Knowledge* (1975, p. 27), concluye, a partir del «rico material proporcionado por la historia», que sólo un principio puede ser defendido en toda circunstancia y en todo tiempo: «algo se mueve».

[Véase] M. Polanyi, *Encounter*, enero de 1972, de donde [también] se ha tomado lo siguiente:

En 1925, Einstein hizo notar a Heisenberg que: «El que se pueda o no observar una cosa depende de la teoría que se emplee. Es la teoría la que decide qué es posible observar».

3.   [Subrayado por Carr en el texto de una conferencia de W. F. Weisskopf.]

«Comprendemos la formación de tales cadenas [montañosas] por actividades tectónicas de la corteza terrestre, pero no podemos explicar por qué el monte Blanco tiene la forma específica que hoy vemos, ni podemos predecir qué lado del monte Santa Helena se hundirá en la próxima erupción.»

«La aparición de un suceso impredecible no significa que las leyes de la naturaleza sean violadas.»

4.   D. Struik, *Concise History of Mathematics* (1963), muestra los orígenes sociales de las matemáticas.

5.   La teoría de que el universo se inicia de un modo fortuito con una gran explosión y está destinado a disolverse en agujeros negros es un reflejo del pesimismo cultural de la época. El azar es la entronización de la ignorancia.

6.   La creencia en la primordial importancia de la herencia fue progresista hasta el momento en que se creyó que las características adquiridas eran hereditarias.

Cuando esto se refutó, la creencia en lo hereditario empezó a ser reaccionaria.

Véase la discusión en C. E. Rosenberg, *No Other Gods: On Science and American Social Thought* (1976), esp. p. 10.

De estos apuntes se desprende que Carr había llegado a la conclusión de que la relatividad del conocimiento científico era mayor que lo que él mismo había propuesto previamente. El tiempo y el lugar ejercen gran influencia sobre la teoría y la práctica de los científicos naturalistas. La interacción entre hipótesis y material concreto guarda estrechas semejanzas con la interacción entre generalización y hecho en historia. Las hipótesis científicas válidas no necesariamente poseen la capacidad de predicción precisa que se les suele atribuir; en algunas ciencias naturales se parecen mucho a las generalizaciones del historiador.

En la conferencia sobre «La causación en la historia» de *¿Qué es la historia?*, Carr examinó más atentamente la naturaleza de la generalización histórica. El historiador se ve enfrentado con múltiples causas de un suceso histórico, y trata de establecer «una jerarquía causal que fijará las relaciones entre unas y otras». En sus notas para la nueva edición, Carr reproduce pasajes de Montesquieu y de Tocqueville en que se adopta similar punto de vista. Las causas, escribía Montesquieu, «se van haciendo menos arbitrarias a medida que su efecto es más general. Así, sabemos mejor qué es lo que da un cierto carácter a una nación que lo que da una mentalidad particular a un individuo… qué es lo que conforma el espíritu de sociedades que han adoptado un modo de vida, que lo que conforma el carácter de una persona singular».[10] Y sobre la distinción establecida por Tocqueville entre «causas remotas y generales» y «causas recientes y particulares»,[11] Carr comentaba: «Es evidente; lo general se relaciona con el largo plazo; el historiador está fundamentalmente interesado en el largo plazo».

Para el historiador en actividad, la tentativa de explicar los sucesos históricos en términos de causas de largo plazo, generales o significativas, suscita inmediatamente el problema del papel del accidente en la historia. En *¿Qué es la historia?*, Carr reconocía que los accidentes pueden modificar el curso de la historia, pero sostenía que no debían entrar en la categoría de causas significativas para el historiador. El accidente de la muerte prematura de Lenin desempeñó un papel en la historia de la Unión Soviética de los años veinte, pero no fue una causa «real» de lo que sucedió, en el sentido de ser una explicación racional e históricamente válida, susceptible de ser aplicada a otras situaciones históricas. Desarrollando esta idea después de la publicación de *¿Qué es la historia?*, escribió en sus notas que «la historia está en realidad sujeta a las regularidades suficientes para hacer de ella un estudio serio, aunque tales regularidades se vean de tanto en tanto alteradas por acontecimientos ajenos a ellas».

El problema del accidente se demostró particularmente dificultoso en ese caso especial, el del papel del individuo en la historia. Carr volvía una y otra vez sobre este asunto, que, por supuesto, se le presentó con enorme frecuencia en su estudio del desarrollo de la Unión Soviética en los años del ascenso al poder de Stalin. Su carpeta «individuo en la historia» sitúa el problema en un amplio contexto histórico. Sugiere la posibilidad de que el culto al indivi-

---

10. Montesquieu, «Un ensayo sobre las causas que afectan a las mentes y los caracteres», en *El espíritu de las leyes*.

11. Véase A. de Tocqueville, *El Antiguo Régimen y la Revolución,* Ed. Alianza, Madrid, 1984 (2 vols.), II, III.

duo sea «una doctrina elitista», dado que «el individualismo sólo puede tener sentido contrastando el agente individual con el fondo de una masa impersonal». Una insistencia extrema en los derechos absolutos del individuo libre ha encontrado amplia resonancia entre los intelectuales. Aldous Huxley, el más destacado defensor británico de este punto de vista en las décadas de 1920 y de 1930, afirmaba en su *Do As You Will* que «el propósito de la vida... es el propósito que le atribuimos. Su significado es aquello que elijamos llamar su significado... Todo hombre posee un derecho inalienable a las premisas fundamentales de su filosofía de la vida».[12] En los años treinta, en su influyente obra *El ser y la nada*, Sartre distinguía entre el ser «para sí» —pura conciencia del individuo, absoluta libertad y responsabilidad— y el ser «en sí», el mundo material, objetivo, no-consciente. En esta etapa, era antimarxista, con «rasgos de anarquismo (nunca ausentes en Sartre)». Y en 1960, aunque la *Crítica de la razón dialéctica* pretendía reconocer el marxismo como «la última filosofía de nuestra época», en realidad, según Carr, «sus elementos de existencialismo, libertad total, individualismo y subjetividad eran incompatibles con el marxismo». Del mismo modo, Adorno, si bien influido por el marxismo, «quería rescatar al individuo de la completa sumisión en un mundo de tecnocracia y burocracia, y también en un mundo de sistemas filosóficos cerrados (el idealismo de Hegel, el materialismo de Marx)». Y para Freud la libertad del individuo no era el producto de la civilización; por el contrario, la civilización tenía por efecto limitar al individuo.[13]

La afirmación de que el individuo estaba encadenado a la sociedad y debía ser liberado de sus ataduras está parcialmente de acuerdo, parcialmente en conflicto, con la igualmente difundida afirmación de que algunos individuos son realmente capaces de actuar en independencia de lazos sociales, que suele presentarse en la forma de una insistencia sobre la decisiva importancia del Gran Hombre en la Historia. Andrew Marvell reclamaba apasionadamente ese papel para Cromwell:

> Él la fuerza de dispersos lazos temporales
> Y en un año actúa la obra de épocas.

12.   A. Huxley, *Do As You Will*, 1929, p. 101.
13.   S. Freud, *El malestar en la cultura*, en O.C., Ed. Biblioteca Nueva, Madrid, 1981, tomo III, p. 3017; en otro de los apuntes de Carr se observa que «el inconsciente de Freud es individual; nada que ver con el "inconsciente colectivo" de Jung».

En contraste, Samuel Johnson declaraba:

> Cuán poco soportan los corazones humanos
> Aquello que reyes o leyes pueden causar o curar.

Pero la de Johnson, escribe Carr, era una simple «escaramuza para cubrir la retaguardia contra la creencia de que reyes y leyes causan y curan los males».

Contra aquellos que reservan un papel decisivo a la voluntad individual, que es independiente o autónoma respecto de la sociedad, Marx sostenía que el razonamiento que «toma al hombre *aislado* como punto de partida» es «absurdo» *(abgeschmackt)*. El hombre «aparece inicialmente como un ser genérico, un animal gregario», que «se individualiza en el proceso de la historia»; «el propio intercambio es un factor fundamental de esta individualización».[14] Macaulay, escribiendo acerca de Milton: «A medida que los hombres saben más, y piensan más, miran menos a los individuos y más a las clases».[15] Y Tocqueville, en 1852, dio expresión clásica a la noción de que las acciones de políticos individuales están determinadas por fuerzas que les son externas:

> En todos los pueblos civilizados, las ciencias políticas crean ideas generales, o al menos les dan forma; y a partir de esas ideas generales se formulan los problemas en medio de los cuales los políticos deben luchar, y también las leyes que imaginan crear. Las ciencias políticas conforman una suerte de atmósfera intelectual que tanto gobernados como gobernantes respiran en la sociedad, y de la que ambos derivan involuntariamente los principios de su acción.

Tolstoi expresó consecuentemente la idea de que los individuos desempeñan un papel significativo en la historia: en uno de los borradores del epílogo de *Guerra y Paz,* declaraba de modo terminante que «los personajes históricos son producto de su tiempo, y surgen de la conexión entre los acontecimientos contemporáneos y los precedentes».[16] Su opinión ya estaba enteramente formada en 1867:

14.   *Grundrisse,* Berlín, 1953, pp. 395-396.
15.   *Works* (1898), vvi, 6.
16.   L. Tolstoi, *Polnoe sobranie sochinenii,* XV, 1955, 279.

La *Zemstvo* [gobierno local ruso], las cortes, la guerra o su ausencia, etcétera, son todas manifestaciones del organismo social —el organismo pululante (como con abejas)—: cualquiera puede manifestarlo y, de hecho, los mejores son aquellos que no saben qué están haciendo ni por qué, y los resultados de cuya labor común es siempre una actividad uniforme y familiar a las leyes de la zoología. La actividad zoológica del soldado, el emperador, el oficial de la pequeña aristocracia o el labrador, es la forma de actividad más baja, una actividad en la cual —los materialistas tienen razón— no hay arbitrariedad.[17]

Y treinta años más tarde, sobre el estallido de la guerra bóer, escribió que no era bueno enfadarse con «los Chamberlains y los Guillermos»; «toda la historia es una serie de actos precisamente de esta especie, cometidos por los políticos», resultado del esfuerzo de apoyar la excepcional riqueza de los menos con nuevos mercados «mientras las masas populares son aplastadas por el duro trabajo».[18]

Carr compartía plenamente la visión de Marx y de Tocqueville. Hacía notar que «los Individuos en la Historia tienen "papeles"; en cierto sentido, el papel es más importante que el individuo». Respecto de Ramsay Macdonald, observaba que su «vacilación era el resultado, no tanto de su carácter personal (sólo relevante en la medida en que le hacía apto para el liderazgo), como del dilema básico de todo el grupo representado por el Partido Laborista». Más habitualmente, aseguraba no estar tan interesado en valorar a los políticos individualmente como en «analizar los intereses y actitudes de grupo que modelan su pensamiento». El modo en que funcionan las mentes individuales «no es tan importante para un historiador» y es mejor «considerar la historia algo menos en términos de conducta personal consciente, y más en términos de situaciones y actitudes subconscientes de grupo». Con este espíritu, destacaba irónicamente que un libro sobre Hitler «comienza por atribuirlo todo a la personalidad de Hitler, y termina por dejar de lado la inestabilidad y la incapacidad del régimen de Weimar».[19]

---

17. Carta a Samarin, 10 de enero de 1867, en *Tolstoy's Letters,* R. F. Christian (ed.), I, 1978, 211.
18. Carta a Volkonsky, 4/16 de septiembre de 1899, ibíd., ii, 585.
19. Era una referencia a Sebastian Haffner, *The Meaning of Hitler,* 1979.

Pero Carr no compartía la posición extrema de Tolstoi: sus trabajos como historiador práctico le remitían constantemente a «la nariz de Cleopatra». Observando que el problema del accidente en la historia «todavía me interesa y me confunde», volvía a insistir en sus notas, como ya lo había hecho en *¿Qué es la historia?*, en que, si bien la muerte de Lenin se había debido a causas ajenas a la historia, afectaba a su curso. Añadía luego que «aun cuando se sostenga que a largo plazo todo hubiese sido igual, hay un corto plazo que es importante, y que representa una gran diferencia para muchísima gente». Hay aquí un notable cambio de tono respecto de *¿Qué es la historia?* Éste era el preludio de sus asombrosos comentarios sobre el papel de Lenin y el de Stalin en su entrevista con Perry Anderson en oportunidad de la finalización de su *Historia*. Insistía en que «Lenin, de haber vivido durante las décadas de 1920 y 1930 en plena posesión de sus facultades, se hubiese enfrentado exactamente con los mismos problemas», y se hubiese embarcado en la creación de una agricultura altamente mecanizada, en la rápida industrialización, en el control del mercado, y en el control y la dirección del trabajo. Pero hubiese sido capaz de «minimizar y mitigar el factor coercitivo»:

> Con Lenin, el proceso no hubiese sido en conjunto tranquilo, pero no se hubiese parecido en nada al que fue. Lenin no hubiese tolerado la falsificación de documentos en que Stalin incurría constantemente... La URSS nunca hubiese llegado a ser con Lenin «la tierra de la gran mentira», en frase de Ciliga. Eso conjeturo.[20]

Aquí, Carr atribuye un papel sustancial al accidente en un período crucial de la historia soviética. Se trata de una declaración oral, no de un juicio cuidadosamente ponderado. Pero, en el lenguaje más moderado de su *Historia*, escribió también que «la personalidad de Stalin, combinada con las crueles y primitivas tradiciones de la burocracia rusa, imprimieron a la revolución, desde arriba, una cualidad particularmente brutal».[21] La «revolución, desde arriba», estaba profundamente determinada por las causas de largo plazo que deben ser consideradas en primer lugar por el historiador, pero la intensidad de la coerción empleada fue un accidente de la historia.

---

20. *From Napoleon to Stalin*, 1980, pp. 262-263 (entrevista con Perry Anderson, septiembre de 1978).
21. *Historia de la Rusia Soviética,* xi, 448.

En varias notas y cartas de sus archivos, Carr juzga el estado actual de los estudios históricos. Indica que las influencias marxistas constituyen una nueva tendencia fundamental en los últimos sesenta años:

> Desde la Primera Guerra Mundial, el impacto de la concepción materialista de la historia sobre los trabajos historiográficos ha sido muy fuerte. En verdad, se podría decir que toda la labor historiográfica seria de este período ha sido modelada por esta influencia. El síntoma de este cambio ha sido el reemplazo, en la consideración general, de batallas, maniobras diplomáticas, discusiones constitucionales e intrigas políticas como temas principales de la historia —«historia política» en sentido amplio— por el estudio de los factores económicos, de las condiciones sociales, de las estadísticas de población, del ascenso y caída de las clases. La creciente popularidad de la sociología ha sido otro rasgo del mismo desarrollo; en ocasiones, se ha intentado tratar la historia como rama de la sociología.

En *¿Qué es la historia?*, Carr ya había destacado la positiva influencia de la sociología sobre la historia, observando que «cuanto más sociológica se hace la historia, y más histórica se hace la sociología, mejor para las dos». En sus notas para la nueva edición, declaraba, aún más decididamente: «La historia social es lo fundamental. Estudiar sólo lo fundamental no basta; y resulta tedioso; quizá sea eso lo que sucedió con *Annales*. Pero no se puede prescindir de ello».

A la vez que reconoce estos procesos positivos, Carr insiste en que, en los términos de las tendencias generales o dominantes, tanto la historia como las ciencias sociales están en crisis. Carr destaca el empirismo superficial de «el paso de la historia a la especialización sectorial» (que condena como «una forma de automutilación») y la tendencia de los historiadores a ampararse en la metodología (observa que el «culto a la historia "cuantitativa", que hace de la información estadística la fuente de toda investigación histórica, quizá lleve al absurdo la concepción materialista de la historia»). Y esta crisis en el seno de la historia misma ha sido acompañada por el paso de la historia a las ciencias sociales, que Carr considera siempre como una tendencia conservadora o, inclusive, reaccionaria:

La historia se preocupa por procesos fundamentales de cambio. Si se es alérgico a esos procesos, se abandona la historia y se recurre a las ciencias sociales. Hoy florecen la antropología, la sociología, etc. La historia está enferma. Pero también nuestra sociedad está enferma.

Pone de relieve, asimismo, que «por supuesto, el "buscar amparo" prosigue en el interior de las ciencias sociales: los economistas en la econometría, los filósofos en la lógica y en la lingüística, los críticos literarios en el análisis de técnicas estilísticas». Talcott Parsons proporciona un ejemplo obvio de sociólogo que «llevó tan lejos la abstracción que perdió todo contacto con la historia».

Carr dedica gran atención al estructuralismo (o «estructural funcionalismo»). Una vez observó, en una conversación, que el estructuralismo tenía, al menos, el mérito de tratar el pasado como un todo, evitando los peligros de la superespecialización. Pero creía que el estructuralismo, en conjunto, había ejercido una influencia negativa sobre el estudio de la historia. Compara el enfoque estructural u «horizontal», que «analiza una sociedad en los términos de las interrelaciones funcionales o estructurales de sus partes o aspectos», y el enfoque histórico o «vertical», «que la analiza atendiendo a de dónde procede y adónde va». Sugiere que «todo historiador sensible estará de acuerdo en que ambos enfoques son necesarios» (una nota más terminante, garabateada en un trozo de papel, pone de relieve que «la distinción entre historia narrativa e historia estructural es artificial»):

> Pero aquello que atrae el interés y la energía [del historiador], fundamentalmente, marca grandes diferencias. Ello depende en parte, sin duda, de su temperamento, pero sobre todo del medio en que trabaja. Vivimos en una sociedad que concibe el cambio principalmente como cambio para peor, le teme y prefiere una visión «horizontal», que sólo exige ajustes menores.

En otra parte, Carr observa que «aquel enfoque es conservador en el sentido de que examina una condición estática, y éste radical en el sentido de que atiende al cambio»:

> Por mucho que LS (Levi-Strauss) cite a Marx para su propósito... sospecho que el estructuralismo es la filosofía de buen tono de un período conservador.

Las notas de Carr incluyen varios apartados sobre Levi-Strauss, entre los que destaca una entrevista en *Le Monde* cuyo titular parece confirmar las peores sospechas de Carr: «*L'idéologie marxiste, communiste et totalitaire n'est qu'une ruse de l'histoire*».[22]

La amplia crítica de Carr y su evaluación, en su conjunto negativa, del estado actual de los estudios históricos, está acompañada por una declaración positiva acerca de la importancia de la disciplina histórica por derecho propio. Proclama la necesidad de una «historia general», que reúna las ramas legal, militar, demográfica, cultural y otras, y examine las conexiones entre ellas. Insiste igualmente en que la historia no es sólo la doncella de las ciencias sociales, que acude a ellas para su teoría y les provee materiales:

> Reconozco que muchos historiadores de hoy están muertos porque carecen de teoría. Pero la teoría de la que carecen es una teoría de la historia, no una aportada desde fuera. Lo que se necesita es un tráfico en dos direcciones... El historiador debe aprender de los especialistas en economía, en demografía, en temas militares, etc. Pero el economista, el demógrafo, etc., también morirán si no trabajan dentro de un modelo histórico que sólo el historiador «general» puede proporcionar. La dificultad radica en que... las teorías históricas son por naturaleza teorías del cambio, y que vivimos en una sociedad que pretende, o acepta a regañadientes, sólo cambios subsidiarios o «especializados» en un equilibrio histórico estable.

Pero Carr creía, desde luego, que la visión del historiador dependía de su medio social, y en la Gran Bretaña de la década de 1970 no podía esperar que su consejo fuese bienvenido por más que una minoría de historiadores radicales o disidentes:

> Para una sociedad que está llena de confusión respecto del presente, y que ha perdido la fe en el futuro, la historia del pasado parecerá un montón de acontecimientos sin relación entre sí y carentes de significado. Si nuestra sociedad recobra el dominio del presente, y su visión del futuro, renovará, en virtud del mismo proceso, su idea del pasado.

Este pasaje fue escrito en 1974, varios años antes del renacimiento en Gran Bretaña de las doctrinas conservadoras y de una nueva confianza en un futuro conservador. Desde entonces, y des-

22. *Le Monde*, 21-22 de enero de 1979.

de la muerte de Carr, ha surgido una alternativa a la falta de fe en el futuro y el consecuente empirismo que definían anteriormente la ortodoxia entre los historiadores británicos. Los políticos y los historiadores conservadores habían hecho notables esfuerzos para alentar la confianza en el futuro mediante la restauración de la historia patria británica como centro de los estudios académicos de historia. Sir Keith Joseph, ministro de Educación, apoyado por Lord Hugh Thomas, ha invitado a las escuelas a prestar una mucho mayor atención a la historia británica, y menos a la historia mundial. El profesor G. R. Elton, en su conferencia inaugural como profesor regio de Historia Moderna, condenó las nocivas influencias de las ciencias sociales en la enseñanza de la historia a los estudiantes de Cambridge, e insistió en que el estudio de la historia inglesa debía ocupar una posición dominante en los cursos especiales de la Universidad. La historia inglesa mostraría «la forma en que esta sociedad logró civilizar el poder y ordenarse a través de constantes cambios»; «una época de incertidumbre, acosada por falsas creencias y profetas de la constante innovación, necesita desesperadamente conocer sus raíces».[23] Estos sucesos hubiesen sido interpretados por Carr como síntomas de una sociedad enferma que busca consuelo en el recuerdo de un pasado glorioso, y como asombrosa demostración de hasta qué punto los historiadores reflejan las tendencias dominantes de su sociedad.

Carr pretendía que la nueva edición de *¿Qué es la historia?* considerara la crisis de los estudios históricos en el amplio contexto de la crisis social e intelectual de nuestro tiempo. Con esta finalidad preparó una carpeta sobre literatura y arte, que no habían sido tratados como temas separados en sus conferencias originales. En la carpeta se incluyen notas tanto sobre literatura propiamente dicha como sobre crítica literaria y de arte. El trabajo se encuentra en una etapa preliminar. El hilo de su argumentación es que la literatura y la crítica literaria, como la historia y las ciencias sociales, son influidas o modeladas por el medio social. Dos citas contrastantes llaman la atención en sus notas. Mientras Orwell declaraba que «todo arte es propaganda»,[24] Marx, quien dejó igualmente muchas

---

23. G. R. Elton, *The History of England: Inaugural Lecture delivered 26 January 1984,* Cambridge, 1984, esp. pp. 9-11 y 26-29; véase también su ataque contra la historia de familia en *New York Review of Books,* 14 de junio de 1984.

24. G. Orwell, *Collected Essays, Journalism and Letters,* 1968, i, 448 (publicado por primera vez en *Inside the Whale,* 1940).

notas sobre la influencia de la sociedad sobre las artes, advertía, no obstante, en la *Introducción a la crítica de la economía política,* que, «en cuanto al arte, es sabido que algunas de sus cumbres no corresponden en modo alguno al desarrollo general de la sociedad; ni, por tanto, a la estructura material, el esqueleto, por así decir, de su organización».[25]

A juicio de Carr, las reservas de Marx no son aplicables al siglo XX, caracterizado fundamentalmente por el pesimismo, la inacción y la desesperanza. Para Carr, Hardy fue el «novelista de un mundo sin sentido, esencialmente desviado, no un mundo equivocado, ni que pueda enderezarse, sino un mundo de infinita iniquidad y sinrazón... en consecuencia, un absoluto pesimismo». A. E. Housman observaba que «rara vez he escrito poesía sin estar bastante enfermo»,[26] y T. S. Eliot comentaba con comprensión: «creo entender esa frase». «Ambos escribían poesía "enferma"», apunta Carr agudamente, «ninguno de los dos es un rebelde». Una serie de citas en las notas de Carr ilustra la falta de esperanza y el pesimismo de Eliot. Mientras el soneto XCVIII de Shakespeare era una celebración de abril, en *La tierra baldía* de Eliot, abril aparece como el mes más cruel. En «*Gerontion*», escrito en 1920, Eliot lamenta que la historia «engaña con ambiciones susurrantes, nos guía por vanidades».[27] *La tierra baldía* presenta a la multitud de trabajadores que cruzan el puente de Londres como gente muerta, mientras Wyndham Lewis escribe sobre «gente medio muerta» cuyo exterminio no importa.[28] En su testamento, Kafka, el profeta del fracaso, ordenó, significativamente, la destrucción de sus manuscritos; nuestro mundo, dijo Kafka una vez, lo es del «mal humor» de Dios; fuera de nuestro mundo había «considerables esperanzas... para Dios... únicamente, no para nosotros».[29] Inclusive Orwell, según Carr, «termina en la misma posición que Eliot, desesperación de la especie humana, especialmente en forma de disgusto por las clases inferiores... una forma de elitismo». Dos clásicos modernos con títulos llamativamente coincidentes, el poema de Cavafis «Esperando a los bárbaros» y la pieza de Beckett *Esperando a Godot,* presentan la

25. Karl Marx, *Contribución a la crítica de la economía política.*
26. A. E. Housman, *The Name and Nature of Poetry,* 1933, p. 49.
27. T. S. Eliot, *Poesías reunidas 1909/1962,* Ed. Alianza, Madrid, 1978, p. 53.
28. D. B. Wyndham Lewis, *Blasting and Bombardiering,* 1937, p. 115.
29. Max Brod, *Kafka,* Ed. Alianza, Madrid.

«inacción expectante indefensa». Y el culto de Hermann Hesse celebra a un escritor que Carr describe como «un solipsista apartado de un mundo en el que ha dejado de creer».

Otro grupo de notas está destinado a situar la crítica literaria del siglo xx en su contexto social. F. R. Leavis «revivió la visión de Matthew Arnold de una clase de intelectuales desinteresados que constituyen la flor y nata de una sociedad y están por encima de ella». La nueva crítica literaria «comienza con I. A. Richards, que distinguió el elemento objetivo (científico) del subjetivo (emotivo) en literatura»; sus sucesores «trataron de equiparar al crítico literario con los observadores científicos, aplicando criterios objetivos al texto e ignorando todas las cuestiones de derivación o contexto». Sobre estos desarrollos, Carr comenta:

> Los formalistas de los años treinta, cuarenta y cincuenta, y los estructuralistas de los sesenta y setenta, pretendían aislar la literatura como entidad «pura», encerrada en los límites del lenguaje, y no contaminada por ninguna otra realidad.
>
> Pero la crítica literaria no puede sostenerse únicamente sobre la literatura, puesto que el crítico mismo está fuera de la literatura y es portador de elementos de otras esferas.

Y en cuanto a la «filosofía lingüística» (un nombre inapropiado, ya que se trata de una fuga de la filosofía tal como es concebida tradicionalmente), como el «arte por el arte», no está comprometida con idea alguna.[30] No es aplicable a la ética ni a la política, y no presta atención a la historia: «hasta la idea de que el significado de las palabras cambia estaba ausente».

En los últimos capítulos de la nueva edición, Carr aspiraba, en oposición al pesimismo dominante de años recientes, a reafirmar que el pasado del hombre había sido en general una historia de progreso, y a proclamar su confianza en el futuro del hombre. En *¿Qué es la historia?*, observaba que la visión de la historia como progreso, instituida por los racionalistas de la Ilustración, había llegado al apogeo de su influencia cuando la confianza y el poder británicos estaban en su punto más alto. En el siglo xx, sin embargo, la crisis de la civilización occidental había llevado a muchos historiadores y otros intelectuales a rechazar la hipótesis del progreso.

---

30. Véase J. Sturrock, *Structuralism and Since,* 1979.

En sus notas para la nueva edición, distingue tres aspectos de la
Edad del Progreso: la Expansión del Mundo, iniciada en 1490; el
Crecimiento Económico, comenzado tal vez en el siglo XVI, y la Expansión del Saber, de 1600 en adelante. El período isabelino, consciente de la expansión del mundo, fue la primera brillante fase de
la Edad del Progreso. Macaulay, el mayor historiador *whig*, describía la historia como un progreso triunfal que culminaba en la *Re-
form Bill*.[31] De las notas de Carr se desprende con claridad que pretendía aportar más pruebas, en la nueva edición de *¿Qué es la
historia?*, procedentes de la medicina y de otros campos, de que el
progreso había dependido fundamentalmente, y resultado, de la
transmisión de capacidades adquiridas de una generación a otra.

A partir de la Primera Guerra Mundial, la fe en la historia como
progreso empezó a pasar de moda. El descenso a los abismos de la
desesperación ha sido en ocasiones un tanto prematura: «Karl
Kraus celebró el colapso del Imperio Austro-húngaro con una ex-
travagancia dramática llamada *Los últimos días de la Humanidad*».
Pero el escepticismo respecto del progreso en el pasado y el pesimismo respecto de las perspectivas para el futuro, se han hecho
más fuertes y enérgicos a medida que corría el siglo XX. Popper,
que hace un cuarto de siglo pronunció una conferencia titulada
«La historia de nuestro tiempo: un punto de vista optimista», pronunció otra en 1979 en la que observó que «sucede que yo no creo
en el progreso».[32] Para algunos historiadores, la idea de progreso
es una broma anticuada: Richard Cobb escribió sobre Lefèbvre que
«era un hombre muy ingenuo, que creía en el progreso humano».[33]

Carr creía en el progreso humano en el pasado, y en que «una
comprensión del pasado… trae aparejada una idea más clara del
futuro». Coincidía, por tanto, con Hobbes en que «de nuestras concepciones del pasado hacemos un futuro».[34] Pero añadía un im-

31. *Works*, 1898, xi, pp. 456-458, y cf. pp. 489-491; pero Carr pregunta: «¿Es la visión de Macaulay del neozelandés *(Essay on Ranke's History of the Popes)* incompatible
con la fe en el progreso?»; Macaulay imaginaba un neozelandés del futuro de pie sobre un trozo roto del puente de Londres dibujando las ruinas de San Pablo, pero en
el mismo párrafo se refería a la futura grandeza del Nuevo Mundo *(Essays* de Macaulay, selección e introducción de H. Trevor-Roper, 1975, p. 276).
32. *Encounter*, noviembre de 1979, p. 11; sin embargo, en esta conferencia, Popper aún decía ser un optimista.
33. *A Second Identity*, 1969, p. 100.
34. Thomas Hobbes sobre la Naturaleza Humana, *Works*, 1840, iv, 16.

portante comentario: «Lo contrario sería igualmente cierto», es decir, que nuestra visión del futuro influye sobre nuestra visión del pasado. Había razón en el aforismo con que Ernst Bloch concluía *El Principio Esperanza*: «*El verdadero génesis no está en el principio, sino en el final*».[35]

En una época de dudas y desesperanza, Carr consideraba que era especialmente importante para él, como historiador, examinar y exponer su propia concepción del presente y su propia visión del futuro. Había afirmado cuarenta años antes que utopía y realidad eran dos facetas esenciales de la ciencia política, y que «un pensamiento político sano y una vida política sana sólo se encontrarán donde ambas tengan su lugar».[36] En los años que siguieron había adquirido fama de austero realista. Pero en la breve memoria autobiográfica que preparó unos meses antes de su muerte, comentaba: «Quizá el mundo esté dividido en cínicos, que no encuentran sentido en nada, y utopías, que dan sentido a las cosas a partir de alguna magnífica e inverificable presunción acerca del futuro. Yo prefiero a los últimos». Un apunte de los archivos de Carr, titulado «Esperanza», reza: «La función de la utopía es la de concretar los ensueños… la utopía reconciliará los intereses individuales con los universales. Verdadera utopía distinguida del optimismo vano (inmotivado)».

A juicio de Carr, cada uno de los dos grandes estudiosos del capitalismo británico clásico, Adam Smith y Karl Marx, reunía en sí una profunda comprensión de la sociedad con una utopía subyacente:

> Adam Smith, que escribió una *Teoría de los sentimientos modernos*, resaltó en *La riqueza de las naciones* la propensión a «la permuta, el trueque y el intercambio» como principal fuerza motriz de la acción humana.
>
> Era una intuición genial, no de la naturaleza humana como tal, sino del carácter de la sociedad que estaba a punto de desarrollarse en la Europa occidental (y en los Estados Unidos), y como tal, contribuyó a ese desarrollo.
>
> Lo mismo puede decirse de la intuición de Marx del hundimiento del capitalismo bajo el peso de la negativa de los obreros a tolerar el grado de explotación que el mismo implica.

35. Ernst Bloch, *El Principio Esperanza*, Ed. Aguilar, Madrid.
36. *The Twenty Years' Crisis, 1919-1939*, 1939.

Pero la utopía de Smith del mundo de la mano invisible, y la dictadura del proletariado de Marx, revelaron aspectos repugnantes tan pronto como se intentó llevarlas a la práctica.

Ya en 1933, Carr se había referido a Marx como alguien «con derecho a ser considerado el genio más visionario del siglo XIX, y uno de los profetas más exitosos de la historia».[37] Sus carpetas sobre «Marxismo e Historia» y «Marxismo y el Futuro» contienen muchas citas de Marx, Engels, Lenin y sus principales seguidores, de las que se desprende con claridad que pretendía fundamentar su propio juicio sobre el presente y el futuro en una cuidadosa valoración de Marx y del marxismo. En varios de sus últimos escritos dejó constancia de que, como su amigo Marcuse, creía que «en Occidente, hoy, el proletariado —en el sentido que Marx daba al término, los obreros organizados en la industria— no es una fuerza revolucionaria, y quizá sea inclusive contrarrevolucionaria».[38] Destacaba que el escepticismo acerca de la capacidad del proletariado para gobernar había determinado «la última recaída de Trotsky en el pesimismo»,[39] y que una estimación negativa del proletariado subyace al pesimismo de Marcuse:

> *Razón y Revolución*. La fuerza de negación se encarna en el proletariado.
> Interesado en la liberación de la personalidad individual respecto de la sociedad represiva — Freud.
> En *Eros y civilización* [de Marcuse] — duda acerca de la capacidad del proletariado para producir una sociedad no-represiva.
> *Marxismo soviético*. La historia soviética demostró el fracaso del proletariado ruso en la producción de una sociedad no-represiva... fracaso debido al fracaso del proletariado en los países avanzados.
> *El hombre unidimensional* muestra que el proletariado ha sido aplastado por la sociedad industrial, de modo que esa sociedad llega a ser, en principio, inmodificable.
> El resultado es el pesimismo total — divorcio de la teoría de la Izquierda y la realidad: «No hay ningún terreno en el que la teoría y la práctica, el pensamiento y la acción se encuentren».[40]

---

37. *Fortnightly Review*, marzo de 1933, p. 319.
38. *From Napoleon to Stalin*, 1980, p. 271.
39. Véase Knei-Paz, *The Social and Political Thought of Leon Trotsky*, 1978, p. 423.
40. H. Marcuse, *El hombre unidimensional*, Ed. Seix Barral, Barcelona, 1972, p. 23.

Carr aceptaba en conjunto tales críticas de Marx, pero no extraía conclusiones tan pesimistas. En su memoria autobiográfica declaraba:

> No puedo prever verdaderamente para la sociedad occidental en su forma actual ninguna otra posibilidad que la decadencia y la caída, finalizando, quizá, aunque no necesariamente, en un hundimiento dramático. Pero creo que nuevas fuerzas y nuevos movimientos, cuyas características no podemos siquiera sospechar, están germinando bajo la superficie, aquí o en cualquier otra parte. Ésta es mi inverificable utopía… Supongo que debería llamarla «socialista» y, en esa medida, marxista. Pero Marx no definió el contenido del socialismo fuera de algunas frases utópicas; ni yo puedo hacerlo.

¿Qué juicio, pues, se formó Carr acerca del desarrollo y la caída del sistema capitalista? ¿Qué «nuevas fuerzas y nuevos movimientos» había detectado? Parte de su respuesta fue dada en un borrador sin revisar incluido en sus notas con el título «Marxismo e Historia», que parece haber sido escrito alrededor de 1970. Aunque quedó incompleto, y seguramente habría tenido que ser considerablemente revisado antes de su publicación, expresa bien el espíritu de la visión de Carr del presente y el futuro:

> La configuración del mundo, por tanto, ha cambiado en los últimos cincuenta años hasta un punto en que resulta irreconocible. Las antiguas colonias de las potencias europeas occidentales —India, África, Indonesia— han alcanzado su completa independencia. De los países latinoamericanos, sólo México y Cuba han seguido la senda de la revolución; pero en todas partes el desarrollo económico marca el camino hacia una más entera independencia. El acontecimiento más espectacular del período ha sido el ascenso de la URSS —el antiguo Imperio Ruso— y, más recientemente, de China hasta situarse como potencias mundiales y adquirir importancia en el planeta. La sensación de incertidumbre creada por estos cambios, cuyas consecuencias aún pertenecen al futuro, contrasta brutalmente con la estabilidad y la seguridad relativas del modelo mundial del siglo XIX. Los sueños contemporáneos de nueva sociedad nacen fuera de esta atmósfera de incertidumbre e inseguridad.
>
> Es un hecho de la mayor significación el que la Revolución rusa —y, posteriormente, la China y la Cubana— se fundan declaradamente en las enseñanzas de Karl Marx. Marx fue el más poderoso profeta de la decadencia y la caída del sistema capitalista del siglo XIX, aún en su apo-

geo en el período en que él escribía. Es natural que aquellos que pretenden desafiar al sistema, y regocijarse ante su caída, tengan que haber apelado a la autoridad de Marx. También es natural que los sueños de una nueva sociedad que reemplace al capitalismo del siglo XIX tengan que inspirarse en el marxismo. Estos sueños, necesariamente, son en parte utópicos; los escritos de Marx sobre la sociedad futura son escasos y a menudo de carácter utópico. Algunas de sus predicciones se han frustrado o se han demostrado impracticables, y ello ha llevado ya a la controversia y la confusión entre sus seguidores. Pero la fuerza de su análisis es innegable; y toda imagen que pueda elaborarse, aun especulativamente, de una sociedad futura, debe contener una abundante infusión de concepciones marxistas.

Marx fue el profeta de la productividad, de la industrialización como sendero hacia las formas más perfeccionadas de la productividad, de la modernización mediante el empleo de las formas más desarrolladas de la tecnología. Sus escritos, del *Manifiesto comunista* en adelante, están llenos de encomios de los logros del capitalismo, que liberó los procesos de producción de los grillos feudales y puso en movimiento en todo el mundo una economía expansiva, moderna y técnicamente desarrollada. Pero Marx creía haber demostrado con su análisis que el capitalismo burgués, fundado sobre los principios de la empresa privada individual, estaba forjando, con su propio triunfo, nuevas cadenas que llevarían la nueva expansión de la producción a una parálisis que arrancaría el control de la misma de las manos del capitalista burgués, y lo sustituiría por alguna forma de control social por los propios obreros. Sólo así la expansión de la productividad podría ser mantenida e intensificada. Una de las pocas imágenes ofrecidas por Marx de una futura sociedad comunista es la de aquella en que «las fuentes de la riqueza manarán con más abundancia».

En un mundo en que grandes masas humanas aún no disfrutan siquiera de los más elementales beneficios materiales de la civilización moderna, no es para sorprenderse el que estas doctrinas hayan influido poderosamente sobre la concepción popular de una nueva sociedad. Ni es para sorprenderse el que (aun cuando ello se oponga a lo esperado por Marx) esas doctrinas hayan resultado más convincentes, no en los países avanzados, cuyos pueblos gozaron en el pasado de los grandes logros del capitalismo burgués y todavía encuentran difícil creer que las potencialidades del sistema están agotadas, sino en los países atrasados en que el capitalismo burgués no ha hecho su aparición, o lo ha hecho como fuerza extraña y primordialmente opresora. La Revolución rusa tuvo lugar en un país técnicamente atrasado, donde la transformación capitalista burguesa de la economía y de la sociedad apenas si había comenzado; su primera función fue, como dijo

Lenin, «completar la Revolución burguesa» antes de poder pasar a la Revolución socialista. Después de la Segunda Guerra Mundial, la revolución se extendió a países en que jamás se había iniciado una Revolución burguesa. El sueño de una sociedad futura que, pasando por sobre la hoy obsoleta Revolución capitalista burguesa, alcance la industrialización y la modernización de la economía, y la elevación de la productividad que las acompaña, mediante alguna forma de control social y planificado de la producción, domina hoy en toda aquella parte del mundo que cae fuera de la esfera de las naciones europeas occidentales.

Carr agregaba a continuación que «los aspectos políticos de esta imagen siguen siendo, sin embarga, borrosos y elusivos. El marxismo brinda poca ayuda. La concepción de una sociedad controlada por los obreros demostró ser poco relevante en Rusia, donde el proletariado era reducido; carece por entero de relevancia en los países menos avanzados, donde no hay proletariado alguno». No obstante, es probable que la revolución en estos países lleve a su fin el sistema capitalista y proporcione la posibilidad de alcanzar la «inverificable utopía» de Carr:

> Creo que debemos considerar seriamente la hipótesis [declaró en septiembre de 1978] según la cual la revolución mundial de la que [la Revolución bolchevique] fue el primer estadio, y que completará la caída del capitalismo, demostrará ser la revuelta de los pueblos coloniales contra el capitalismo en su forma de imperialismo.[41]

41. *From Napoleon to Stalin,* 1980, p. 275.

I

El historiador y los hechos

¿Qué es la Historia? Para precaverme contra quien encuentre superflua o falta de sentido la pregunta, voy a partir de textos relacionados respectivamente con la primera y la segunda encarnaciones de la *Cambridge Modern History*. He aquí a Acton, en su informe a los síndicos de la Cambridge University Press acerca de la obra que se había comprometido a dirigir:

> Es ésta una oportunidad sin precedente de reunir, en la forma más útil para los más, el acervo de conocimiento que el siglo XIX nos está legando. Mediante una inteligente división del trabajo seríamos capaces de hacerlo y de poner al alcance de cualquiera el último documento y las conclusiones más elaboradas de la investigación internacional.
>
> No podemos, en esta generación, formular una historia definitiva; pero sí podemos eliminar la historia convencional, y mostrar a qué punto hemos llegado en el trayecto que va de ésta a aquélla, ahora que toda la información es asequible, y que todo problema es susceptible de solución.[1]

Y transcurridos casi exactamente sesenta años, el profesor sir George Clark, en su introducción general a la segunda *Cambridge Modern History,* comentaba aquel convencimiento de Acton y sus colaboradores de que llegaría el día en que fuese posible presentar una «historia definitiva», en los siguientes términos:

---

1. *The Cambridge Modern History: Its Origin, Authorship and Production,* 1907, pp. 10-12.

Los historiadores de una generación posterior no esperan cosa semejante. De su trabajo, esperan que sea superado una y otra vez. Consideran que el conocimiento del pasado ha llegado a nosotros por mediación de una o más mentes humanas, ha sido «elaborado» por éstas, y que no puede, por tanto, consistir en átomos elementales e impersonales que nada puede alterar... La exploración no parece tener límites y hay investigadores impacientes que se refugian en el escepticismo, o cuando menos en la doctrina de que, puesto que todo juicio histórico implica personas y puntos de vista, todos son igual de válidos y no hay verdad histórica «objetiva».[2]

Cuando los maestros se contradicen de modo tan flagrante, es lícito intentar averiguar qué sucede. Espero hallarme lo bastante al día como para darme cuenta de que algo escrito en la última década del siglo pasado tiene que ser un disparate. Pero no estoy lo suficientemente adelantado como para compartir la opinión de que cualquier cosa escrita en estos últimos diez años forzosamente tiene que ser verdad. Sin duda habrán pensado ustedes ya que esta investigación puede parar en algo que rebase los límites de la naturaleza de la historia. El desacuerdo entre Acton y sir George Clark refleja el cambio sufrido por nuestra concepción de conjunto de la sociedad en el intervalo entre ambas afirmaciones. Acton es un exponente de la fe positiva, de la clarividente confianza propia en uno mismo, que caracteriza la última fase de la época victoriana; sir George Clark refleja la perplejidad y el escepticismo conturbado de la generación «rebelde». Cuando tratamos de contestar a la pregunta ¿Qué es la Historia?, nuestra respuesta, consciente o inconscientemente, refleja nuestra posición en el tiempo, y forma parte de nuestra respuesta a la pregunta, más amplia, de qué idea hemos de formarnos de la sociedad en que vivimos. No temo que parezca trivial, visto más de cerca, el tema escogido. Sólo me asusta parecer pretencioso por haber planteado problema tan amplio e importante.

El siglo XIX fue una gran época para los hechos. «Lo que yo quiero —dice Mr. Gradgrind en *Tiempos difíciles*—, son Hechos... Lo único que se necesita en la vida son Hechos.» En conjunto, los historiadores decimonónicos estaban de acuerdo con él. Cuando

2. *The New Modern History*, i, 1957, pp. XXIV-XXV.

Ranke, en el cuarto decenio del siglo, apuntaba, en legítima protesta contra la historia moralizadora, que la tarea del historiador era «sólo mostrar lo que realmente aconteció *(wie es eigentlich gewesen)*», este no muy profundo aforismo tuvo un éxito asombroso. Tres generaciones de historiadores alemanes, británicos e incluso franceses, se lanzaron al combate entonando la fórmula mágica *«Wie es eigentlich gewesen»*, a modo de conjuro, encaminada, como casi todos los conjuros, a ahorrarles la cansada obligación de pensar por su cuenta. Los positivistas, ansiosos por consolidar su defensa de la historia como ciencia, contribuyeron con el peso de su influjo a este culto de los hechos. Primero averiguad los hechos, decían los positivistas; luego deducid de ellos las conclusiones. En Gran Bretaña, esta visión de la historia encajó perfectamente con la tradición empírica, tendencia dominante de la filosofía británica de Locke a Bertrand Russell. La teoría empírica del conocimiento presupone una total separación entre el sujeto y el objeto. Los hechos, lo mismo que las impresiones sensoriales, inciden en el observador desde el exterior, y son independientes de su conciencia. El proceso receptivo es pasivo: tras haber recibido los datos, se los maneja. El *Oxford Shorter English Dictionary,* útil pero tendenciosa obra de la escuela empírica, delimita claramente ambos procesos cuando define el hecho como «dato de la experiencia, distinto de las conclusiones». A esto puede llamársele concepción de sentido común de la historia. La historia consiste en un cuerpo de hechos verificados. Los hechos los encuentra el historiador en los documentos, en las inscripciones, etcétera, lo mismo que los pescados sobre el mostrador de una pescadería. El historiador los reúne, se los lleva a casa, donde los guisa y los sirve como a él más le apetece. Acton, de austeras aficiones culinarias, los prefería con un condimento sencillo. En su carta de instrucciones a los colaboradores de la primera *Cambridge Modern History,* formulaba el requisito de que «nuestro Waterloo debe ser satisfactorio para franceses e ingleses, alemanes y holandeses por igual: que nadie pueda decir, sin antes examinar la lista de los autores, dónde dejó la pluma el Obispo de Oxford, y dónde la tomaron Fairbairn o Gasquet, dónde Liebermann o Harrison».[3] Hasta el propio sir George Clark, no obstante su desacuerdo con el enfoque de Acton, contraponía «el sólido núcleo de los hechos» en la historia, a «la pulpa de las in-

---

3. Acton, *Lectures on Modern History,* 1906, p. 318.

terpretaciones controvertibles que lo rodea»,[4] olvidando acaso que
en la fruta da más satisfacción la pulpa que el duro hueso. Cercio-
rense primero de los datos, y luego podrán aventurarse por su
cuenta y riesgo en las arenas movedizas de la interpretación: tal es
la última palabra de la escuela histórica empírica del sentido común. Ello recuerda el dicho favorito del gran periodista liberal
C. P. Scott: «Los hechos son sagrados, la opinión libre».

Pero está claro que así no se llega a ninguna parte. No voy a em-
barcarme en una disquisición filosófica acerca de la naturaleza de
nuestro conocimiento del pasado. Supongamos, a efectos de la discusión presente, que el hecho de que César pasara el Rubicón y el
hecho de que haya una mesa en el centro de esta sala son datos de
igual orden, o de orden parecido, y que ambos datos penetran en
nuestra conciencia de modo igual o parecido, y que ambos tienen
además el mismo carácter objetivo en relación con la persona que
los conoce. Pero aun en el caso de esta suposición atrevida y no del
todo plausible, nuestro razonamiento topa con el obstáculo de que
no todos los datos acerca del pasado son hechos históricos, ni son
tratados como tales por el historiador. ¿Qué criterio separa los hechos históricos de otros datos acerca del pasado?

¿Qué es un hecho histórico? Es ésta una cuestión crucial en la
que hemos de fijarnos algo más atentamente. Según el punto de
vista del sentido común, existen hechos básicos que son los mismos
para todos los historiadores y que constituyen, por así decirlo, la es-
pina dorsal de la historia: el hecho, pongamos por caso, de que la
batalla de Hastings se librara en 1066. Mas esta opinión sugiere dos
observaciones. La primera, que no son datos como éste los que interesan fundamentalmente al historiador. Sin duda es importante
saber que la gran batalla tuvo lugar en 1066 y no en 1065 o 1067,
o que se librara en Hastings, en vez de en Eastbourne o Brighton.
El historiador tiene que saber estas cosas con exactitud. Pero cuando se suscitan problemas como éste, recuerdo siempre aquella observación de Housman: «La precisión es un deber, no una virtud».[5]
Elogiar a un historiador por la precisión de sus datos es como en-
comiar a un arquitecto por utilizar, en su edificio, vigas debidamente preparadas o cemento bien mezclado. Ello es condición necesaria de su obra, pero no su función esencial. Precisamente en

4. Citado en *The Listener,* 19 de junio de 1952, p. 992.
5. *M. Manilii Astronomicon: Liber Primus,* 2.ª ed., 1937, p. 87.

cuestiones de éstas se reconoce al historiador el derecho a fundarse en las que se han llamado «ciencias auxiliares» de la historia: la arqueología, la epigrafía, la numismática, la cronología, etc. No se espera del historiador que domine las técnicas especiales merced a las cuales el perito sabrá determinar el origen y el período de un fragmento de cerámica o de mármol, o descifrar una inscripción oscura, o llevar a cabo los complejos cálculos astronómicos necesarios para fijar una fecha precisa. Los llamados datos básicos, que son los mismos para todos los historiadores, más bien suelen pertenecer a la categoría de materias primas del historiador que a la historia misma. La segunda observación que hemos de hacer es que la necesidad de fijar estos datos básicos no se apoya en ninguna cualidad de los hechos mismos, sino en una decisión que formula el historiador *a priori*. A pesar de la sentencia de C. P. Scott, todo periodista sabe hoy que la forma más eficaz de influir en la opinión consiste en seleccionar y ordenar los hechos adecuados. Solía decirse que los hechos hablan por sí solos. Es falso, por supuesto. Los hechos sólo hablan cuando el historiador apela a ellos: él es quien decide a qué hechos se da paso y en qué orden y contexto hacerlo. Si no me equivoco, era un personaje de Pirandello quien decía que un hecho es como un saco: no se tiene de pie más que si metemos algo dentro. La única razón por la que nos interesa saber que la batalla se libró en Hastings en 1066 estriba en que los historiadores lo consideran hecho histórico de primordial importancia. Es el historiador quien ha decidido, por razones suyas, que el paso de aquel riachuelo, el Rubicón, por César es un hecho que pertenece a la historia, en tanto que el paso del Rubicón por millones de otras personas antes y después no interesa a nadie en absoluto. El hecho de que ustedes llegaran a este edificio hace media hora, a pie, en bicicleta o en coche, es un hecho del pasado como pueda serlo el hecho de que César pasara el Rubicón. Pero los historiadores dejarán seguramente de tener en cuenta el primero de ambos hechos. El profesor Talcott Parsons calificó una vez la ciencia de «sistema selectivo de orientaciones cognitivas hacia la realidad».[6] Tal vez podría haberse dicho con más sencillez. Pero lo cierto es que la historia es eso, entre otras cosas. El historiador es necesariamente selectivo. La creencia en un núcleo óseo de hechos históricos existentes objetivamente y con independencia de la in-

6. T. Parsons y E. Shils, *Towards a general theory of Action*, 3.ª ed., 1954, p. 167.

terpretación del historiador es una falacia absurda, pero dificilísima de desarraigar.

Echemos una ojeada sobre el proceso por el cual un mero dato del pasado se convierte en un hecho histórico. En 1850, en Stalybridge Wakes, un vendedor de golosinas era deliberadamente golpeado hasta la muerte por una muchedumbre enfurecida, tras una disputa sin importancia. ¿Es ello un hecho histórico? Hace un año hubiese contestado que no sin vacilar. Lo había recogido un testigo ocular en ciertas memorias poco conocidas,[7] pero nunca vi que ningún historiador lo considerase digno de mención. Hace un año, el Dr. Kitson Clark lo citó en sus Conferencias Ford en Oxford.[8] ¿Confiere esto al dato el atributo de histórico? Creo que aún no. Su situación actual, diría yo, es la de que se ha presentado su candidatura para el ingreso en el selecto club de los hechos históricos. Se encuentra ahora aguardando partidarios y patrocinadores. Puede que en años sucesivos veamos aparecer este dato, primero en notas a pie de página, y luego en el texto, en artículos y libros acerca de la Inglaterra decimonónica, y que dentro de veinte o treinta años haya pasado a ser un hecho histórico sólidamente arraigado. Como también puede que nadie lo mencione, en cuyo caso volverá a sumirse en el limbo de los hechos del pasado no pertenecientes a la historia, de donde el Dr. Kitson Clark ha tratado generosamente de salvarlo. ¿Qué será lo que decida cuál de ambas cosas ha de suceder? Dependerá, pienso yo, de que la tesis o la interpretación en apoyo de la cual el Dr. Kitson Clark citó este incidente sea aceptada por los demás historiadores como válida e importante. Su condición de hecho histórico dependerá de una cuestión de interpretación. Este elemento interpretativo interviene en todos los hechos históricos.

Permítaseme evocar un recuerdo personal. Cuando yo estudiaba historia de la Antigüedad en esta misma Universidad, años ha, hube de dedicarme especialmente al tema de «Grecia en la época de las guerras médicas». Reuní en mis estanterías unos quince o veinte volúmenes, dando por supuesto que hallaría, en aquellos tomos, todos los datos relativos a mi tema. Supongamos —lo que era casi del todo cierto— que aquellos libros contenían todos los datos que se conocían entonces, o que podían conocerse. Ni por un mo-

---

7. Lord George Sanger, *Seventy Years a Showman*, 2.ª ed., 1929, pp. 188-189.
8. Serán publicadas en breve bajo el título de *The Making of a Victorian England*.

mento se me ocurrió investigar en virtud de qué accidente o de qué proceso de erosión había sobrevivido aquella reducidísima selección de datos, entre los miles y miles de hechos que alguna vez tuvieron que ser conocidos de alguien, para convertirse en *los* hechos de la historia. Sospecho que aún hoy una de las fascinaciones que ejerce la historia antigua y medieval radica en la impresión que nos da de tener a nuestra disposición todos los datos, dentro de unos límites controlables: la movediza barrera que separa los hechos históricos de los que no lo son se esfuma porque los pocos hechos conocidos son todos ellos históricos. Como dijo Bury, que estudió ambos períodos, «el acervo de datos con que cuenta la historia antigua y medieval está plagado de lagunas».[9] Se ha dicho que la historia es un gigantesco rompecabezas en el que faltan numerosos trozos. Mas el problema principal no estriba en las lagunas. Nuestra imagen de Grecia en el siglo v antes de nuestra era es deficiente, y no sobre todo por haberse perdido tantos fragmentos de ella accidentalmente, sino por ser, en líneas generales, la imagen que plasmó un reducido grupo de personas de la ciudad de Atenas. Nosotros sabemos bastante bien qué opinión tenía de la Grecia del siglo v un ciudadano ateniense, pero ignoramos qué le parecía a un espartano, a un corintio o a un tebano, por no decir a un persa, a un esclavo o a otro residente en Atenas que no fuese ciudadano. Nuestra imagen ha sufrido una selección y una determinación previas antes de llegar a nosotros, no tanto por accidente como por personas consciente o inconscientemente imbuidas de una óptica suya peculiar, y que pensaron que los datos que apoyaban tal punto de vista merecían ser conservados. Así también, cuando leo en una historia contemporánea de la Edad Media que la gente, en la Edad Media, era profundamente religiosa, me pregunto cómo lo sabemos y si es cierto. Los que conocemos como hechos de la historia medieval han sido casi todos seleccionados para nosotros por generaciones de cronistas que por su profesión se ocupaban de la teoría y la práctica de la religión y que por lo tanto la consideraban como algo de suprema importancia, y recogían cuanto a ella atañía y no gran cosa más. La imagen del campesino ruso profundamente religioso fue destruida por la Revolución de 1917. La imagen del hombre medieval profundamente religioso, sea verdadera o falsa, es indestructible, ya que casi todos los datos

9. J. B. Bury, *Selected Essays*, 1930, p. 52.

que acerca de él se conocen fueron seleccionados de antemano por personas que creyeron en ella, y que querían que los demás la compartieran, en tanto que muchos otros datos, en los que acaso hubiéramos hallado pruebas de lo contrario, se han perdido sin remisión. El peso muerto de generaciones desaparecidas de historiadores, amanuenses y cronistas, ha determinado sin posibilidad de apelación nuestra idea del pasado. «La historia que leemos», escribe el profesor Barraclough, medievalista a su vez, «aunque basada en los hechos, no es, en puridad, en absoluto fáctica, sino más bien una serie de juicios admitidos».[10]

Pero pasemos ahora a la carga, distinta aunque igualmente pesada, del historiador que se ocupa de la época moderna y contemporánea. El historiador de la antigüedad o el medievalista podrán estar agradecidos del amplio proceso de trilla que, andando el tiempo, ha puesto a su disposición un cuerpo manejable de datos históricos. Como dijera Lytton Strachey con su impertinente estilo, «el primer requisito del historiador es la ignorancia, una ignorancia que simplifica y aclara, selecciona y omite».[11] Cuando me siento tentado, como me ocurre a veces, a envidiar la inmensa seguridad de colegas dedicados a la historia antigua o medieval, me consuela la idea de que tal seguridad se debe, en gran parte, a lo mucho que ignoran de sus temas. El historiador de épocas más recientes no goza de ninguna de las ventajas de esta inexpugnable ignorancia. Debe cultivar por sí mismo esa tan necesaria ignorancia, tanto más cuanto más se aproxima a su propia época. Le incumbe la doble tarea de descubrir los pocos datos relevantes y convertirlos en hechos históricos, y de descartar los muchos datos carentes de importancia por ahistóricos. Pero esto es exactamente lo contrario de la herejía decimonónica, según la cual la historia consiste en la compilación de la mayor cantidad posible de datos irrefutables y objetivos. Quien caiga en tal herejía, o tendrá que abandonar la historia por considerarla tarea inabarcable y dedicarse a coleccionar sellos o a cualquier otra forma de coleccionismo, o acabará en el manicomio. Esta herejía es la que tan devastadores efectos ha tenido en los últimos cien años para el historiador moderno, produciendo en Alemania, Gran Bretaña y Estados Unidos una amplia y creciente masa de historias fácticas, áridas como lo que más, de mo-

10. G. Barraclough, *History in a changing world*, 1955, p. 14.
11. Lytton Strachey, prólogo a *Eminent Victorians*.

nografías minuciosamente especializadas, obra de aprendices de historiadores sabedores cada vez más acerca de cada vez menos, perdidos sin dejar rastro en un océano de datos. Me temo que fuera esta herejía —más que el conflicto, alegado al respecto, entre la lealtad al liberalismo o al catolicismo— lo que malogró a Acton como historiador. En un ensayo de su primera época, dijo de su maestro Döllinger: «Por nada escribiría partiendo de un material imperfecto, y para él todo material era imperfecto».[12] Acton estaba sin duda pronunciando aquí un veredicto anticipado sobre sí mismo, sobre aquel curioso fenómeno de un historiador en el que muchos ven el más distinguido ocupante que la cátedra Regius de Historia Moderna en esta Universidad ha tenido nunca, y que, sin embargo, no escribió ninguna historia. Y Acton escribió su propio epitafio en la nota introductoria al primer volumen de la *Cambridge Modern History* publicado a poco de su muerte, cuando lamentaba que los requerimientos que agobiaban al historiador «amenazan con convertirle, de hombre de letras, en compilador de una enciclopedia».[13] En alguna parte había un error. Y el error era la fe en esa incansable e interminable acumulación de hechos rigurosos vistos como fundamento de la historia, la convicción de que los datos hablan por sí solos y de que nunca se tienen demasiados datos, convicción tan inapelable entonces que fueron pocos los historiadores del momento que creyeron necesario —y hay quienes todavía siguen creyéndolo innecesario— plantearse la pregunta ¿Qué es la Historia?

El fetichismo decimonónico de los hechos venía completado y justificado por un fetichismo de los documentos. Los documentos eran, en el templo de los hechos, el Arca de la Alianza. El historiador devoto llegaba ante ellos con la frente humillada, y hablaba de ellos en tono reverente. Si los documentos lo dicen, será verdad. Mas ¿qué nos dicen, a fin de cuentas, tales documentos: los decretos, los tratados, las cuentas de los arriendos, los libros azules, la correspondencia oficial, las cartas y los diarios privados? No hay documento que pueda decirnos acerca de un particular más de lo que opinaba de él su autor, lo que opinaba que había acontecido, lo

12.   Citado por G. P. Gooch, *History and Historians in the Nineteenth Century*, p. 385; ulteriormente dijo Acton de Döllinger que «le fue dado configurar su filosofía de la historia sobre la mayor inducción jamás al alcance del hombre» (*History of Freedom and Other Essays*, 1907, p. 435).

13.   *Cambridge Modern History*, i, 1902, 4.

que en su opinión tenía que ocurrir u ocurriría, o acaso tan sólo lo que quería que los demás creyesen que él pensaba, o incluso solamente lo que él mismo creyó pensar. Todo esto no significa nada, hasta que el historiador se ha puesto a trabajar sobre ello y lo ha descifrado. Los datos, hayan sido encontrados en documentos o no, tienen que ser elaborados por el historiador antes de que él pueda hacer algún uso de ellos: y el uso que hace de ellos es precisamente un proceso de elaboración.

Voy a ilustrar lo que trato de decir con un ejemplo que casualmente conozco bien. Cuando Gustav Stresemann, el ministro de Asuntos Exteriores de la República de Weimar, murió en 1929, dejó una masa ingente —300 cajas llenas— de documentos oficiales, semioficiales y privados, relativos casi todos a los seis años durante los cuales tuvo a su cargo la cartera de Asuntos Exteriores. Como es lógico, sus amigos y familiares pensaron que la memoria de hombre tan insigne debía honrarse con un monumento. Su leal secretario Bernhard puso manos a la obra, y en un plazo de tres años salieron tres gruesos volúmenes, de unas 600 páginas cada uno, que contenían una selección de los documentos de las 300 cajas, y que llevaban el impresionante título de *Stresemanns Vermächtnis* («El legado de Stresemann»). En circunstancias normales, los documentos propiamente dichos habrían ido descomponiéndose en algún sótano o desván y se habrían perdido para siempre. O acaso, al cabo de un centenar de años o así, habría dado con ellos cierto investigador curioso y emprendido su comparación con el texto de Bernhard. Lo realmente ocurrido fue mucho más truculento. En 1945 los documentos cayeron en las manos de los gobiernos británico y norteamericano, quienes los fotografiaron todos y pusieron las fotocopias a disposición de los investigadores en el *Public Record Office* de Londres y en los *National Archives* de Washington, de forma que, con la suficiente curiosidad y paciencia, podemos ver con exactitud lo hecho por Bernhard. Lo que había hecho no era ni insólito ni indignante. Cuando Stresemann murió, su política occidental parecía haber sido coronada por una serie de brillantes éxitos: Locarno, la admisión de Alemania en la Sociedad de Naciones, los planes Dawes y Young y los empréstitos norteamericanos, la retirada de los ejércitos aliados de ocupación del territorio del Rhin. Parecía ésta la parte importante a la vez que fructífera de la política exterior de Stresemann: y no es de extrañar que la selección documental de Bernhard destacase con mucho este aspecto. Por otra parte, la política oriental de Stresemann, sus relaciones con la Unión Soviética, parecían no haber llevado a ninguna parte, y como no eran muy interesantes ni engrandecían en nada la fama del estadista aquellos montones de documentos acerca de negociaciones que no dieron más que triviales resultados, el proceso de selección podía ser más riguroso. En realidad Stresemann dedicó atención mucho más constante y solícita a las relaciones con la Unión Soviética, que desempeñaron un papel mucho mayor en el conjunto de su política extranjera, de lo que puede deducir el lector de la antología de Bernhard. Pero me temo que muchas colecciones publicadas de documentos, sobre las que se funda sin vacilaciones el historiador normal, son peores que los volúmenes de Bernhard.

Pero mi historia no termina aquí. Poco después de publicados los tomos de Bernhard, subió Hitler al poder. Se relegó al olvido en Alemania el nombre de Stresemann y los libros desaparecieron de la circulación: muchos ejemplares, quizá la mayoría, fueron destruidos. En la actualidad, el *Stresemanns Vermächtnis* es un libro más bien difícil de encontrar. Pero en Occidente, la fama de Stresemann se mantuvo firme. En 1935 un editor inglés publicó una traducción abreviada de la obra de Bernhard, una selección de la selección de Bernhard: se omitió aproximadamente la tercera parte del original. Sutton, conocido traductor del alemán, hizo su trabajo bien y de modo competente. La versión inglesa, explicaba en el prólogo, estaba «ligeramente condensada, pero solamente por la omisión de una parte de lo que —en su sentir— era lo más efímero... de escaso interés para los lectores o estudiosos ingleses».[14] Esto también es bastante natural. Pero el resultado es que la política oriental de Stresemann, ya insuficientemente destacada en la edición de Bernhard, se pierde aún más de vista, y en los volúmenes de Sutton la Unión Soviética aparece como un mero intruso ocasional, y más bien inoportuno, en la política predominantemente occidental de Stresemann. Sin embargo, conviene dejar sentado que es Sutton, y no Bernhard —y menos aún los documentos mismos—, quien representa para el mundo occidental, salvo unos cuantos especialistas, la auténtica voz de Stresemann. De haber desaparecido los documentos en 1945, durante los bombardeos, y de

14. *Gustav Stresemann, His Diaries, Letters and Papers*, i, 1935. Nota de Sutton, a cuyo cargo corrió la selección.

haberse perdido el rastro de los restantes volúmenes de Bernhard, nunca se hubieran puesto en tela de juicio la autenticidad y la autoridad de Sutton. Muchas colecciones impresas de documentos, aceptadas de buena gana por los historiadores a falta de los originales, descansan sobre una base tan precaria como ésta.

Pero quiero llevar aún más lejos la historia. Olvidemos lo dicho acerca de Bernhard y Sutton, y agradezcamos el poder, si lo deseamos, consultar los documentos auténticos de uno de los principales actores de algunos de los acontecimientos importantes de la historia europea reciente. ¿Qué nos dicen los documentos? Contienen entre otras cosas notas de unos cuantos centenares de conversaciones entre Stresemann y el embajador soviético en Berlín, y de una veintena con Chicherin. Tales notas tienen su rasgo en común. Presentan a un Stresemann que se llevaba la parte del león en las conversaciones, y revelan sus argumentos invariablemente ordenados y atractivos, en tanto que los de su interlocutor son las más de las veces vacíos, confusos y nada convincentes. Es ésta una característica común a todos los apuntes de conversaciones diplomáticas. Los documentos no nos dicen lo que ocurrió, sino tan sólo lo que Stresemann creyó que había ocurrido, o lo que deseaba que los demás pensaran, o acaso lo que él mismo quería creer que había ocurrido. El proceso seleccionador no lo empezaron Bernhard ni Sutton, sino el mismo Stresemann. Y si tuviéramos, por ejemplo, los apuntes de Chicherin acerca de dichas conversaciones, nos quedaríamos sin embargo enterados tan sólo de lo que de ellas pensaba Chicherin, y lo que realmente ocurrió tendría igualmente que ser reconstruido en la mente del historiador. Claro que datos y documentos son esenciales para el historiador. Pero hay que guardarse de convertirlos en fetiches. Por sí solos no constituyen historia; no brindan por sí solos ninguna respuesta definitiva a la fatigosa pregunta de qué es la Historia.

Llegados a este punto, quisiera decir unas palabras sobre la razón por la que los historiadores del siglo pasado solían desentenderse de la filosofía de la historia. La expresión la inventó Voltaire, y desde entonces se la viene utilizando en distintas acepciones; pero yo la usaré, si es que alguna vez la uso, como contestación a nuestra pregunta: ¿Qué es la Historia? Para los intelectuales de Europa occidental el siglo XIX fue un período cómodo que respiraba confianza y optimismo. Los hechos resultaban satisfactorios en conjunto, y la inclinación a plantear y contestar preguntas molestas acerca de ellos fue por lo tanto débil. Ranke creía piadosamente que la divina providencia se encargaría del significado de la historia, si él se encargaba de los hechos; y Burckhardt, con un matiz cínico más moderno, observaba que «no estamos iniciados en los designios de la eterna sabiduría». El profesor Butterfield apuntaba con visible satisfacción, nada menos que en 1931, que «los historiadores han reflexionado poco acerca de la naturaleza de las cosas y aun acerca de la naturaleza de su propia materia de estudio».[15] Pero mi predecesor en estas conferencias, el Dr. A. L. Rowse, más preciso en su crítica, escribió de *La Crisis Mundial* de sir Winston Churchill (su libro acerca de la Primera Guerra Mundial) que, aunque estaba a la altura de la *Historia de la Revolución rusa* de Trotsky en lo que hacía a personalidad, viveza y vitalidad, quedaba por debajo de ella a un respecto: «No había detrás filosofía de la historia alguna».[16] Los historiadores británicos se negaron a dejarse arrastrar, no porque creyesen que la historia carece de sentido, sino porque creían a éste implícito y evidente. La concepción liberal de la historia del siglo XIX tenía una estrecha afinidad con la doctrina económica del *laissez-faire*, producto también de una visión del mundo serena y confiada. Que cada cual prosiga con su especialidad, y ya proveerá la mano oculta a la armonía universal. Los hechos de la historia eran por sí mismos una prueba del hecho supremo de que existía un progreso benéfico, y al parecer infinito, hacia cosas más elevadas. Era aquélla la edad de la inocencia, y los historiadores paseaban por el Jardín del Edén sin un retazo de filosofía con que cubrirse, desnudos y sin avergonzarse ante el dios de la historia. Desde entonces, hemos conocido el Pecado y hemos experimentado en nosotros la Caída; y los historiadores que en la actualidad pretenden dispensarse de una filosofía de la historia tan sólo tratan, vanamente y sin naturalidad, como miembros de una colonia nudista, de recrear el Jardín del Edén en sus jardincillos de suburbio. La molesta pregunta no puede ya ser eludida hoy.

Durante los últimos cincuenta años se ha llevado a cabo no poco trabajo serio a propósito de la pregunta: ¿Qué es la Historia? De Alemania, el país que tanto iba a contribuir a perturbar el mue-

---

15. H. Butterfield, *The Whig Interpretation of History*, 1931, p. 67.
16. A. L. Rowse, *The End of an Epoch*, 1947, pp. 282-283.

lle reinado del liberalismo decimonónico, salió en los dos últimos
decenios del siglo XIX el primer desafío a la doctrina de la primacía y la autonomía de los hechos en la historia. Los filósofos que salieron a la palestra apenas son ya algo más que nombres: Dilthey es
el único que ha sido recientemente objeto de un tardío reconocimiento en Gran Bretaña. Antes de cambiar el siglo, la prosperidad
y la confianza eran todavía demasiadas en este país para dedicar
atención alguna a los herejes que arremetían contra el culto de los
hechos. Pero no bien hubo empezado el nuevo siglo, pasó a Italia
la antorcha, donde Croce empezaba a abogar por una filosofía de
la historia que desde luego debía mucho a los maestros alemanes.
Croce declaró que toda la historia es «historia contemporánea»,[17]
queriendo decir con ello que la historia consiste esencialmente en
ver el pasado por los ojos del presente y a la luz de los problemas
de ahora, y que la tarea primordial del historiador no es recoger
datos sino valorar: porque si no valora, ¿cómo puede saber lo que
merece ser recogido? En 1910 el historiador norteamericano Carl
Becker afirmaba, con lenguaje deliberadamente provocador, que
«los hechos de la historia no existen para ningún historiador hasta
que él los crea».[18] Tales desafíos pasaron de momento casi inadverti-
dos. Hasta pasado 1920 no empezó a estar de moda Croce —y lo estuvo bastante— en Francia y Gran Bretaña. Y no tal vez porque Croce fuera pensador más sutil o mejor estilista que sus predecesores
alemanes, sino porque después de la Primera Guerra Mundial los hechos parecieron sonreírnos de modo menos propicio que en los
años anteriores a 1914, y éramos por tanto más asequibles a una filosofía que se proponía disminuir su prestigio. Croce ejerció un
gran influjo sobre el filósofo e historiador de Oxford, Collingwood,
el único pensador británico de este siglo que haya realizado una
aportación seria a la filosofía de la historia. No vivió lo bastante para
escribir el tratado sistemático que tenía planeado, pero sus papeles,
publicados y no publicados, sobre el particular, fueron recogidos
después de su muerte en un volumen editado en 1945, titulado *La
Idea de la Historia*.

17.   El contexto de este famoso aforismo es el siguiente: «Los requisitos prácticos
subyacentes a todo juicio histórico dan a la historia toda el carácter de "historia
contemporánea", porque, por remotos temporalmente que nos parezcan los
acontecimientos así catalogados, la historia se refiere en realidad a las necesidades
presentes y a situaciones presentes en que vibran dichos acontecimientos» (B. Croce,
La Historia como Hazaña de la Libertad, trad. esp., F. C. E., México).

18.   *Atlantic Monthly*, octubre de 1910, p. 528.

Puede resumirse como sigue el parecer de Collingwood. La filosofía de la historia no se ocupa «del pasado en sí» ni «de la opinión que de él en sí se forma el historiador», sino «de ambas cosas relacionadas entre sí». (Esta aseveración refleja los dos significados en curso de la palabra «historia»: la investigación llevada a cabo por el historiador y la serie de acontecimientos del pasado que investiga.) «El pasado que estudia el historiador no es un pasado muerto, sino un pasado que en cierto modo vive aún en el presente.» Mas un acto pasado está muerto, es decir, carece de significado para el historiador, a no ser que éste pueda entender el pensamiento que se sitúa tras él. Por eso, «toda la historia es la historia del pensamiento», y «la historia es la reproducción en la mente del historiador del pensamiento cuya historia estudia». La reconstitución del pasado en la mente del historiador se apoya en la evidencia empírica. Pero no es de suyo un proceso empírico ni puede consistir en una mera enumeración de datos. Antes bien el proceso de reconstitución rige la selección y la interpretación de los hechos: esto es precisamente lo que los hace hechos históricos. «La Historia», dice el profesor Oakeshott, que en esto está muy cerca de Collingwood, «es la experiencia del historiador. Nadie la "hace" como no sea el historiador: el único modo de hacer historia es escribirla».[19]

Esta crítica penetrante, aunque puede inspirar serias reservas, saca a la luz ciertas verdades olvidadas.

Ante todo, los hechos de la historia nunca nos llegan en estado «puro», ya que ni existen ni pueden existir en una forma pura: siempre hay una refracción al pasar por la mente de quien los recoge. De ahí que, cuando llega a nuestras manos un libro de historia, nuestro primer interés debe ir al historiador que lo escribió, y no a los datos que contiene. Permítaseme tomar como ejemplo al gran historiador en cuyo honor y con cuyo nombre se fundaron estas conferencias. Trevelyan, según cuenta él mismo en su autobiografía, fue «educado por su familia en una tradición liberal un tanto exuberante»,[20] y espero que no me desautorizaría si le describiese como el último, en el tiempo que no por la valía, de los grandes historiadores liberales ingleses dentro de la tradición *whig*. No en vano se remonta en su genealogía familiar hasta Macaulay, indudablemente

19. M. Oakeshott, *Experience and its Modes*, 1933, p. 99.
20. G. M. Trevelyan, *An Autobiography*, 1949, p. 11.

el mayor de los historiadores liberales, pasando por el gran historiador, asimismo *whig*, George Otto Trevelyan. La mejor obra, y la más madura, del Dr. Trevelyan, *Inglaterra bajo la Reina Ana,* fue escrita con estos antecedentes, y sólo teniendo en cuenta estos antecedentes comprenderá el lector todo su alcance y significado. Desde luego el autor no brinda al lector excusa alguna para ignorarlos. Porque si, a la usanza de los aficionados de verdad a las novelas policíacas, se lee primero el final, se hallará en las últimas páginas del tercer tomo el, a mi juicio, mejor compendio de la que hoy se llama interpretación liberal de la historia, y se verá que lo que Trevelyan trata de hacer es investigar el origen y el desarrollo de la tradición liberal inglesa, y arraigarla limpia y claramente en los años que siguieron a la muerte de su fundador, Guillermo III. Aunque tal vez no sea ésta la única interpretación concebible de los acontecimientos del reinado de la reina Ana, es una interpretación válida, y, en manos de Trevelyan, fructífera. Pero para apreciarla en todo su valor, hay que comprender lo que está haciendo el historiador. Porque si, como dice Collingwood, el historiador tiene que reproducir mentalmente lo que han ido discurriendo sus *dramatis personae,* el lector, a su vez, habrá de reproducir el proceso seguido por la mente del historiador. Estudien al historiador antes de ponerse a estudiar los hechos. Al fin y al cabo, no es muy difícil. Es lo que ya hace el estudiante inteligente que, cuando se le recomienda que lea una obra del eminente catedrático Jones, busca a un alumno de Jones y le pregunta qué tal es y de qué pie cojea. Cuando se lee un libro de historia, hay que estar atento a las cojeras. Si no logran descubrir ninguna, o están ciegos, o el historiador no anda. Y es que los hechos no se parecen realmente en nada a los pescados en el mostrador del pescadero. Más bien se asemejan a los peces que nadan en un océano anchuroso y aun a veces inaccesible, y lo que el historiador pesque dependerá en parte de la suerte, pero sobre todo de la zona del mar en que decida pescar y del aparejo que haya elegido, determinados desde luego ambos factores por la clase de peces que pretenda atrapar. En general puede decirse que el historiador encontrará la clase de hechos que busca. Historiar significa interpretar. Claro que si, volviendo a sir George Clark del revés, yo definiese la historia como «un sólido núcleo interpretativo rodeado de la pulpa de los hechos controvertibles», mi frase resultaría, a no dudarlo, parcial y equívoca, pero con todo me atrevo a pensar que no lo sería más que la frase original.

La segunda observación es aquella más familiar para nosotros de la necesidad, por parte del historiador, de una comprensión imaginativa de las mentes de las personas que le ocupan, del pensamiento subyacente a sus actos: digo «comprensión imaginativa», y no «simpatía», por temor a que se crea que ello implica acuerdo. El siglo XIX fue flojo en historia medieval porque le repelían demasiado las creencias supersticiosas de la Edad Media y las barbaridades por ellas inspiradas como para comprender imaginativamente a los hombres medievales. O tómese la censoria observación de Burckhardt acerca de la guerra de los Treinta Años: «Resulta escandaloso para un credo, sea católico o protestante, colocar su salvación encima de la integridad nacional».[21] Era dificilísimo para un historiador del siglo pasado, enseñado a creer que era justo y digno de alabanza matar en defensa del país propio, pero inmoral y equivocado matar en defensa de la propia religión, compartir el estado de ánimo de quienes lucharon en la guerra de los Treinta Años. Esta dificultad es particularmente aguda en el campo en que estoy trabajando ahora. Mucho de lo que se lleva escrito en los últimos diez años en los países de habla inglesa acerca de la Unión Soviética, y mucho de lo escrito en ésta sobre dichos países, viene viciado por esa incapacidad de llegar a una comprensión imaginativa, por elemental que sea, de lo que acontece en la mente de la otra parte, de forma que las palabras y las acciones de los otros siempre han de resultar embebidas de mala fe, carentes de sentido o hipócritas. No se puede hacer historia si el historiador no llega a establecer algún contacto con la mente de aquellos sobre los que escribe.

El tercer punto es que sólo podemos captar el pasado y lograr comprenderlo a través del cristal del presente. El historiador pertenece a su época y está vinculado a ella por las condiciones de la existencia humana. Las mismas palabras de que se vale —términos como democracia, imperio, guerra, revolución— tienen sus connotaciones en curso de las que no puede divorciarlas. Los historiadores dedicados a la Antigüedad usan vocablos como *polis* y *plebs* en el idioma original, sólo para demostrar que han sorteado el obstáculo. Pero no les vale. También ellos viven en el presente y no pueden escamotearse a sí mismos en el pasado echando mano de palabras de poco uso o relegadas al olvido, como tampoco se-

---

21.   J. Burckhardt, *Judgements on History and Historians*, trad. ing., 1959, p. 179.

rían mejores historiadores de Grecia o Roma por dar sus conferencias con la clámide o la toga. Los nombres con que sucesivos historiadores franceses han ido describiendo las muchedumbres parisinas, que tan importante papel desempeñaron en la Revolución francesa —*les sans-culottes, le peuple, la canaille, les bras-nus*—, son, para quien conozca las normas del juego, otros tantos manifiestos de una filiación política o de una interpretación determinada. Y es que el historiador no tiene más remedio que elegir: el uso del lenguaje le veda la neutralidad. Y no es sólo una cuestión de palabras. En los últimos cien años, los cambios en el equilibrio de las potencias en Europa han mudado por completo la actitud de los historiadores británicos hacia Federico el Grande. Los cambios que, dentro de las iglesias cristianas, ha experimentado el equilibrio entre católicos y protestantes, han alterado profundamente su actitud hacia figuras como Ignacio de Loyola, Lutero y Cromwell. Basta un conocimiento superficial de la obra de los historiadores franceses de la Revolución francesa en los últimos cuarenta años para percatarse de lo profundamente que ha sido afectada por la Revolución rusa de 1917. El historiador no pertenece al ayer sino al hoy. Nos dice el profesor Trevor-Roper que el historiador «debe amar el pasado».[22] Ésta es una exhortación discutible. El amor al pasado puede fácilmente convertirse en manifestación de una añoranza romántica de hombres y sociedades que ya pasaron, síntoma de la pérdida de la fe en el presente y el futuro, y del interés por ellos.[23] Puestos a utilizar tópicos, preferiría aquel otro que recomienda liberarse del «peso muerto del pasado». La función del historiador no es ni amar el pasado ni emanciparse de él, sino dominarlo y comprenderlo, como clave para la comprensión del presente.

Si bien son éstas algunas de las ideas de lo que yo llamaría visión collingwoodiana de la historia, hora es ya sin embargo de pasar a considerar algunos de sus peligros. El énfasis puesto en el papel del historiador como hacedor de la historia tiende, llevado a sus lógicas consecuencias, a descartar toda historia objetiva: la historia es lo que hace el historiador. Y de hecho parece que Col-

22. Introducción a J. Burckhardt, *Judgements on History and Historians*, trad. ing., 1959, p. 17.
23. Compárese con la visión nietzscheana de la historia: «Cosa de la vejez es el volver la mirada y repasar cuentas, su afán de buscar consuelo en las remembranzas del pasado, en la cultura histórica» (*Consideraciones intempestivas*, II).

lingwood haya llegado a esta conclusión en un momento dado, según una nota póstuma que cita su editor:

> San Agustín vio la historia desde el punto de vista del cristiano primitivo; Tillamont, desde el de un francés del siglo XVII; Gibbon, desde el de un inglés del siglo XVIII; Mommsen, desde el de un alemán del siglo XIX; a nada conduce preguntarse cuál era el punto de vista adecuado. Cada uno de ellos era el único posible para quien lo adoptó.[24]

Esto equivale al escepticismo más total, lo mismo que la observación de Froude, para quien la historia es «un rompecabezas infantil de letras, con el que podemos formar la palabra que se nos antoje».[25] Collingwood, en su reacción contra la «historia de tijeras y cola», contra una mera compilación de hechos, se acerca peligrosamente a tratar la historia como algo brotado del cerebro humano, con lo que nos reintegra a la conclusión aludida por sir George Clark en el párrafo anteriormente citado, la de que «no existe verdad histórica "objetiva"». En vez de la teoría de que la historia carece de significado, se nos ofrece aquí la teoría de su infinidad de significados, ninguno de los cuales es mejor ni más cierto que los demás, lo que en el fondo equivale a lo mismo. Desde luego la segunda teoría es tan insostenible como la primera. No puede deducirse del hecho de que una montaña parezca cobrar formas distintas desde diferentes ángulos, que carece de forma objetiva o que tiene objetivamente infinitas formas. No puede deducirse, porque la interpretación desempeñe un papel necesario en la fijación de los hechos de la historia, ni porque no sea enteramente objetiva ninguna interpretación, que todas las interpretaciones sean igualmente válidas y que en principio los hechos de la historia no sean susceptibles de interpretación objetiva. Más adelante nos detendremos en el significado exacto de la objetividad en la historia.

Pero tras la hipótesis de Collingwood se oculta otro peligro aún mayor. Si el historiador ve necesariamente el período histórico que investiga con ojos de su época, y si estudia los problemas del pasado como clave para la comprensión de los presentes, ¿no caerá en una concepción puramente pragmática de los hechos, manteniendo que el criterio de la interpretación recta ha de ser su adecuación a algún propósito de ahora? Según esta hipótesis, los hechos de

24. R. Collingwood, *The Idea of History*, 1946, p. xii.
25. A. Froude, *Short Studies on Great Subjects*, i, 1894, p. 21.

la historia no son nada, y la interpretación lo es todo. Nietzsche ya dejó enunciado el principio: «La falsedad de una opinión no encierra para nosotros objeción alguna contra ella... El problema radica en saber hasta dónde contribuye a prolongar la vida, a preservarla, a amparar o aun a crear la especie».[26] Los pragmáticos norteamericanos, aunque menos explícitamente y con menos entusiasmo, siguieron el mismo derrotero. El conocimiento es conocimiento para algún fin. La validez del conocimiento depende de la validez del fin. Pero aun en los casos en que no se ha profesado esta teoría, la práctica ha resultado no menos inquietante. He visto en mi propio campo de investigación demasiados ejemplos de interpretación extravagante que ignoraban los hechos más elementales, como para no quedar impresionado ante la realidad del peligro. No es sorprendente que el análisis minucioso de los productos más extremados de las escuelas historiográficas soviética y antisoviética fomente a veces cierta nostalgia de aquel imaginario refugio decimonónico de la historia meramente fáctica.

A mediados del siglo xx, ¿cómo hemos de definir, pues, las obligaciones del historiador hacia los hechos? Creo que he pasado en los últimos años bastantes horas persiguiendo y escrutando documentos, y rellenando mi relato histórico con hechos debidamente anotados a pie de página, como para librarme de la imputación de tratar con demasiada ligereza documentos y hechos. El deber de respeto a los hechos que recae sobre el historiador no termina en la obligación de verificar su exactitud. Tiene que intentar que no falte en su cuadro ninguno de los datos conocidos o susceptibles de serlo que sean relevantes en un sentido u otro para el tema que le ocupa o para la interpretación propuesta. Si trata de dar del inglés victoriano la imagen de un ser moral y racional, no debe olvidar lo acontecido en Stalybridge Wakes en 1850. Pero esto, a su vez, no significa que pueda eliminar la interpretación que es la savia de la historia. Los legos en la materia —es decir, los amigos de fuera de la Universidad, o los colegas de otras disciplinas académicas— me preguntan a veces cómo aborda el historiador su trabajo cuando escribe historia. Parece que la idea más corriente es que el historiador divide su tarea en dos fases o períodos claramente diferenciados. Primero, dedica un largo tiempo preliminar a leer sus fuentes y a colmar de datos sus cuadernos de notas; terminada esta fase del

26. *Más allá del Bien y del Mal*, cap. 1.

trabajo, aparta de sí las fuentes, tira de los cuadernos de apuntes y escribe el libro de principio a fin. Para mí, esta imagen resulta poco convincente y nada plausible. En lo que a mí respecta, no bien llevo algún tiempo investigando las que me parecen fuentes capitales, el empuje se hace demasiado violento y me pongo a escribir, no forzosamente por el principio, sino por alguna parte, por cualquiera. Luego leer y escribir van juntos. Añado, suprimo, doy nueva forma, tacho, conforme voy leyendo. La lectura viene guiada, dirigida, fecundada por la escritura: cuanto más escribo, más sé lo que voy buscando, mejor comprendo el significado y la relevancia de lo que hallo. Es probable que algunos historiadores lleven a cabo mentalmente toda esta escritura preliminar, sin echar mano de pluma, de papel, ni de máquina de escribir, lo mismo que hay quienes juegan mentalmente al ajedrez, sin sacar el tablero ni las piezas: es un talento que envidio pero que no puedo emular. Pero estoy convencido de que, para todo historiador que merece tal nombre, los dos procesos que los economistas llaman *input* y *output* se desarrollan simultáneamente y, en la práctica, son partes de un solo y único proceso. Si se trata de separarlos, o de dar a uno prioridad sobre el otro, se cae en una de ambas herejías. O bien se escribe historia de tijeras y cola, sin importancia ni significado, o bien se escribe propaganda o novela histórica, tirando de los datos del pasado para bordar un género de literatura que nada tiene que ver con la historia.

Nuestro examen de la relación del historiador con los hechos históricos nos coloca, por tanto, en una situación visiblemente precaria, haciéndonos navegar sutilmente entre el Escila de una insostenible teoría de la historia como compilación objetiva de hechos, de una injustificada primacía del hecho sobre la interpretación y el Caribdis de otra teoría igualmente insostenible de la historia como producto subjetivo de la mente del historiador, quien fija los hechos históricos y los domina merced al proceso interpretativo; entre una noción de la historia con centro de gravedad en el pasado, y otra con centro de gravedad en el presente. Pero nuestra situación es menos precaria de lo que parece. Volveremos, en estas conferencias, a encontrar la misma dicotomía del hecho y la interpretación bajo otros ropajes: lo particular y lo general, lo empírico y lo teórico, lo objetivo y lo subjetivo. La espinosa tarea que incumbe al historiador es la de reflexionar acerca de la naturaleza del hombre. El hombre, salvo acaso en su más prístina infancia y en su más avanzada vejez, no está del todo absorbido por el mundo que le rodea ni incondicionalmente sometido a él. Por otra parte, nunca es del todo independiente de él, ni lo domina incondicionalmente. La relación del hombre con el mundo circundante es la relación del historiador con su tema. El historiador no es el humilde siervo ni el tiránico dueño de sus datos. La relación entre el historiador y sus datos es de igualdad, de intercambio. Como todo historiador activo sabe, si se detiene a reflexionar acerca de lo que está haciendo cuando piensa y escribe, el historiador se encuentra en trance continuo de amoldar sus hechos a su interpretación y ésta a aquéllos. Es imposible dar la primacía a uno u otro término.

El historiador empieza por una selección provisional de los hechos y por una interpretación provisional a la luz de la cual se ha llevado a cabo dicha selección, sea ésta obra suya o de otros. Conforme va trabajando, tanto la interpretación como la selección y ordenación de los datos van sufriendo cambios sutiles y acaso parcialmente inconscientes, consecuencia de la acción recíproca entre ambas. Y esta misma acción recíproca entraña reciprocidad entre el pasado y el presente, porque el historiador es parte del presente, en tanto que sus hechos pertenecen al pasado. El historiador y los hechos de la historia se son mutuamente necesarios. Sin sus hechos, el historiador carece de raíces y es huero, y los hechos, sin el historiador, muertos y falsos de sentido. Mi primera contestación a la pregunta de qué es la Historia será pues la siguiente: un proceso continuo de interacción entre el historiador y sus hechos, un diálogo sin fin entre el presente y el pasado.

II

La sociedad y el individuo

El problema de qué es lo primero, la sociedad o el individuo, es como el del huevo y la gallina. Ya se le trate como interrogación lógica o histórica, no puede formularse respuesta alguna que, de una u otra forma, no haya de ser impugnada con una afirmación opuesta, igualmente parcial. La sociedad y el individuo son inseparables: son mutuamente necesarios y complementarios, que no opuestos. «Ningún hombre es una isla, completa en sí misma», según frase famosa de Donne; «todo hombre es una parcela del continente, una parte del conjunto».[1] Éste es un aspecto de la verdad. Por otra parte, tómese la frase de J. S. Mill, el individualista clásico: «Los hombres, cuando se les junta, no se convierten en una sustancia distinta».[2] Claro que no. Mas la falacia está en suponer que existieron, o tuvieron una sustancia cualquiera, antes de ser «juntados». En cuanto nacemos, empieza el mundo a obrar en nosotros, a transformarnos en unidades sociales, de meras unidades biológicas que éramos. Cada uno de los seres humanos, en cada una de las fases de la historia o de la prehistoria, nace en el seno de una sociedad, que le moldea desde su más temprana edad. El idioma que habla no es herencia individual, sino adquisición social del grupo en que crece. Tanto el lenguaje como el ambiente contribuyen a determinar el carácter de su pensamiento; sus primeras ideas le vienen de los demás. Como muy bien se ha dicho, el individuo apartado de la sociedad carecería de lenguaje y de pensamiento. La fascinación duradera del mito de Robinsón Crusoe se debe a su intento de con-

1. *Devotions upon Emergent Occasions,* n.º xvii.
2. J. S. Mill, *A System of Logic,* vii, 1.

cebir un individuo independiente de la sociedad. Pero el intento falla. Robinsón no es un individuo abstracto, sino un inglés de York; lleva la Biblia consigo y ora a su Dios tribal. El mito le aporta en seguida su criado Viernes, y comienza la edificación de una sociedad nueva. El otro mito relevante es el de Kirillov, el personaje de *Los Demonios* de Dostoyevsky, que se suicida para demostrar su perfecta libertad. El suicidio es el único acto del todo libre que queda al individuo; cualquier otro acto implica de un modo u otro su condición de miembro de la sociedad.[3]

Los antropólogos suelen decir que el hombre primitivo es menos individual y está más completamente moldeado por su sociedad que el hombre civilizado. Hay en ello una parte de verdad. Las sociedades más simples son más uniformes en el sentido de que requieren y brindan mucha menos diversidad de técnicas y tareas individuales que las sociedades más avanzadas y complejas. La creciente individualización, en este sentido, es producto necesario de la sociedad avanzada moderna, y cala todas sus actividades, de arriba abajo. Pero sería grave error formular una antítesis entre este proceso de individualización y la fuerza y cohesión crecientes de la sociedad. El desarrollo de la sociedad y el del individuo corren parejos y se condicionan mutuamente. De hecho, lo que llamamos sociedad compleja y avanzada es aquella en que la interdependencia de los individuos entre sí ha asumido formas complejas y avanzadas. Sería peligroso suponer que el poder de una comunidad nacional moderna para moldear el carácter y el pensamiento de sus miembros individuales y originar cierto grado de uniformidad y de conformidad entre ellos, sea en absoluto menor que el de una comunidad tribal primitiva. La vieja concepción del carácter nacional basada en diferencias biológicas ha sido refutada hace tiempo; mas las diferencias de carácter nacional, emanadas de circunstancias nacionales distintas en la sociedad y la educación, son difíciles de negar. La escurridiza entidad «naturaleza humana» ha mudado tanto, de país a país y de un siglo a otro, que es difícil no considerarla como fenómeno histórico al que configuran las condiciones y convenciones sociales imperantes. Median muchas diferencias entre,

---

3. Durkheim, en su conocido estudio acerca del suicidio, acuñó la palabra *anomia* para denotar la condición del individuo aislado de su sociedad, situación especialmente conducente a la perturbación emocional y al suicidio, pero también demostró que el suicidio no es en modo alguno independiente de las condiciones sociales.

pongamos por caso, norteamericanos, rusos e indios. Pero algunas, y quizá las más importantes, de estas diferencias adoptan la forma de distintas actitudes frente a las relaciones sociales entre individuos, o, en otras palabras, frente al modo en que la sociedad debe estar constituida, con lo que el estudio de las diferencias entre norteamericanos, rusos e indios individuales puede que se lleve mejor a cabo investigando las diferencias entre las sociedades norteamericana, rusa e india. El hombre civilizado, lo mismo que el hombre primitivo, es moldeado por la sociedad, y de modo tan real y efectivo como moldea él la sociedad en que vive. No resulta más posible tener el huevo sin la gallina que tener ésta sin el huevo.

Habría sido innecesario detenerse en estas evidentísimas verdades, de no habérnoslas velado el notable y excepcional período histórico del que apenas empieza a emerger el mundo occidental. El culto del individualismo es, entre los mitos históricos modernos, uno de los más difundidos. Según la conocida versión que da Burckhardt en *La Cultura del Renacimiento en Italia,* cuya segunda parte lleva el subtítulo de «Desarrollo del Individuo», el culto del individuo empezó con el Renacimiento, cuando el hombre, que hasta entonces «sólo había sido consciente de sí mismo en calidad de miembro de una raza, de un pueblo, de un partido, una familia o una corporación», por fin «se convirtió en individuo espiritual y se reconoció a sí mismo como tal». Ulteriormente, el culto se ligó a la aparición del capitalismo y del protestantismo, a los comienzos de la Revolución industrial y a las doctrinas del *laissez-faire.* Los derechos del hombre y del ciudadano proclamados por la Revolución francesa eran los derechos del individuo. El individualismo era la base de la gran filosofía decimonónica del utilitarismo. El ensayo de Morley, *On Compromise,* documento característico del liberalismo victoriano, calificaba el individualismo y el utilitarismo de «religión de la felicidad y el bienestar humanos». Un «rabioso individualismo», tal era la nota clave del progreso humano. Éste puede ser un análisis perfectamente adecuado y válido de la ideología de una época histórica determinada. Pero lo que quiero dejar claro es que la creciente individualización que acompañó a la aparición del mundo moderno no fue sino un proceso normal en una civilización en marcha. Una revolución social elevó a una posición de poder a nuevos grupos sociales. Tuvo lugar, como siempre, por mediación de individuos, y brindando nuevas oportunidades de desarrollo individual, y como en las primeras fases del capitalismo las unidades de producción y de distribución se hallaban en gran parte en manos de individuos aislados, la ideología del nuevo orden social destacó poderosamente el papel de la iniciativa individual dentro del orden social. Pero el proceso fue todo él un proceso social, representativo de un momento específico del desarrollo histórico, y no puede explicarse como una rebelión de los individuos contra la sociedad, ni en función de una emancipación de los individuos de sus trabas sociales.

Muchos síntomas sugieren que, aun en el mundo occidental que fue foco de tal desarrollo y tal ideología, dicho período histórico ha tocado a su fin: no necesito insistir aquí sobre lo que se denomina democracia de masas, ni en la sustitución gradual de formas de producción y de organización económicas predominantemente privadas por otras predominantemente colectivas. Pero la ideología originada por aquel largo y fructífero período es todavía una fuerza dominante en Europa occidental y en los países de habla inglesa. Cuando hablamos en términos abstractos de la tensión entre la libertad y la igualdad, o entre la libertad individual y la justicia social, olvidamos fácilmente que las luchas no tienen lugar entre ideas abstractas. No son combates entre individuos en cuanto tales y la sociedad en cuanto tal, sino entre grupos de individuos en la sociedad, cada uno de los cuales contiende por imponer políticas sociales que le son favorables, y por frustrar las que le son contrarias. El individualismo, en su acepción, no ya de gran movimiento social, sino de falsa oposición entre el individuo y la sociedad, se ha convertido hoy en lema de un grupo interesado y, debido a su carácter polémico, en barrera que dificulta nuestra comprensión de lo que acontece en el mundo. No tengo nada que decir en contra del culto del individuo como protesta contra la tendencia que trata al individuo como un medio y que hace de la sociedad o del Estado un fin. Pero no llegaremos a una comprensión del pasado ni del presente si intentamos operar con el concepto de un individuo abstracto al margen de la sociedad.

Y esto me lleva finalmente a la médula de mi larga digresión. La concepción de sentido común de la historia la considera como algo escrito por los individuos acerca de los individuos. Este enfoque fue desde luego el adoptado y fomentado por los historiadores liberales del siglo XIX, y no es fundamentalmente erróneo. Pero hoy nos parece excesivamente simplificado e insuficiente, y hemos de profundizar más en nuestro examen. El saber del historiador no es propiedad suya exclusiva: hombres de varias generaciones han contribuido probablemente a su acumulación. Los hombres cuyos actos estudia el historiador no fueron individuos aislados que obraban en el vacío: actuaron en el contexto, y bajo el impulso, de una sociedad pretérita. En mi anterior conferencia describí la historia como un proceso de interacción, como un diálogo entre el historiador presente y los hechos pasados. Quiero ahora detenerme en el peso relativo de los elementos individuales y sociales en ambos lados de la ecuación. ¿Hasta qué punto son los historiadores individuos y hasta qué punto producto de su sociedad y de su época? ¿Hasta qué punto son los hechos de la historia hechos acerca de individuos aislados y hasta qué punto hechos sociales?

El historiador, pues, es un ser humano individual. Lo mismo que los demás individuos, es también un fenómeno social, producto a la vez que portavoz consciente o inconsciente de la sociedad a que pertenece; en concepto de tal, se enfrenta con los hechos del pasado histórico. Hablamos a veces del curso histórico diciendo que es «un desfile en marcha». La metáfora no es mala, siempre y cuando el historiador no caiga en la tentación de imaginarse águila espectadora desde una cumbre solitaria, o personaje importante en la tribuna presidencial. ¡Nada de eso! El historiador no es sino un oscuro personaje más, que marcha en otro punto del desfile. Y conforme pasa el desfile, fluctuando ya a la derecha, ya a la izquierda, y hasta doblándose a veces sobre sí mismo, las posiciones relativas de las diversas partes de la comitiva cambian de continuo, de forma tal que no sería un despropósito decir que estamos hoy más cerca de la Edad Media de lo que estaban nuestros bisabuelos un siglo atrás, o que los tiempos de César están más próximos a nosotros que los de Dante. Nuevas perspectivas, nuevos enfoques van surgiendo constantemente a medida que el desfile —y con él el historiador— sigue su curso. El historiador es parte de la historia. Su posición en el desfile determina su punto de vista sobre el pasado.

Esta perogrullada no deja de ser cierta cuando el período investigado por el historiador dista mucho de su propia época. Cuando yo estudiaba historia antigua, los clásicos en la materia eran —y todavía son probablemente—, la *Historia de Grecia* de Grote y la *Historia de Roma* de Mommsen. Grote, un banquero radical ilustrado que escribía en el quinto decenio del siglo pasado, encarnó las aspiraciones de la clase media británica, pujante y políticamente progresiva, en una imagen idealizada de la democracia ateniense, en la que Pericles parece un reformador de la escuela de Bentham y donde Atenas adquirió un imperio en un acceso de distracción. Acaso no sea del todo descaminado sugerir que el abandono, por parte de Grote, del problema ateniense de la esclavitud, reflejara el hecho de que el grupo social a que pertenecía no sabía hacer frente al problema de la nueva clase obrera fabril inglesa. Mommsen era un liberal germano desengañado por las confusiones y las humillaciones de la Revolución alemana de 1848-1849. Mommsen, que escribía en la década siguiente, la que vio nacer el término y el concepto de la *Realpolitik,* estaba imbuido del sentido de la necesidad de un hombre fuerte que barriera los escombros del fracaso del pueblo alemán en su intento de realizar sus aspiraciones políticas, y nunca apreciaremos su historia en lo que vale si no nos percatamos de que su conocida idealización de César es producto de aquel anhelo de un hombre fuerte que salvase de la ruina a Alemania, y que el abogado y político Cicerón, aquel charlatán ineficaz y turbio contemporizador, es un personaje que parece directamente salido de los debates de la Paulikirche en Frankfurt, en 1848. Y en verdad, no me parecería paradoja absurda el que alguien dijese que la *Historia de Grecia* de Grote nos informa en la actualidad tanto acerca del pensamiento de los radicales filosóficos ingleses del quinto decenio del pasado siglo como acerca de la democracia ateniense en el siglo v antes de nuestra era; o que quien desee comprender lo que 1848 representó para los liberales alemanes debe tomar la *Historia de Roma* de Mommsen como uno de sus libros de texto. Lo cual no disminuye su valor como grandes obras históricas.

No aguanto la moda lanzada por Bury en su lección inaugural, de pretender que la grandeza de Mommsen no se funda en su *Historia de Roma,* sino en el corpus de inscripciones y en su trabajo sobre el derecho constitucional romano: esto es, reducir la historia al nivel de la compilación. La gran historia se escribe precisamente cuando la visión del pasado por parte del historiador se ilumina con sus conocimientos de los problemas del presente. Se ha expresado a menudo sorpresa porque Mommsen interrumpió su historia en el momento de la caída de la república. No le faltó para seguir, ni tiempo, ni ocasión, ni conocimientos. Pero cuando

Mommsen escribió su historia, aún no había surgido en Alemania el hombre fuerte. Durante su carrera activa, la cuestión de qué ocurriría una vez asumido el poder por el hombre fuerte no era todavía problema real. Nada inducía a Mommsen a proyectar este problema sobre el escenario romano; y la historia del Imperio quedó sin escribir.

Sería fácil multiplicar los ejemplos de este fenómeno entre los historiadores modernos. En mi última conferencia rendí homenaje a la *Inglaterra bajo la Reina Ana* del Dr. Trevelyan, como monumento de la tradición liberal en que había sido educado. Consideremos ahora la imponente e importante obra de quien, para la mayoría de nosotros, es el más grande historiador británico surgido en el campo académico desde la Primera Guerra Mundial: sir Lewis Namier. Namier era un verdadero conservador, no el típico conservador inglés, que analizado más de cerca resulta liberal en un 75 %, sino un conservador como no hemos visto entre los historiadores británicos en los últimos diez años. Entre mediados del siglo pasado y 1914 era poco menos que imposible para un historiador británico concebir el cambio histórico como no fuera para mejor. Después de 1920, entramos en un período en que el cambio empezaba a asociarse con el temor por el futuro, y podía verse como transformación para peor, período éste de renacer del pensamiento conservador. Al igual que el liberalismo de Acton, el conservadurismo de Namier extrajo fuerzas y profundidad de su raigambre continental.[4] A diferencia de Fisher o Toynbee, Namier carecía de raíces en el liberalismo decimonónico, y no las echaba de menos. Después de que la Primera Guerra Mundial y la paz frustrada revelaran la bancarrota del liberalismo, la reacción no podía revestir más que una de dos formas: socialismo o conservadurismo. Namier surgió como el historiador conservador. Trabajó sobre dos campos escogidos, y fue significativa la elección de ambos. En historia inglesa, retrocedió hasta el último período en que la clase dominadora pudo empeñarse en alcanzar racionalmente posición y poder en el seno de una sociedad ordenada y por lo general estática. Alguien ha acusado a Namier de eliminar de la his-

---

4.   Acaso merezca la pena apuntar que el único otro escritor conservador británico importante del período que separa las dos guerras mundiales, T. S. Eliot, gozó también de la ventaja de unos antecedentes no británicos; nadie que hubiera sido educado en Gran Bretaña antes de 1914 podía librarse del todo del inhibidor influjo de la tradición liberal.

toria la mente.[5] Acaso no sea una frase del todo afortunada, pero de ella se deduce lo que trataba de decir el crítico. La política, cuando accedió al trono Jorge III, estaba aún inmune del fanatismo de las ideas, así como de esa apasionada fe en el progreso que había de irrumpir en el mundo con la Revolución francesa, y que desembocaría en el siglo del liberalismo triunfante. Ni ideas, ni revolución, ni liberalismo. Namier optó por presentarnos el cuadro refulgente de una edad libre todavía —aunque no por mucho tiempo— de todos esos peligros.

Pero la elección por parte de Namier de un segundo tema fue igualmente significativa. Namier pasó, sin detenerse en ellas, junto a las grandes revoluciones modernas, la inglesa y la francesa y la rusa; no escribió nada digno de atención sobre ninguna de ellas, y en cambio decidió brindarnos un penetrante estudio de la Revolución europea de 1848: una revolución que fracasó, un paso atrás en toda Europa para las esperanzas nacientes del liberalismo, una demostración de la impotencia de las ideas frente a la fuerza armada, de los demócratas cuando se enfrentan con los soldados. La intromisión de las ideas en el serio negocio de la política es fútil y peligrosa: Namier echó sal sobre la herida, sobre la moraleja de aquel humillante fracaso, calificándolo de «revolución de los intelectuales». Y nuestra conclusión no es mera inferencia, porque, aunque Namier no escribiera nada sistemático sobre la filosofía de la historia, en un ensayo publicado hace unos años se expresaba con su claridad y tajante precisión usuales. «Así que», decía, «cuanto menos amordace el hombre el libre juego de su mente con una doctrina y un dogma políticos, tanto mejor para su pensamiento». Y tras mencionar, aunque no rechazar, el cargo de que había eliminado la mente de la historia, proseguía:

> Algunos filósofos políticos se quejan de una «calma chicha» y de la actual ausencia de discusión sobre política general en este país; se buscan soluciones prácticas para problemas concretos, en tanto que programas e ideales son relegados al olvido por ambos partidos. Pero a mí esta actitud me parece traslucir una mayor madurez nacional, y no

5. La crítica original, en un artículo anónimo de *The Times Literary Supplement* del 28 de agosto de 1953, acerca de «La concepción de la Historia de Namier», decía así: «Se acusó a Darwin de eliminar del universo la mente, y sir Lewis ha sido el Darwin de la historia política, en más de un concepto».

puedo sino desear que siga largo tiempo inatacada por los fermentos de la filosofía política.[6]

No quiero por ahora entrar a discutir este enfoque: lo reservo para una conferencia ulterior. Mi propósito aquí se limita a ilustrar dos verdades importantes: la primera, que no puede comprenderse o apreciarse la obra de un historiador sin captar antes la posición desde la que él la aborda; la segunda, que dicha posición tiene a su vez raíces en una base social e histórica. No cabe olvidar que, como Marx dijo en una ocasión, el educador necesita ser educado él previamente; dicho en la jerga contemporánea, el cerebro de quien practica lavados de cerebro ha sido ya lavado. El historiador, antes de ponerse a escribir historia, es producto de la historia.

Los historiadores de que acabo de hablar —Grote y Mommsen, Trevelyan y Namier— habían sido fundidos, por así decir, en un mismo molde social y político; no hay cambio marcado alguno entre sus primeras y sus últimas obras. Pero algunos historiadores que vivieron en épocas de rápidas mutaciones han reflejado en sus trabajos, no una sociedad y un orden social, sino una sucesión de órdenes diferentes. El mejor ejemplo que yo conozco es el del gran historiador alemán Meinecke, cuya vida y obra fueron más largas de lo corriente y abarcaron una serie de cambios revolucionarios y catastróficos en los destinos de su país. Ahí tenemos, en efecto, tres Meinecke, portavoz cada cual de una época histórica diferente, y expresándose cada cual por una de sus tres obras principales. El Meinecke de *Weltbürgerthum und Nationalstaat,* publicada en 1907, ve con confianza la realización de los ideales nacionales germanos en el Reich de Bismarck, y —como tantos pensadores del sigo XIX desde Mazzini en adelante— identifica el nacionalismo con la forma más elevada del universalismo: lo que es producto de la barroca secuela guillermista a la era de Bismarck. El Meinecke de *Die Idee der Staaträson,*[7] publicada en 1925, habla con la mente insegura y atónita de la república de Weimar: el mundo de la política se ha convertido en palestra del conflicto, no resuelto, entre la razón de Estado y una moralidad exterior a la política, pero que no puede en última instancia pasar por encima de la vida y seguridad del Estado. Finalmente, el Meinecke de *Die Entstehung des Historismus,* pu-

---

6. L. Namier, *Personalities and Powers,* 1955, pp. 5, 7.
7. *La idea de la Razón de Estado,* trad. esp., Madrid, Instituto de Estudios Políticos.

blicada en 1936 cuando había sido barrido de su honrosa posición académica por el torrente nazi, profiere un grito de desesperación, rechazando un historicismo que parece admitir que todo cuanto existe está bien, y tambaleándose inseguro entre la relatividad histórica y un absoluto suprarracional. A la postre, cuando Meinecke había presenciado, ya viejo, el hundimiento de su país bajo una derrota militar más total que la de 1918, recayó, inerme, en la creencia en una historia a merced de un destino ciego, inexorable, formulada en su *Die Deutsche Katastrophe* de 1946.[8] El psicólogo o el biógrafo se interesarían aquí por la trayectoria seguida por Meinecke como individuo: lo que ocupa al historiador es la forma en que Meinecke refleja en el pasado histórico tres —y hasta cuatro— períodos sucesivos, agudamente contrastados, del presente.

O permítasenos tomar un ejemplo eminente más próximo a nuestro país. En los iconoclastas años treinta y tantos, cuando el partido Liberal acababa de ser despojado de su fuerza real en la política británica, el profesor Butterfield escribió un libro titulado *La Interpretación Whig de la Historia,* que fue acogido con un éxito tan resonante como merecido. Era una obra notable en muchos aspectos y entre ellos porque, pese a criticar a lo largo de unas 130 páginas la interpretación liberal, *whig,* no menciona —por lo que yo he podido observar sin ayuda de un índice— un solo *whig* salvo Fox, que no era historiador, ni un solo historiador salvo Acton, que no era *whig.*[9] Pero todo lo que al libro le falta en precisión y detalle se compensa con una invectiva brillante. No le cabía al lector ya duda de que la interpretación liberal era mala cosa, y uno de los cargos contra ella formulados era el de que «estudia el pasado refiriéndolo al presente». Aquí, el profesor Butterfield se mostraba categórico y severo:

> El estudio del pasado con un ojo puesto, por decirlo así, en el presente, es la fuente de todos los pecados y sofismas en historia... Es la esencia de lo que designamos por la palabra «ahistórico».[10]

---

8. Estoy aquí en deuda con el excelente análisis que hiciera el doctor W. Stark del desarrollo de Meinecke en su introducción a una traducción inglesa de *Die Idee der Staaträson,* publicada bajo el título de *Machiavellism,* en 1957; acaso exagera el doctor Stark el elemento suprarracional en el tercer período de Meinecke,

9. H. Butterfield, *The Whig Interpretation of History,* 1931; en la página 67 confiesa el autor «una desconfianza saludable» por el «razonamiento abstracto».

10. H. Butterfield, *The Whig Interpretation of History,* 1931, pp. 11, 31-32.

Pasaron doce años. La moda iconoclasta pasó. El país del profesor Butterfield se hallaba sumido en una guerra que solía decirse se libraba en defensa de las libertades constitucionales encarnadas por la tradición liberal, y bajo la dirección de un gran líder que incesantemente invocaba el pasado, «con un ojo puesto, por así decirlo, en el presente». En un pequeño libro titulado *El Inglés y su Historia*, publicado en 1944, el profesor Butterfield, no tan sólo decidió que la «inglesa» era la interpretación liberal, *whig*, de la historia, sino que aludió con entusiasmo a «la alianza del inglés con su historia» y al «hermanamiento del pasado y el presente».[11] Llamar la atención sobre estas mutaciones en el enfoque no es crítica hostil. No me propongo refutar el proto-Butterfield con el deutero-Butterfield, ni carear al profesor Butterfield ebrio con el profesor Butterfield sobrio. Me doy perfecta cuenta de que si alguien se molestase en leer detenidamente algunas de las cosas por mí escritas antes, durante y después de la guerra, podría sin dificultad hacerme reo de contradicciones e incongruencias tan palmarias por lo menos como las que he señalado en otros. Hasta creo que no envidiaría al historiador capaz de afirmar honradamente haber pasado cincuenta años sin modificar radicalmente su visión de algunos puntos. Me propongo sólo mostrar lo fielmente que la obra del historiador refleja la sociedad en que trabaja. No sólo fluyen los acontecimientos; fluye el propio historiador. Cuando se toma una obra histórica en las manos, no basta mirar el nombre del autor en la cubierta: hay que ver también la fecha de publicación en que fue escrita, porque ello puede resultar aún más revelador. Si razón tenía el filósofo cuando decía que no se puede cruzar dos veces el mismo río, acaso sea también verdad, y por igual motivo, que dos libros no pueden ser escritos por el mismo historiador.

Y si por un momento pasamos del historiador individual a lo que pudieran llamarse grandes corrientes de la producción histórica, aún se hace más patente en cuán gran medida es el historiador producto de su sociedad. En el siglo XIX los historiadores británicos, con contadas excepciones, veían en el curso de la historia una demostración del principio del progreso: manifestaban la ideología de una sociedad en vías de progreso notablemente rápido. La historia rebosaba significado para los historiadores británicos mientras pareció seguir nuestra senda: ahora que se ha torcido, la fe en el signifi-

---

11. H. Butterfield, *The Englishman and his History*, 1944, pp. 2, 4-5.

cado de la historia se ha convertido en herejía. Después de la Primera Guerra Mundial, Toynbee llevó a cabo un denodado intento de sustituir una visión lineal de la historia por una teoría cíclica: la típica ideología de una sociedad en decadencia.[12] Desde el fracaso de Toynbee, los historiadores británicos se han limitado en su mayoría a abandonar el juego y a declarar que la historia no sigue ninguna pauta en absoluto. Una trivial afirmación de Fisher al respecto[13] tuvo casi tanta resonancia como el aforismo de Ranke en el siglo pasado. Si alguien me dice que los historiadores británicos de los últimos treinta años experimentaron estos cambios de parecer como resultado de una profunda reflexión individual y tras haber quemado no poco aceite en la soledad nocturna de sus buhardillas, no lo pondré en duda. Pero seguiré viendo en tanto pensamiento individual y tanto derroche de aceite un fenómeno social, producto y expresión de una transformación fundamental en el carácter y la manera de pensar de nuestra sociedad desde 1914. No hay indicador más importante del carácter de una sociedad que el tipo de historia que escribe o deja de escribir. Geyl, el historiador holandés, muestra en su fascinadora monografía traducida al inglés bajo el título de *Napoleón, en pro y en contra* cómo los juicios sucesivos de los historiadores de Napoleón en el siglo XIX francés reflejaban los cambios y conflictos en los moldes de la vida política y el pensamiento franceses a lo largo del siglo. El pensamiento de los historiadores, como el de los demás humanos, viene moldeado por sus circunstancias de tiempo y lugar. Acton, que reconocía sin reservas esta verdad, trató de encontrar en la historia una forma de escapar a ello.

> La historia debe ser quien nos libre no sólo de la indebida influencia de otros tiempos, sino de la indebida influencia del nuestro, de la tiranía del mundo que nos rodea y de la presión del aire que respiramos.[14]

Esto sonará quizá como una definición por demás optimista del papel de la historia. Pero me atrevo a pensar que el historiador,

---

12.   Marco Aurelio, en el ocaso del Imperio Romano, se consolaba reflexionando acerca de «cómo todo lo que ahora pasa ocurrió ya en el pasado y volverá a acontecer en el futuro» (*A sí mismo*, x, 72); según es sabido, Toynbee tomó la idea de la *Decadencia de Occidente* de Spengler.

13.   Introducción, fechada a 4 de diciembre de 1934, a *A History of Europe*.

14.   Acton, *Lectures on Modern History*, 1906, p. 33.

cuanto más consciente es de su propia situación, más capaz es de trascenderla y mejor armado está para aquilatar la naturaleza esencial de las diferencias entre su sociedad y concepciones y las de otros períodos y países, que el historiador empeñado en proclamar que él es un individuo y no un fenómeno social. La capacidad del hombre de elevarse por encima de su situación social e histórica parece condicionada por su capacidad de aquilatar hasta qué punto está vinculado a ella.

Dije en mi primera conferencia: antes de estudiar la historia, estúdiese el historiador. Ahora quisiera añadir: antes de estudiar al historiador, estúdiese su ambiente histórico y social. El historiador, siendo él un individuo, es asimismo producto de la historia y de la sociedad; y desde este doble punto de vista, tiene el estudioso de la historia que aprender a analizarle.

Dejemos ahora al historiador y pasemos a considerar el otro término de mi ecuación —los hechos de la historia— a la luz del mismo problema. ¿Qué es objeto de la investigación del historiador, el comportamiento de los individuos o la acción de las fuerzas sociales? Aquí piso un camino trillado. Cuando hace unos años publicó sir Isaiah Berlin un luminoso y célebre ensayo titulado *Historical Inevitability* —a cuya tesis principal volveré a aludir en estas conferencias— le puso por epígrafe una expresión de T. S. Eliot: «Las vastas fuerzas impersonales»; y a todo lo largo del ensayo satiriza a quienes creen que «vastas fuerzas impersonales» son el factor decisivo de la historia y no los individuos. Lo que llamaré teoría de la historia de la nariz de Cleopatra, la concepción según la cual lo importante en la historia es el carácter y el comportamiento de los individuos, tiene un rancio abolengo. La tendencia a proclamar al genio individual como fuerza creadora de la historia es característica de las fases primitivas de la conciencia histórica. Los griegos antiguos gustaban de bautizar los logros del pasado con los nombres de héroes epónimos supuestamente responsables de ellos, a atribuir su épica a un bardo llamado Homero, y sus leyes o instituciones a un Licurgo o un Solón. Igual tendencia vemos en el Renacimiento, cuando Plutarco, biógrafo moralista, fue figura mucho más célebre e influyente en el resurgir clásico que los historiadores de la Antigüedad. En Gran Bretaña, particularmente, todos hemos aprendido esta teoría, casi cabría decir desde la cuna; y acaso hoy debiéra-

mos reconocer que tiene algo de pueril, o cuando menos de pue-
rilizante. Era hasta cierto punto plausible en tiempos en que la sociedad era más sencilla, y el negocio público estaba entre las manos
de un puñado de individuos conocidos. Pero es evidente que no
encaja con la sociedad de nuestra época, mucho más compleja; y el
nacimiento, en el siglo XIX, de la nueva ciencia sociológica fue una
respuesta a esta creciente complejidad. Pero la vieja tradición se re-
siste a morir. A comienzos de este siglo, podía aún sentenciarse que
«la historia es la biografía de los grandes hombres». No hace más
que diez años, un distinguido historiador norteamericano acusaba
a sus colegas, quizá no del todo seriamente, de «genocidio de los
personajes históricos» al tratarlos como «hechuras de las fuerzas sociales y económicas».[15] Los adeptos de esta teoría tienden hoy a ser
circunspectos, pero tras ciertas pesquisas he hallado una excelente
formulación contemporánea en la introducción de uno de los libros de miss Wedgwood, que escribe:

> El comportamiento de los hombres como individuos me interesa
> más que su comportamiento como grupos o clases. La historia puede
> escribirse con este sesgo lo mismo que con otro cualquiera; no tiene
> por qué inducir más ni menos a error… Este libro… es un intento de
> comprender cómo sentían aquellos hombres, y por qué, según su pro-
> pio criterio, obraron como lo hicieron.[16]

He aquí una declaración precisa. Y como miss Wedgwood es
una escritora de éxito, muchos serán, estoy seguro, quienes piensen como ella. El doctor Rowse nos dice, por ejemplo, que el sistema isabelino se vino abajo porque Jacobo I era incapaz de comprenderlo, y que la Revolución inglesa del siglo XVII fue un
«acontecimiento accidental» debido a la estupidez de los dos primeros monarcas Estuardos.[17] Hasta sir James Neale, historiador
más austero que el doctor Rowse, parece a veces más ansioso de expresar su admiración por la reina Isabel que de explicar lo que re-

---

15. *American Historical Review*, LVI, n.º 1, enero de 1951, p. 270.
16. C. V. Wedgwood, *The King's Peace*, 1955, p. 17.
17. A. L. Rowse, *The England of Elisabeth*, 1950, pp. 260-262, 382. Tenemos que
apuntar, no obstante, que en un ensayo anterior, el doctor Rowse había condenado a
«los historiadores que piensan que los Borbones no supieron restaurar la monarquía
en Francia después de 1870 tan sólo por el apego de Enrique V a una mera bandera
blanca» (*The End of an Epoch*, 1949, p. 275); acaso se reserva las explicaciones de índole personal para cuando trata de historia inglesa.

presentaba la monarquía Tudor; y sir Isaiah Berlin, en su recién mencionado ensayo, está tremendamente preocupado ante la posibilidad de que los historiadores puedan dejar de denunciar a Gengis Kan y a Hitler como hombres malvados.[18] La teoría del rey bueno y el rey malo, la que hemos llamado de la nariz de Cleopatra, cobra especial virulencia cuando nos acercamos a tiempos más recientes. Es más fácil calificar el comunismo de «parto del cerebro de Karl Marx» (tomo esta flor de una reciente circular de agentes de cambio y bolsa) que analizar sus orígenes y su carácter; más holgado atribuir la Revolución bolchevique a la tontería de Nicolás II o al oro alemán que estudiar sus profundas causas sociales, y ver en las dos guerras mundiales el resultado de la perversidad individual de Guillermo II y de Hitler que la consecuencia de algún hundimiento profundo del sistema de relaciones internacionales.

La afirmación de miss Wedgwood combina pues dos proposiciones. La primera es que el comportamiento de los hombres como individuos difiere de su comportamiento como miembros de grupos o clases, y que el historiador puede optar por profundizar en uno u otro, a su antojo. La segunda es que estudiar el comportamiento de los hombres en cuanto individuos es tanto como investigar los motivos conscientes de sus acciones.

Después de lo que llevo dicho, no necesito ahondar más en el primer punto. No es que la noción del hombre como individuo induzca ni más ni menos a error que su noción como miembro de un grupo: lo que induce a error es el intento de separar ambas nociones. El individuo es por definición un miembro de una sociedad, o probablemente de más de una sociedad, llámesela grupo, clase, tribu, nación o lo que se quiera. Los primeros biólogos se limitaban a clasificar las especies de pájaros, peces y animales terrestres, repartiéndolos en jaulas, acuarios y vitrinas, y no intentaron estudiar la criatura viva en relación con su ambiente. Acaso las ciencias sociales no hayan salido todavía hoy del todo de aquella fase primitiva. Hay quienes distinguen entre la psicología como ciencia del individuo y la sociología como ciencia de la sociedad, y se ha acuñado el epíteto de «psicologismo» para motejar con él la noción según la cual todos los problemas sociales son reductibles en última instancia al análisis del comportamiento humano individual. Pero los psicólogos que dejaron sin estudiar el mundo cir-

18. I. Berlin, *Historical Inevitability*, 1954, p. 42.

cundante del individuo no fueron muy lejos.[19] Resulta tentador distinguir entre la biografía que trata del hombre como individuo y la historia que se ocupa del hombre como parte de un todo, e insinuar que la buena biografía es mala historia. «Nada induce más a error y partidismo en la concepción que se forma el hombre de la historia —escribió Acton en cierta ocasión— que el interés suscitado por los personajes individuales.»[20] Pero también esta distinción es irreal. No pretendo tampoco ampararme tras el adagio victoriano colocado por G. M. Young en el frontispicio de su libro *La Inglaterra Victoriana*: «Los criados hablan de personas, y los señores discuten de cosas».[21] Algunas biografías constituyen valiosas aportaciones a la historia: en mi campo de estudio son ejemplos destacados las biografías de Stalin y de Trotsky escritas por Isaac Deutscher. Otras, en cambio, pertenecen a la literatura, lo mismo que la novela histórica. «Para Lytton Strachey», escribe el profesor Trevor-Roper, «los problemas históricos eran siempre y únicamente problemas de comportamiento y de excentricidad individuales... Los problemas históricos, los problemas de la política y de la sociedad, nunca trató de resolverlos ni siquiera de plantearlos».[22] Nadie está obligado a leer o escribir historia; y pueden escribirse libros excelentes acerca del pasado, que nada tienen que ver con la historia. Pero creo que tenemos derecho, por acuerdo convencional, a reservar —como me propongo hacerlo en estas conferencias— la palabra «historia» para designar el proceso de la investigación en el pasado del hombre en sociedad.

19.   Los psicólogos contemporáneos se han visto no menos convictos de este error: «Los psicólogos como grupo no han tratado al individuo como una unidad dentro de un sistema social operante, sino más bien como un ser humano concreto concebido como empeñado en la formación de sistemas sociales. De esta forma han dejado de tener en cuenta el sentido peculiar en que sus propias categorías son abstractas» (profesor Talcott Parsons, en la introducción a Max Weber, *The Theory of Social and Economic Organization*, 1947, p. 27); véanse también, más adelante, las observaciones acerca de Freud, p. 133.

20.   *Home and Foreign Review*, enero de 1863, p. 219.

21.   Esta idea la formuló Herbert Spencer, con su estilo más solemne, en *El Estudio de la Sociología*, capítulo 2: «Si se quiere evaluar de un modo aproximado, el calibre mental de alguien, lo mejor es observar la razón entre las generalidades y los comentarios personales en su conversación, en qué medida simples verdades acerca de los individuos son sustituidas por verdades inducidas a numerosas experiencias de personas y cosas. Y cuando así, de este modo medidos, se llevan muchos, no quedan sino unos pocos, desperdigados, capaces de una noción algo más que biográfica de las cosas humanas».

22.   H. Trevor-Roper, *Historical Essays*, 1957, p. 281.

La segunda proposición de miss Wedgwood, a saber, que la historia tiene por objeto investigar por qué los individuos «obraron como lo hicieron, según su propio criterio», resulta sumamente rara a primera vista; y sospecho que la autora, al igual que otras personas razonables, no predica con el ejemplo. Y si lo hace, su historia ha de ser muy singular. Todos saben hoy que los seres humanos no siempre, ni acaso generalmente, obran por motivos de los que tienen plena conciencia o que están dispuestos a confesar; y excluir la penetración de las motivaciones inconscientes o inconfesas es desde luego una forma de ponerse a trabajar con un ojo voluntariamente cerrado. Esto es, empero, lo que según algunos debe hacer el historiador. Se trata de lo siguiente. Mientras decimos que el rey Juan era muy malo, por su avaricia o su estolidez o su ambición de hacer el tirano, hablamos en términos de cualidades humanas comprensibles aun al nivel de la historia para párvulos. Pero cuando empieza a decirse que el rey Juan era el instrumento inconsciente de intereses creados opuestos a la ascensión al poder de los barones feudales, no sólo se introduce una visión más compleja y elaborada de la maldad del rey Juan, sino que parece estarse sugiriendo que los acontecimientos históricos no vienen determinados por acciones conscientes de individuos, sino por ciertas fuerzas exteriores y todopoderosas que dirigen la voluntad inconsciente de éstos. Esto es un disparate, por supuesto. En lo que a mí respecta, no creo en la Divina Providencia, ni en el Espíritu del Mundo, ni en el Destino Manifiesto, ni en la Historia con mayúscula, ni en otra cualquiera de las abstracciones a que se ha atribuido algunas veces el gobierno del rumbo de los acontecimientos; y sostengo sin reservas el comentario de Marx:

La *Historia* nada hace, ni posee una riqueza inmensa, ni libra batallas. Es el *hombre,* el hombre real y vivo, quien lo hace todo, quien posee y lucha.[23]

Las dos observaciones que he de hacer sobre el particular nada tienen que ver con una concepción abstracta de la historia, y se basan en la observación puramente empírica.

Es la primera que la historia es en gran medida cuestión de número. Carlyle fue responsable del desafortunado aserto de que «la

23. Marx-Engels, *Gesamtausgabe*, I, iii. 625.

historia es la biografía de los grandes hombres». Pero oigámosle en la más grande y elocuente de sus obras históricas:

> El hambre, la desnudez y una opresión convencida de estar en su derecho gravitando pesadamente sobre 25 millones de almas: esto, y no las vanidades heridas ni las filosofías refutadas de abogados filósofos, de ricos tenderos o de la nobleza rural, fue el primordial instigador de la Revolución francesa; y lo propio ocurrirá en todas las revoluciones semejantes, en todos los países.[24]

O, como dijo Lenin, «la política empieza donde están las masas, no donde hay miles, sino donde hay millones; ahí es donde empieza la política seria».[25] Los millones de Carlyle, tanto como los de Lenin, eran millones de individuos: no había nada impersonal en ellos. Las discusiones sobre el particular confunden a menudo anonimato con impersonalidad. Ni la gente deja de ser gente ni los individuos de ser individuos porque desconozcamos sus nombres. Las «vastas fuerzas impersonales» de T. S. Eliot eran los individuos a quienes Clarendon, un conservador más atrevido y franco, llama «la gentuza sin nombre».[26] Los millones anónimos eran individuos que actuaban conjuntamente, más o menos conscientemente, y constituían una fuerza social. En condiciones normales el historiador no necesitará saber de un solo y único campesino descontento, de una sola aldea insatisfecha. Pero millones de campesinos descontentos en miles de aldeas son factor que no puede desconocer ningún historiador. Las razones por las que una persona cualquiera se abstiene de casarse no interesan al historiador, como no sea que las mismas razones determinen la abstención de miles de otros individuos de la misma generación, originando con ello una mengua considerable del índice de casamientos: en tal caso podría ser que resultasen significativas desde el punto de vista de la historia. Ni hemos de turbarnos ante la manida afirmación de que los movimientos los inician minorías. Todos los movimientos efectivos tienen unos cuantos adalides y multitud de seguidores; pero esto no quiere decir que la multitud no sea esencial para su triunfo. En historia, el número cuenta.

---

24. *History of the French Revolution,* III, iii, cap. I.
25. Lenin, *Selected Works,* vii, p. 295.
26. Clarendon, *A Brief View & Survey of the Dangerous & Pernicious Errors of Church & State in Mr. Hobbes' Book entitled Leviathan,* 1676, p. 320.

Tengo aún pruebas mejores en apoyo de mi segunda observación. Autores de muchas y distintas escuelas de pensamiento han coincidido en apuntar que las acciones de seres humanos individuales tienen a menudo resultados que no se proponía ni deseaba el actor, ni tampoco nadie más. El cristiano cree que el individuo, al obrar conscientemente para sus propios fines, no siempre altruistas, es el agente inconsciente de los designios divinos. El «vicios privados, beneficios públicos» de Mandeville era una expresión temprana y deliberadamente paradójica de este descubrimiento. La mano oculta de Adam Smith y la «astucia de la razón» de Hegel, que impulsa a los individuos a obrar por ella y a hacerse instrumentos de sus fines, por más que ellos crean estar satisfaciendo sus propios deseos, son demasiado conocidas como para requerir citas. «En la producción social de sus medios de producción», escribía Marx en el prólogo a su *Crítica de la Economía Política,* «los seres humanos entran en concretas y necesarias relaciones independientes de su voluntad». «El hombre vive conscientemente para sí, pero es instrumento inconsciente de la consecución de los históricos y universales anhelos de la humanidad», escribió Tolstoy en *Guerra y Paz,* haciéndose eco de Adam Smith.[27] Y aquí, para concluir con esta antología que ya se está haciendo larga, citaremos al profesor Butterfield: «Hay, en la naturaleza de los acontecimientos históricos, algo que tuerce el curso histórico en una dirección que ningún hombre se propuso nunca seguir».[28] Desde 1914, después de transcurrido un siglo sin otras guerras que conflictos menores localizados, hemos pasado por dos guerras mundiales. No sería explicación plausible de este fenómeno sostener que eran más los individuos que querían la guerra, o menos los que querían la paz, durante la primera mitad del siglo XX que en las últimas tres cuartas partes del XIX. Difícil resulta creer que un individuo cualquiera se hubiese propuesto, o deseara, la gran depresión económica de los años treinta y tantos. Y sin embargo fue, a no dudarlo, traída por las acciones de individuos, cada uno de los cuales se proponía conscientemente otro fin radicalmente distinto. Tampoco puede decirse que el diagnóstico de una discrepancia entre las intenciones de un individuo y los resultados de su acción deba siempre aguardar al historiador retrospectivo. «No tiene intención de ir a la guerra», escribió Lodge

---

27. L. Tolstoy, *Guerra y Paz,* ix, cap. 1.
28. H. Butterfield, *The Englishman and His History,* 1944, p. 103.

de Woodrow Wilson en marzo de 1917, «pero tengo la impresión de que le arrastrarán los acontecimientos».[29] Es ir contra toda evidencia sugerir que la historia pueda escribirse fundándose en «explicaciones en términos de intenciones humanas»,[30] o en el relato hecho por sus propios actores de los motivos por los que «en su criterio obraron como lo hicieron». Los hechos históricos son, por supuesto, hechos acerca de individuos, mas no de acciones de individuos llevadas a cabo aisladamente, ni tampoco de los motivos, reales o imaginarios, por los que ellos mismos creen haber obrado. Son hechos acerca de las relaciones existentes entre los individuos en el seno de la sociedad, y acerca de las fuerzas sociales que determinan, partiendo de las acciones individuales, resultados a menudo distintos, y a veces contrarios, a los que se proponían alcanzar aquéllos.

Uno de los errores graves de la concepción de la historia mantenida por Collingwood, de que traté en mi anterior conferencia, fue suponer que la idea subyacente al acto, y que debe investigar el historiador, es el pensamiento del actor individual. Es una presuposición equivocada. Lo que ha de investigar el historiador es lo que subyace al acto; y aquí el pensamiento o el motivo conscientes del actor individual pueden resultar del todo irrelevantes.

Llegados a este punto, quiero decir unas palabras acerca del papel que desempeña el rebelde o el disidente en la historia. Montar la célebre imagen del individuo alzándose en contra de la sociedad es tanto como reintroducir la falsa antítesis entre ésta y aquél. Ninguna sociedad es del todo homogénea. Toda sociedad es escenario de conflictos sociales, y los individuos que se colocan entre los enemigos de la autoridad existente son, tanto como los que la apoyan, producto y reflejo de dicha sociedad. Ricardo II y Catalina la Grande representaban fuerzas sociales poderosas en la Inglaterra del siglo XIV y en la Rusia del XVIII; pero también las representaron Wat Tyler y Pugachev, el líder de la gran rebelión de los siervos. Tanto los monarcas como los rebeldes son producto de las condiciones específicas de su tiempo y país. Hacer de Wat Tyler y de Pugachev individuos alzados contra la sociedad es incurrir en una simplificación capaz de inducirnos a error. Si no hubieran sido más que eso,

---

29. Citado por B. W. Tuchman. *The Zimmermann Telegram*, Nueva York, 1958, p. 180; trad. esp., *El telegrama Zimmermann*, ed. Grijalbo.

30. Esta frase pertenece al libro de I. Berlin, *Historical Inevitability*, 1954, p. 7, donde parece aconsejarse que la historia se escriba en estos términos.

el historiador no hubiera tenido noticia de ellos. Deben su papel histórico a la masa de sus seguidores, y son significativos como fenómenos sociales, o no lo son de ningún modo. O pasemos al caso de un destacado rebelde e individualista, en un nivel más elaborado. Pocas personas han reaccionado de modo más violento y más radical que Nietzsche contra la sociedad de su tiempo y lugar. Y sin embargo Nietzsche era producto directo de la sociedad europea, y más específicamente alemana, un fenómeno que no podía haberse dado en China ni en Perú. Una generación después de muerto Nietzsche, resultó más evidente que lo había sido para sus coetáneos la virulencia de las fuerzas sociales europeas, y más específicamente alemanas, de las que aquel individuo había sido fiel trasunto. Y Nietzsche fue una figura más significativa para la posteridad que para su propia generación.

El papel que desempeña el rebelde en la historia tiene cierta analogía con el del gran hombre. La teoría de la historia centrada en el gran hombre —una muestra de la escuela de la nariz de Cleopatra— dejó de estar de moda hace unos pocos años, pese a lo cual asoma alguna vez su poco agraciada cabeza. El director de una serie de populares manuales de historia, comenzada después de la Segunda Guerra Mundial, invitaba a sus autores a «desarrollar un tema histórico importante mediante la biografía de un gran hombre»; y A. J. P. Taylor decía en uno de sus ensayos menores que «la historia contemporánea de Europa puede escribirse en función de tres titanes: Napoleón, Bismarck y Lenin»,[31] a pesar de lo cual no ha emprendido, en sus escritos más serios, la puesta en práctica de proyecto tan precipitado. ¿Qué papel es el del gran hombre en la historia? El gran hombre es un individuo y, siendo como es individualidad sobresaliente, es asimismo fenómeno social de sobresaliente importancia. «Es verdad evidente», apuntaba Gibbon, «que los tiempos deben corresponder con los personajes extraordinarios, y que el genio de Cromwell o el de Retz fenecerían ahora en la oscuridad».[32] Marx, en *El dieciocho Brumario de Luis Bonaparte*, diagnosticó el fenómeno contrario: «La guerra de clases en Francia creó circunstancias y relaciones que hicieron posible que una mediocridad palmaria se exhibiese solemnemente con atuendo de héroe». De haber nacido Bismarck en el siglo XVIII —hipótesis ab-

31.   A. J. P. Taylor, *From Napoleon to Stalin*, 1950, p. 74.
32.   Gibbon, *Decline and Fall of the Roman Empire*, cap. lxx.

surda puesto que no habría sido Bismarck—, ni habría unido a Alemania, ni acaso hubiera sido gran hombre en absoluto. Pero no creo que sea preciso rebajar a los grandes hombres tildándolos, como Tolstoy, de meras «etiquetas para dar nombre a los acontecimientos». A veces, indudablemente, puede tener consecuencias siniestras el culto del gran hombre. El superhombre de Nietzsche es una figura que repele. No necesito recordar el caso de Hitler, ni las graves secuelas del «culto a la personalidad» en la Unión Soviética. Pero tampoco me propongo menoscabar la grandeza de los grandes hombres; ni suscribo la tesis según la cual «los grandes hombres son casi invariablemente hombres perversos». La opinión que yo quisiera demoler es la que coloca a los grandes personajes al margen de la historia y los imagina imponiéndose a la historia en virtud de su grandeza, como «tentetiesos que asoman milagrosamente de lo desconocido, para venir a interrumpir la continuidad real de la historia».[33] Aun hoy dudo que pueda mejorarse la clásica descripción de Hegel:

> El gran hombre de una época es el que sabe formular con palabras el anhelo de su época, el que sabe decir a su época lo que ella anhela, y sabe realizarlo. Lo que él hace es corazón y esencia de su época; él da realidad a su época.[34]

Algo por el estilo quiere decir el doctor Leavis cuando afirma que los grandes escritores tienen «importancia en razón de la lucidez humana que suscitan».[35] El gran hombre es siempre representativo de fuerzas existentes o de fuerzas que coadyuva a crear, desafiando a la autoridad vigente. Pero tal vez deba reconocerse el más alto grado de capacidad creadora a los grandes hombres que, como Cromwell o Lenin, contribuyeron a moldear las fuerzas que les hicieron grandes, y no aquellos que cabalgaron hacia la grandeza montados en fuerzas ya existentes, como Napoleón o Bismarck. Como tampoco debemos olvidar a aquellos grandes hombres que de tal modo se adelantaron a su época que su grandeza sólo fue reconocida por las generaciones posteriores. Lo que me parece esencial es ver en el gran hombre a un individuo destacado,

---

33. V. G. Childe, *History*, 1947, p. 43.
34. *Filosofía del derecho.*
35. F. R. Leavis, *The Great Tradition*, 1948, p. 2.

a la vez producto y agente del proceso histórico, representante tanto como creador de fuerzas sociales que cambian la faz del mundo y el pensamiento de los hombres.

Así pues, la historia, en sus dos sentidos —la investigación llevada a cabo por el historiador y los hechos del pasado que él estudia—, es un proceso social en el que participan los individuos en calidad de seres sociales; y la supuesta antítesis entre la sociedad y el individuo no es sino un despropósito interpuesto en nuestro camino para confundirnos el pensamiento. El proceso recíproco de interacción entre el historiador y sus hechos, lo que he llamado el diálogo entre el pasado y el presente, no es diálogo entre individuos abstractos y aislados, sino entre la sociedad de hoy y la sociedad de ayer. La historia, como dijo Burckhardt, «es el conjunto de lo que una época encuentra digno de atención en otra».[36] El pasado nos resulta inteligible a la luz del presente y sólo podemos comprender plenamente el presente a la luz del pasado. Hacer que el hombre pueda comprender la sociedad del pasado, e incrementar su dominio de la sociedad del presente; tal es la doble función de la historia.

36.   J. Burckhardt, *Judgements on History and Historians*, 1959, traducción ing., p. 158.

III

Historia, ciencia y moralidad

Siendo yo muy joven, quedé debidamente impresionado al enterarme de que a pesar de las apariencias, la ballena no es un pez. En la actualidad, estas cuestiones de clasificación me turban menos, y no me preocupa demasiado que se me asegure que la historia no es una ciencia. Esta cuestión terminológica es una excentricidad de la lengua inglesa. En cualquier otro idioma europeo la palabra ciencia abarca la historia sin discusión. Pero en el mundo de habla inglesa este problema tiene un largo historial, y los interrogantes que plantea constituyen una cómoda introducción a los problemas del método en historia.

A finales del siglo XVIII, cuando la ciencia había contribuido de modo tan espectacular al conocimiento que el hombre tenía del mundo y de sus propios atributos físicos, empezó a plantearse la pregunta de si la ciencia no podría también coadyuvar a un mejor conocimiento de la sociedad. La concepción de las ciencias sociales, y de la historia entre ellas, fue gradualmente desarrollándose durante el siglo XIX; y el método con que la ciencia estudiaba el mundo de la naturaleza se aplicó al estudio de los asuntos humanos. En la primera parte de este período prevaleció la tradición newtoniana. La sociedad, lo mismo que el mundo de la naturaleza, se concebía como un mecanismo; aún se recuerda el título de una obra de Herbert Spencer, *La Estática Social,* publicada en 1851. Bertrand Russell, educado en el seno de esta tradición, había de rememorar más tarde el período que esperaba llegaría el día en que hubiese «una matemática del comportamiento humano tan precisa como la matemática de la mecánica».[1] Luego, Darwin provocó otra

1. B. Russell, *Portraits from Memory,* 1958, p. 20.

revolución científica; y los especialistas de las ciencias sociales, partiendo de la biología, empezaron a pensar en la sociedad como un organismo. Pero la verdadera importancia de la revolución de Darwin fue que éste, completando la tarea iniciada por Lyell en geología, introdujo la historia en la ciencia natural. La ciencia ya no se ocupaba de algo estático y fuera del tiempo,[2] sino de un proceso de cambio y desarrollo. La evolución en ciencia confirmaba y complementaba el progreso en historia. Nada sin embargo vino a modificar la concepción inductiva del método histórico que describí en mi primera conferencia: recopilación de datos primeros, y luego, interpretación. Se partía del supuesto indiscutido de que tal era también el método de la ciencia. Ésta era la noción de que obviamente partía Bury cuando, en las palabras finales de su lección inaugural de enero de 1903, describía la historia como «una ciencia, ni más ni menos». Los cincuenta años siguientes a la lección de Bury han sido testigos de una reacción violenta contra esta concepción de la historia. A Collingwood, cuando escribía en los años treinta y tantos, le preocupaba especialmente la necesidad de deslindar en forma clara el mundo de la naturaleza, objeto de la investigación científica, y el mundo de la historia, y durante este período el aserto de Bury se citó raras veces, salvo en son de burla. Pero lo que no vieron entonces los historiadores es que la propia ciencia había sufrido una profunda revolución, con lo que parece que Bury estuvo más cerca de la verdad de lo que habíamos supuesto, aunque por razones que no son las buenas. Lo que hicieron Lyell con la geología y Darwin con la biología se ha hecho ahora con la astronomía, que se ha convertido en la ciencia de cómo el universo ha llegado a ser lo que es; y los físicos modernos dicen constantemente que ellos no estudian hechos sino acontecimientos. El historiador tiene alguna excusa por encontrarse más a gusto en el mundo de la ciencia hoy que hace cien años.

Veamos primero el concepto de ley. Durante los siglos XVIII y XIX los hombres de ciencia partieron de la base de que las leyes de la naturaleza —las leyes del movimiento de Newton, la ley de la gravedad, la ley de Boyle, la ley de la evolución, etc.— habían sido descubiertas, y definitivamente establecidas, en la suposición de que la tarea del científico consistía en descubrir y establecer más leyes de

2.   Todavía en 1874 distinguía Bradley la ciencia de la historia por ocuparse la primera de lo atemporal e «inmutable» (F. H. Bradley, *Collected Essays*, 1935, i, 36).

esta clase mediante un proceso inductivo a partir de los datos observados. La palabra «ley» descendió envuelta en una aureola de gloria desde Galileo y Newton. Los que estudiaban la sociedad, deseosos, a sabiendas o no, de probar la condición científica de sus estudios, adoptaron igual lenguaje y creyeron seguir el mismo procedimiento. Parece que los primeros que salieron a la palestra fueron los economistas políticos, con la ley de Gresham y con las leyes del mercado en Adam Smith. Burke apeló a «las leyes del comercio, que son las leyes de la naturaleza y por ende las Leyes de Dios».[3] Malthus mecanizó una ley de la población; Lasalle una ley férrea de los salarios; y Marx, en la introducción al *Capital,* afirmó haber descubierto «la ley económica del movimiento de la sociedad moderna». Buckle, en las palabras finales de su *Historia de la Civilización,* manifestó el convencimiento de que el curso de los asuntos humanos estaba «impregnado de un noble principio de regularidad universal e inmutable». En la actualidad esta terminología nos parece tan anticuada como pretenciosa, pero le suena casi tan anticuada al físico como al investigador de la sociedad. Un año antes de pronunciar Bury su conferencia inaugural, el matemático francés Henri Poincaré publicó un pequeño volumen titulado *La Science et l'hypothèse,* que inició una revolución del pensamiento científico. La tesis principal de Poincaré era que las proposiciones generales enunciadas por los hombres de ciencia son, cuando no meras definiciones o convenciones disfrazadas acerca del uso del lenguaje, hipótesis encaminadas a cristalizar y organizar un pensamiento ulterior, sujetas a ulterior verificación, modificación o refutación. Todo lo cual es hoy poco menos que un lugar común. La exclamación de Newton «*Hypotheses non fingo*» suena huera en la actualidad: y por más que los científicos, aun quienes se dedican a las ciencias sociales, hablan a veces de leyes, en honor, por así decirlo, de los viejos tiempos, ya no creen en su existencia en el sentido en que creyeron universalmente en ellas los científicos de los siglos XVIII y XIX. Es cosa admitida que los científicos no hacen descubrimientos ni adquieren nuevos conocimientos mediante el establecimiento de leyes precisas y generales, sino mediante la enunciación de hipótesis que abren el camino a nuevas

3. *Thoughts and Details on Scarcity,* 1795, en *The Works of Edmund Burke,* 1846, iv, p. 270; Burke dedujo que no entraba «en la esfera de competencia del gobierno, en cuanto tal, ni tan siquiera del rico como tal, abastecer al pobre de aquellos productos necesarios que la Divina Providencia se complace en negarle durante algún tiempo».

investigaciones. Un libro de texto acerca del método científico, escrito por dos filósofos norteamericanos, describe el método de la ciencia como «esencialmente circular»:

> Obtenemos las pruebas de los principios apelando al material empírico, a lo que se supone son «hechos»; y seleccionamos, analizamos e interpretamos el material empírico basándonos en los principios.[4]

Acaso hubiera sido mejor la expresión de «recíproco» que la de «circular», porque el resultado no es un retorno al punto de partida, sino un adelanto hacia nuevos descubrimientos por medio de este proceso de interacción entre principios y hechos, entre teoría y práctica. Pensar requiere siempre la aceptación de ciertas presuposiciones basadas en la observación y que hacen posible el pensar científico, pero sujetas a revisión a la luz de este mismo pensar. Las hipótesis en cuestión pueden resultar válidas en ciertos contextos o para determinados fines, aunque resulten luego falsas en otros casos. En todos los casos la prueba definitiva es la empírica de saber si son de hecho útiles para promover nuevos enfoques e incrementar nuestro conocimiento. Los métodos de Rutherford fueron descritos no hace mucho por uno de sus discípulos y compañeros de trabajo más distinguidos:

> Era en él necesidad imperativa saber cómo funcionan los fenómenos nucleares, en el mismo sentido en que podría hablarse de saber lo que ocurría en la cocina. No creo que buscase una explicación bajo la forma clásica de una teoría fundada en unas cuantas leyes básicas; mientras estuviese al corriente de lo que iba aconteciendo, estaba satisfecho.[5]

Esta descripción conviene igualmente al historiador, que ha abandonado la búsqueda de leyes fundamentales y se contenta con la investigación de cómo funcionan las cosas.

La condición y calidad de las hipótesis utilizadas por el historiador en el proceso de su investigación se asemeja singularmente a las que caracterizan las hipótesis de que se vale el científico. Tómese, por ejemplo, el famoso diagnóstico de Max Weber, que vio una relación entre el protestantismo y el capitalismo. Nadie califi-

4. M. R. Cohen y E. Nagel, *Introduction to Logic and Scientific Method*, 1934, p. 596.
5. Sir Charles Ellis, en *Trinity Review*, Cambridge, tercer trimestre, 1960, p. 14.

caría hoy de ley esta afirmación, pese a que en una época anterior pudo haber sido acogida como tal. Es una hipótesis que, aunque algo modificada en las investigaciones que inspiró, ha mejorado sin lugar a dudas nuestra comprensión de ambos movimientos. O tomemos por ejemplo un aserto como éste de Marx: «El telar manual nos da una sociedad con un señor feudal; el telar mecánico nos da otra con un capitalista industrial».[6] Esto no es, en la terminología moderna, una ley, aunque probablemente la hubiera denominado así su autor, pero sí una hipótesis fructífera que nos indica el camino a seguir para una investigación ulterior y una comprensión nueva. Estas hipótesis son instrumentos imprescindibles para el pensamiento. El conocido economista alemán de principios de siglo Werner Sombart confesó cierta «turbación» que se apoderaba de los que habían abandonado el marxismo:

> Cuando quedamos sin las cómodas fórmulas que hasta la fecha han sido nuestros guías por entre las complejidades de la existencia... es como si zozobráramos en un océano de datos, hasta que encontramos un nuevo punto de apoyo o aprendemos a nadar.[7]

La controversia acerca de la división de la historia en períodos recae dentro de esta categoría. La división de la historia en períodos no es un hecho, sino una necesaria hipótesis o herramienta mental, válida en la medida en que nos ilumina, y que depende, en lo que hace a su validez misma, de la interpretación. Los historiadores que discrepan acerca de cuándo terminó la Edad Media, discrepan en la interpretación de ciertos acontecimientos. No es este problema cuestión fáctica, pero tampoco puede decirse que carezca de significado. La división de la historia atendiendo a sectores geográficos tampoco es un hecho sino una hipótesis: hablar de historia europea puede ser una hipótesis correcta y fructífera en ciertos contextos, e inducir a error y confusión en otros. La mayoría de los historiadores parten de la base de que Rusia forma parte de Europa; otros lo niegan con pasión. La tendencia propia del historiador puede juzgarse partiendo de las hipótesis que adopta. Tengo que citar una declaración general acerca de los métodos de la ciencia social, porque procede de un gran especialista de esta ciencia

---

6. Marx-Engels, *Gesamtausgabe*, I, vi, p. 179.
7. W. Sombart, *The Quintessence of Capitalism*, trad. ing., 1915, p. 354.

que se formó en las ciencias físicas. Georges Sorel, que fue inge-
niero antes de empezar a escribir, cumplidos ya los cuarenta años,
acerca de los problemas de la sociedad, destacó la necesidad de aislar determinados elementos en una situación dada, aun a riesgo de
caer en un exceso de simplificación:

> Hay que proceder a tientas; deben ponerse a prueba hipótesis par-
> ciales y probables, y hay que contentarse con aproximaciones provi-
> sionales de modo que siempre queden abiertas las puertas a una co-
> rrección progresiva.[8]

Es ésta una proclamación bien distante del siglo xix, cuando
científicos e historiadores como Acton esperaban que llegase el día
en que quedara establecido, por medio de la acumulación de datos
bien verificados, un cuerpo de conocimientos que lo abarcase todo
y que resolvería de una vez para siempre todos los problemas dis-
cutidos. Hoy, tanto los científicos como los historiadores abrigan la
esperanza más modesta de avanzar progresivamente de una hipótesis parcial a la siguiente, aislando sus hechos al pasarlos por el ta-
miz de sus interpretaciones, y verificando éstas con los hechos; y los
caminos que cada cual sigue no me parecen esencialmente distintos. En mi primera conferencia cité una observación del profesor
Barraclough según la cual la historia no es «en absoluto fáctica,
sino una serie de juicios admitidos». Cuando me hallaba preparando estas conferencias, un físico de esta Universidad definió, en una
emisión de la BBC, una verdad científica como «una afirmación
que ha sido públicamente admitida por los expertos en la materia».[9] Ninguna de estas fórmulas es del todo satisfactoria, por razones que irán surgiendo cuando tratemos del problema de la objetividad. Pero es notable que un físico y un historiador formulasen
cada cual por su lado igual problema con palabras casi idénticas.

Las analogías son sin embargo trampa peligrosa para los no avi-
sados: y quiero pasar a considerar, con el mayor respeto, los reparos en virtud de los cuales por grandes que sean las diferencias entre las ciencias matemáticas y las naturales, o entre las distintas
ciencias comprendidas dentro de estas categorías, puede estable-
cerse una distinción fundamental entre estas ciencias y la historia y

8. G. Sorel, *Matériaux d'une théorie du prolétariat*, 1919, p. 7.
9. Dr. J. Ziman, en *The Listener,* 18 de agosto de 1960.

se presta a equívoco llamar ciencia a la historia, y acaso también a las demás ciencias sociales. Estos reparos —más convincentes unos que otros— se resumen así: 1) la historia se ocupa solamente de lo particular en tanto que la ciencia estudia lo general; 2) la historia no enseña nada; 3) la historia no puede pronosticar; 4) la historia es forzosamente subjetiva porque el hombre se está observando a sí mismo, y 5) la historia, a diferencia de la ciencia, implica problemas de religión y de moralidad. Trataré de examinar sucesivamente cada uno de estos puntos.

En primer lugar, se alega que la historia se ocupa de lo particular, mientras que la ciencia atiende a lo general y universal. Puede decirse que este punto de vista nace con Aristóteles, que declaraba que la poesía era «más filosófica» y «más seria» que la historia, porque la primera perseguía la verdad general, y la historia, la particular.[10] Muchos autores ulteriores han discriminado de modo parecido entre la ciencia y la historia, desde entonces hasta Collingwood inclusive.[11] Parece que esta opinión parte de un error inicial. Todavía sigue siendo verdad la famosa frase de Hobbes: «Nada en el mundo es universal salvo los nombres, ya que cada cosa nombrada es individual y singular».[12] Ello es indudablemente cierto en lo que se refiere a las ciencias físicas: dos formaciones geológicas, dos animales de la misma especie, dos átomos, no son nunca iguales. Pero la insistencia en el carácter único de los acontecimientos históricos tiene el mismo efecto paralizador que la perogrullada tomada por G. E. Moore del obispo Butler, y que en una época fue objeto de veneración por parte de los filósofos «analíticos» del lenguaje: «Cada cosa es lo que es y no otra cosa distinta». Adentrándose por esta senda se llega pronto a un modo de nirvana filosófico en que no puede decirse nada importante acerca de nada.

El mismo uso del lenguaje compele al historiador, así como al científico, a generalizar. La guerra del Peloponeso y la Segunda Guerra Mundial fueron muy distintas, y ambas fueron únicas. Pero el historiador llama guerras a las dos sin que proteste por ello más que el pedante. Cuando Gibbon calificó de revoluciones el estable-

10. *Poética*, cap. ix.
11. R. G. Collingwood, *Historical Imagination*, 1935, p. 5.
12. *Leviathan*, I, iv.

cimiento del cristianismo por Constantino y la aparición del islam,[13] estaba generalizando dos acontecimientos únicos. Los historiadores modernos hacen lo propio cuando escriben acerca de las revoluciones inglesa, francesa, rusa y china. El historiador no está realmente interesado en lo único, sino en lo que hay de general en lo único. En los años veintitantos las discusiones por parte de los historiadores acerca de las causas de la guerra de 1914, daban comúnmente por supuesto que o bien debía achacarse a la torpeza de los diplomáticos, que habían obrado en secreto y sin el control de la opinión pública, o a la desafortunada división del mundo en estados territoriales soberanos. Un decenio más tarde daban por supuesto que se debió a las rivalidades entre potencias imperialistas, arrastradas por las tensiones del capitalismo decadente al reparto del mundo entre ellas. Estas discusiones implicaban todas una generalización acerca de las causas de la guerra, o por lo menos de ésta en las condiciones del siglo xx. El historiador se vale constantemente de la generalización para comprobar los datos de que dispone. Si no son claras las pruebas de que Ricardo asesinara a los príncipes en la Torre de Londres, el historiador se preguntará —acaso más inconsciente que conscientemente— si era costumbre de los gobernantes de su tiempo liquidar los posibles rivales al trono; y su juicio estará, y con razón, influido por tal generalización.

El lector de historia, lo mismo que el autor, es un generalizador crónico, que aplica la observación del historiador a otros contextos históricos que conoce bien, o aun a su propia época. Cuando leo la *Revolución francesa* de Carlyle, me doy cuenta de que estoy generalizando una y otra vez sus comentarios, aplicándolos al tema que me interesa particularmente: la Revolución rusa. Véase, por ejemplo, esta cita acerca del terror:

> Horrible en tierras que habían conocido una justicia equitativa, pero no tan extraño en tierras que nunca la conocieron.

O esta otra, aún más significativa:

> Lástima es, aunque sea muy natural, que la historia de este período haya sido casi siempre escrita en trance histérico. Abundan la exageración, la execración, la elegía; y, a la postre, la oscuridad.[14]

---

13. *Decline and Fall of the Roman Empire,* cap. XX, cap. I.
14. *History of the French Revolution,* I, v, cap. 9; III, i, cap. I.

O ésta, de Burckhardt ahora, acerca del desarrollo del Estado moderno en el siglo XVI:

> Cuando menos hace que surgió el poder, menos posible le resulta permanecer estacionario, primero porque quienes le dieron vida se han acostumbrado a más movimiento rápido, y porque son y seguirán siendo innovadores *per se*; y segundo, porque las fuerzas por ellos levantadas o sometidas sólo pueden emplearse para ulteriores actos de violencia.[15]

Es un contrasentido decir que la generalización es extraña a la historia; la historia se nutre de generalizaciones. Como dice claramente Elton en uno de los volúmenes de la nueva *Cambridge Modern History*, «lo que distingue al historiador del recopilador de datos históricos es la generalización»;[16] podía haber añadido que lo mismo distingue al científico del naturalista o coleccionista de especímenes. Pero no se suponga que la generalización nos permite construir un amplio esquema de la historia en el que han de encasillarse los acontecimientos específicos. Y como Marx es uno de los autores a menudo acusado de construir un esquema de éstos, o de creer en él, citaré, a modo de recapitulación, un párrafo de una de sus cartas, que coloca el problema en perspectiva adecuada:

> Acontecimientos notablemente parecidos, pero ocurridos en distinto medio histórico, conducen a resultados totalmente dispares. Estudiando por separado cada una de estas evoluciones, y comparándolas luego, es fácil encontrar la clave para la comprensión de este fenómeno; pero nunca es posible dilucidarlo utilizando la llave maestra de alguna teoría histórico-filosófica cuya gran virtud consiste en estar por encima de la historia.[17]

La historia se ocupa de la relación entre lo único y lo general. El historiador no puede disociarlos, ni dar preferencia a lo uno

---

15. J. Burckhardt, *Judgements on History and Historians*, 1959, p. 34.
16. *Cambridge Modern History*, ii, 1958, 20.
17. Marx y Engels, *Obras* (ed. rusa), xv, 378; la carta de que procede este párrafo se publicó en el periódico ruso *Otechestvennye Zapiski* en 1877. Parece que el profesor Popper asocia a Marx con el que denomina «error central del historicismo», a saber, la convicción de que las tendencias o corrientes históricas «pueden derivarse inmediatamente de las solas leyes universales» (*The Poverty of Historicism*, 1957, pp. 128-129): esto es precisamente lo que negaba Marx.

contra lo otro, como tampoco está en su mano disociar el hecho de la interpretación.

Acaso sea éste el momento de una breve observación acerca de las relaciones entre la historia y la sociología. Actualmente la sociología se enfrenta con dos peligros opuestos, el de convertirse en ultrateórica y el de convertirse en ultraempírica. El primero es el peligro de perderse en generalizaciones abstractas y sin sentido sobre la sociedad en general. La Sociedad con mayúscula es una falacia tan descaminada como la Historia con mayúscula. Rondan este peligro quienes asignan a la sociología la tarea exclusiva de generalizar partiendo de los acontecimientos únicos registrados por la historia: se ha sugerido que la sociología se distingue de la historia en que tiene «leyes».[18] El otro peligro es el que previó Karl Mannheim hace casi una generación y que en la actualidad está muy presente, el de una sociología «dividida en una serie discreta de problemas técnicos de reajuste social».[19] La sociología se ocupa de sociedades históricas, cada una de las cuales es única y ha sido moldeada por antecedentes y condiciones históricos específicos. Pero el intento de eludir la generalización y la interpretación, limitándose a los problemas llamados «técnicos» de enumeración y análisis, sólo conduce a convertirse en inconsciente apologista de una sociedad estática. Si la sociología ha de convertirse en campo fructífero de estudio, tendrá que ocuparse, como la historia, de la relación existente entre lo particular y lo general. Pero también debe hacerse dinámica, dejar de ser un estudio de la sociedad en reposo (porque tal sociedad no existe), y pasar a serlo del cambio y del desarrollo sociales. Por lo demás, yo diría que cuanto más sociológica se haga la historia y cuanto más histórica se haga la sociología, tanto mejor para ambas. Déjese ampliamente abierta a un tráfico en doble dirección la frontera que las separa.

18. Parece que tal es la opinión del profesor Popper (*The Open Society and its Enemies*, 2.ª ed., 1952, ii, 322; traducción española: *La Sociedad Abierta y sus enemigos*). Desgraciadamente, da un ejemplo de ley sociológica: «Dondequiera que la libertad de pensamiento, y de comunicación del mismo, estén eficazmente protegidas por las instituciones legales y las instituciones que garantizan a la discusión la posibilidad de ser pública, habrá progreso científico». Esto se escribió en 1942 o 1943, y se inspiraba en la convicción de que las democracias occidentales permanecerían a la cabeza del progreso científico, en virtud de su organización institucional, convicción desmentida desde entonces, o cuando menos seriamente maltrecha, por lo ocurrido en la Unión Soviética. No es ya una ley, sino ni siquiera una generalización válida.

19. K. Mannheim, *Ideology and Utopia*, trad. ing., 1936, p. 228.

El problema de la generalización está estrechamente vinculado a mi segunda pregunta, la de las lecciones que enseña la historia. Lo que realmente importa de la generalización es que por su conducto tratamos de aprender de la historia, y de aplicar la lección deducida de un conjunto de acontecimientos a otro conjunto de acontecimientos: cuando generalizamos estamos, aun sin saberlo, tratando de hacer precisamente eso. Los que rechazan la generalización e insisten en que la historia no se ocupa más que de lo único, son quienes, como era de esperar, niegan que de la historia pueda aprenderse nada. Pero la afirmación de que los hombres nada aprenden de la historia viene contradicha por multitud de hechos observables. No hay experiencia más corriente que ésta. En 1919 me hallaba yo presente en la Conferencia de la Paz de París, como miembro subalterno de la delegación británica. Todos los miembros de la delegación creían que podríamos sacar grandes lecciones del Congreso de Viena, el último de los grandes congresos de paz europeos, celebrado cien años antes. Un tal capitán Webster, empleado entonces en el Ministerio de la Guerra, hoy sir Charles Webster, eminente historiador, escribió un ensayo diciéndonos cuáles eran aquellas lecciones. He conservado dos en mi memoria. Una era que resultaba peligroso, cuando se estaba dando nueva forma al mapa de Europa, dejar al margen el principio de autodeterminación. La otra era que resultaba peligroso tirar los documentos secretos a la papelera, cuyo contenido sería fatalmente adquirido por el servicio secreto de alguna otra delegación. Estas lecciones de la historia las tomamos nosotros como un evangelio e influyeron en nuestra conducta. Es éste un ejemplo reciente y trivial. Pero sería fácil descubrir en la historia relativamente remota la influencia de las enseñanzas de un pasado aún más remoto. Todo el mundo conoce el impacto de la Grecia antigua sobre Roma. Pero no estoy seguro de que algún historiador haya tratado de llevar a cabo un análisis preciso de las lecciones que aprendieron los romanos, o que creyeron haber aprendido, de la historia helénica. El examen de las enseñanzas sacadas por la Europa occidental de los siglos XVII, XVIII y XIX de la historia del Antiguo Testamento podría aportar interesantes resultados. La revolución puritana de Inglaterra no puede comprenderse sin él, y la concepción del pueblo elegido fue un factor importante en el surgir del nacionalismo contemporáneo. El sello de una instrucción clásica marcó profundamente la nueva clase rectora británica en el siglo XIX. Grote, como ya hemos dicho, señalaba a Atenas como el prototipo de la nueva democracia, y me gustaría ver un estudio de las amplias e importantes enseñanzas impartidas a los edificadores del imperio británico por la historia del imperio romano, fueran ellos conscientes o no de haberlas asimilado. En mi campo de estudio, los forjadores de la Revolución rusa estaban profundamente impresionados —y casi diría que obsesionados— por las lecciones de la Revolución francesa, de las revoluciones de 1848 y de la Commune de París de 1871. Pero he de recordar aquí la puntualización que requiere el doble carácter de la historia. Aprender de la historia no es nunca un proceso en una sola dirección. Aprender acerca del presente a la luz del pasado quiere también decir aprender del pasado a la luz del presente. La función de la historia es la de estimular una más profunda comprensión tanto del pasado como del presente, por su comparación recíproca.

El tercer punto que quiero tratar es el del papel que desempeña el pronóstico en la historia: no puede aprenderse ninguna lección de la historia, se nos dice, porque la historia, a diferencia de la ciencia, no puede prever el futuro. Este problema está imbricado en un tejido de equívocos. Como hemos visto, los científicos ya no tienen tanto afán como antes por hablar de las leyes de la naturaleza. Las llamadas leyes científicas que afectan a nuestra vida cotidiana son de hecho afirmaciones de tendencias, afirmaciones de lo que ocurrirá en igualdad de condiciones, o sea, en condiciones de laboratorio. No tratan de predecir lo que acontecerá en los casos concretos. La ley de la gravedad no prueba que cierta manzana determinada caerá al suelo: puede pasar alguien que la recoja en una cesta. La ley de la óptica según la cual la luz se transmite en línea recta no prueba que un rayo de luz determinado no sea refractado o no sufra una difracción debido a la intervención de algún objeto. Pero ello no quiere decir que tales leyes carezcan de utilidad, ni que dejen de ser en principio válidas. Las teorías físicas modernas, se nos dice, se ocupan solamente de las probabilidades de que se verifiquen los acontecimientos. La ciencia actual está más inclinada a recordar que la inducción sólo puede conducir lógicamente a probabilidades o a una convicción razonable; está más dispuesta a ver en sus afirmaciones normas o elementos de orientación generales, cuya validez sólo puede comprobarse mediante la acción específica. «*Science, d'où prévoyance, d'où action*», como decía Comte.[20] La clave del problema del pronóstico en historia se halla en esta distinción entre lo general y lo específico, entre lo universal y lo singular. El historiador, como hemos visto, no tiene más remedio que generalizar; y al hacerlo aporta orientaciones generales para la acción ulterior, las cuales, aunque no predicciones específicas, son válidas a la vez que útiles. Pero no puede pronosticar acontecimientos específicos, porque lo específico es peculiar y porque interviene el elemento accidental. Esta distinción, que preocupa al filósofo, es perfectamente clara para el hombre ordinario. Si dos o tres niños de un colegio contraen el sarampión, se deduce que la epidemia se propagará; y este pronóstico, si así lo llamamos, se funda en una generalización de la experiencia pasada, y es guía útil y válida para obrar en consecuencia. Pero no se puede llegar a la predicción específica de que Carlos o María contraerán el sarampión. Lo mismo hace el historiador. No se espera del historiador que pronostique una revolución en Ruritania para el mes que viene. La clase de conclusiones que se intentarán deducir, en parte de un conocimiento específico de los asuntos de Ruritania y en parte de un estudio de la historia, es que las condiciones de Ruritania son tales que puede haber una revolución en un futuro no lejano si hay quien prenda la mecha, o si alguien del gobierno no hace algo por impedirlo; y esta conclusión puede ir acompañada de estimaciones de la actitud que cabe esperar adopten los diversos sectores de la población, partiendo de la analogía con otras revoluciones. La predicción, si podemos llamarla así, sólo puede cumplirse de ocurrir acontecimientos peculiares, que no pueden, por su parte, pronosticarse. Pero ello no significa que las inferencias deducidas de la historia acerca del futuro carezcan de utilidad, o dejen de tener una validez condicional, que sirve tanto de guía para la acción como de clave para nuestra comprensión de cómo suceden las cosas. No trato de sugerir que las inferencias del especialista en ciencias sociales o del historiador puedan competir con las del físico en cuanto a la precisión, o que su inferioridad al respecto sea achacable solamente a un mayor atraso de las ciencias sociales. El ser humano es, desde cualquier punto de vista, la entidad natural más compleja que conocemos, y el estudio de su comportamiento pue-

20.   *Cours de philosophie positive*, i, 51.

de muy bien implicar dificultades distintas de las que ocupan al físico o al naturalista. Solamente quiero afirmar que ni las metas ni los métodos son fundamentalmente dispares.

Llegamos al cuarto punto, que implica un argumento mucho más convincente en pro de un deslinde tajante entre las ciencias sociales —incluida la historia— y las ciencias de la naturaleza. Según él, en las ciencias sociales sujeto y objeto pertenecen a la misma categoría y existe entre ambos una interacción. Los seres humanos, además de ser los entes naturales más complejos y variables, tienen que ser estudiados por otros seres humanos, y no por observadores independientes de otra especie. Aquí no queda satisfecho el hombre, como cuando estudia ciencias biológicas, con saber en qué consisten los elementos físicos que lo componen y con conocer sus propias reacciones físicas. El sociólogo, el economista o el historiador necesitan ahondar en formas de conducta humana en las que el albedrío es algo activo, si es que desean enterarse de por qué los seres humanos objeto de su estudio quisieron obrar como lo hicieron. Esto crea entre el observador y lo observado una relación que es privativa de la historia y de las ciencias sociales. El punto de vista del historiador interviene irrevocablemente en cada una de sus observaciones; la relatividad impregna el tejido de la historia. En palabras de Karl Mannheim, «hasta las categorías en que se subsumen, recogen y ordenan las diversas experiencias varían según la posición social del observador».[21] Pero no sólo es cierto que el cariz del especialista en ciencias sociales interviene necesariamente en todas sus observaciones. También es cierto que el proceso de observación afecta y modifica aquello mismo que se viene observando. Y ello puede ocurrir en dos direcciones opuestas. Los seres humanos cuyo comportamiento pasa a ser objeto de análisis y de pronóstico podrán ser puestos en guardia con la predicción de consecuencias que no desean, y ser inducidos por ello a modificar su acción, de modo que el pronóstico, aunque correctamente basado en el análisis, resulte falso. Una de las razones por las que la historia se repite muy escasas veces entre pueblos históricamente conscientes es que las *dramatis personae* son sabedoras, en la segunda representación, del desenlace de la primera, y su acción viene

21. K. Mannheim, *Ideology and Utopia*, 1936, p. 130.

afectada por tal conocimiento.[22] Los bolcheviques sabían que la Revolución francesa había terminado en un Napoleón, y temían que su propia revolución acabase igual. Por eso desconfiaron de Trotsky —de sus líderes, el que aires más napoleónicos tenía— y pusieron su confianza en Stalin, el que de ellos se asemejaba menos a Napoleón. Pero este proceso puede realizarse en sentido contrario. El economista que, tras el análisis científico de las condiciones económicas imperantes, pronostica una próxima alza o baja acentuada, contribuye, de ser grande su autoridad y convincentes sus argumentos, a que tenga lugar el fenómeno predicho, y esto en virtud del mismísimo pronóstico. El especialista en ciencia política que, con la autoridad de la observación histórica, estimula el convencimiento de que el despotismo nunca es duradero, puede contribuir así a la caída del tirano. Todos conocen la conducta en elecciones de los candidatos que pronostican su propio triunfo con el fin consciente de hacer más probable el cumplimiento del pronóstico: y cabe sospechar que cuando economistas, expertos en ciencia política e historiadores se aventuran a pronosticar, les inspira a veces el deseo inconsciente de precipitar la realización de la predicción. Acaso todo cuanto pueda decirse de tan complejas relaciones, sin riesgo de equivocarse, sea que la interacción entre el observador y lo observado, entre el especialista en ciencias sociales y sus datos, entre el historiador y los suyos, es continua y varía incesantemente, y que al parecer ésta es una característica distintiva de la historia y de las ciencias sociales.

Tendría tal vez que mencionar aquí las opiniones de algunos físicos que en los últimos años han hablado de su ciencia en términos que parecen sugerir analogías aún más sorprendentes entre el universo físico y el mundo del historiador. En primer lugar, dicen que sus resultados llevan inherente un principio de incertidumbre o de indeterminación. En mi próxima conferencia hablaré de la naturaleza y de los límites del llamado determinismo en historia. Pero tanto si la indeterminación de la física moderna reside en la naturaleza del universo como si es simple manifestación de nuestra —hasta el presente— imperfecta comprensión (este punto sigue discutiéndose), yo abrigaría las mismas dudas respecto de ver en ello analogías importantes con nuestra capacidad de hacer pronós-

22. Este argumento ha sido desarrollado por el autor en *The Bolshevik Revolution, 1917-1923*, i, 1950, 42.

ticos históricos, que las que tuve hace unos años respecto de los intentos de algunos entusiastas de ver en ello pruebas de la actuación del libre albedrío en el universo. Se nos dice luego que en la física moderna las distancias espaciales y los lapsos temporales dependen del movimiento del «observador». En la física moderna todas las mediciones están sujetas a variaciones inherentes debidas a la imposibilidad de fijar una relación constante entre el «observador» y el objeto de observación; tanto el «observador» como la cosa observada —es decir, tanto el sujeto como el objeto— intervienen en el resultado final de la observación. Pero así como tales descripciones se aplicarían con unos retoques mínimos a las relaciones entre el historiador y los objetos de su observación, no creo, en cambio, que la esencia de tales relaciones sea en la realidad comparable con la naturaleza de las relaciones entre el físico y su universo; y pese a que en principio mi cometido es más reducir que ampliar las diferencias que separan el enfoque del historiador y el del científico, de nada nos servirá intentar eliminar por arte de magia estas discrepancias, apoyándonos en analogías imperfectas.

Mas aunque creo que la implicación del especialista en ciencias sociales o del historiador en el objeto de su estudio es de otro carácter que la del físico, y que los problemas planteados por la relación entre sujeto y objeto son infinitamente más complicados, la cuestión no acaba aquí. Las teorías clásicas del conocimiento, que prevalecieron a todo lo largo de los siglos XVII, XVIII y XIX, presumían todas la existencia de una dicotomía tajante entre el sujeto conocedor y el objeto conocido. Como quiera que se concibiese el proceso, el modelo construido por los filósofos mostraba el sujeto y el objeto, el hombre y el mundo exterior, divididos y separados. Fue aquélla la gran era del nacimiento y desarrollo de la ciencia; y las teorías del conocimiento estaban poderosamente influidas por la visión propia de los pioneros de la ciencia. El hombre quedaba flagrantemente contrapuesto al mundo exterior. Pugnaba con él como con algo intratable y potencialmente hostil: intratable porque era difícil de comprender, potencialmente hostil porque era difícil de dominar. Con los éxitos de la ciencia moderna, esta visión ha sido radicalmente transformada. Es harto menos probable que el científico de hoy vea en las fuerzas de la naturaleza algo contra lo que debe lucharse que algo con que cooperar, algo adaptable a sus propósitos. Las teorías clásicas del conocimiento ya no encajan con la ciencia contemporánea y, menos que con cualquiera, con la física. No es sorprendente que durante los últimos cincuenta años los filósofos hayan empezado a ponerlas en tela de juicio y a reconocer que el proceso cognitivo, lejos de separar claramente el sujeto del objeto, implica cierta interrelación e interdependencia entre ambos. Esto es, sin embargo, muy importante para las ciencias sociales. En mi primera conferencia, sugerí la idea de que el estudio de la historia resultaba difícil de conciliar con la tradicional teoría empírica del conocimiento. Quisiera ahora defender el punto de vista según el cual las ciencias sociales en su conjunto, por el hecho de implicar al hombre tanto en calidad de objeto como de sujeto, tanto como investigador como cosa investigada, son incompatibles con cualesquiera teorías del conocimiento que defiendan un divorcio rígido entre sujeto y objeto. La sociología, en sus intentos por adquirir carta de naturaleza como cuerpo de doctrina coherente, ha creado, con muy buen criterio, una rama que se denomina sociología del conocimiento. Pero no ha llegado muy lejos por este camino, sobre todo, creo yo, porque no ha pasado de dar vueltas y más vueltas dentro de la jaula de una teoría tradicional del conocimiento. Si los filósofos, bajo el impacto primero de la ciencia física contemporánea, y ahora bajo el de la ciencia social moderna, están comenzando a salir de este círculo y construyen para los procesos cognitivos algún modelo más al día que el viejo de la bola de billar, con su impacto de los hechos sobre una conciencia pasiva, será un augurio favorable para las ciencias sociales, y para la historia en particular. Es éste un punto de cierta importancia sobre el que volveré cuando pasemos a examinar lo que se entiende por objetividad en la historia.

Llegamos finalmente, y no por ser lo menos importante, a discutir la opinión según la cual la historia, dado que está íntimamente ligada a cuestiones de religión y de moral, se distingue de las ciencias en general, y acaso hasta de las demás ciencias sociales. Acerca de la relación entre la historia y la religión, diré solamente lo indispensable para que mi postura quede clara. Se puede ser un buen astrónomo creyendo en un Dios que creó y ordenó el Universo. Pero la buena astronomía es incompatible con la creencia en un Dios que interviene a su antojo cambiando el curso de un planeta, posponiendo un eclipse, o alterando las normas del juego cósmico. Asimismo, hay quienes opinan que un buen historiador

puede creer en un Dios que ha ordenado y dado sentido al curso
de la historia en su conjunto, aunque no puede creer en una Divi-
nidad al estilo del Antiguo Testamento, que interviene en la ma-
tanza de los amalequitas, o que hace trampas con el calendario,
alargando las horas de sol en beneficio de los ejércitos de Josué.
Como tampoco puede invocar a Dios como explicación de acontecimientos históricos particulares. El padre d'Arcy trató, en libro reciente, de formular esta distinción:

> De nada le sirve a un investigador contestar a cada problema his-
> tórico señalando en él el dedo de Dios. Hasta que se ha llegado tan
> lejos como el que más en el análisis de los acontecimientos munda-
> nales y del drama humano, no se pueden traer a colación considera-
> ciones más amplias.[23]

Lo malo de este punto de vista es que parece hacer de la religión el comodín de la baraja, reservado para las bazas realmente
importantes que no pueden ganarse de otro modo. Karl Barth, el
teólogo luterano, hizo algo mejor, pronunciando una total separación entre la historia divina y la historia secular, pasando la segunda al brazo secular. El profesor Butterfield dice, si no me equivoco, lo mismo cuando habla de una historia «técnica». Historia
técnica es la única clase de historia que cualquiera de nosotros
puede escribir, la única que jamás escribió él mismo. Pero con el
uso de tan curioso epíteto, deja a salvo el derecho de creer en una
historia esotérica o providencial de la que los demás no hemos de
ocuparnos. Escritores como Berdyaev, Niebuhr y Maritain declaran
tratar de mantener la condición autónoma de la historia, pero insisten en que la meta o el fin de la historia se halla situado fuera
de ella. En cuanto a mí, me parece difícil conciliar la integridad
de la historia con la creencia en alguna fuerza suprahistórica de la
que dependan su sentido y su importancia, llámese tal fuerza el
Dios de un Pueblo Elegido, un Dios cristiano, la Mano Oculta del
deísta, o el Espíritu del Mundo de Hegel. En estas conferencias
partiré de la base de que el historiador tiene que resolver sus problemas sin recurrir a ningún *deus ex machina* de esa clase, de que

23. M. C. d'Arcy, *The Sense of History: Secular and Sacred*, 1959, p. 164; en esto le
precedió Polibio: «Donde sea posible encontrar la causa de lo que ocurre, no debe re-
currirse a los dioses» (citado en K. von Fritz, *The Theory of the Mixed Constitution in Antiquity*, Nueva York, 1954, p. 390).

la historia es un juego que, por así decirlo, se juega sin comodín en la baraja.

La relación entre la historia y la moral es más compleja y las discusiones en torno a ella han sufrido en el pasado de varias ambigüedades. Es prácticamente innecesario decir en la actualidad que el historiador no tiene por qué formular juicios morales acerca de la vida privada de los personajes de su narración. Las posiciones del historiador y el moralista no son las mismas. Enrique VIII pudo haber sido a la vez mal marido y buen rey. Pero el historiador no se interesa por el primero de ambos aspectos más que en la medida en que afectó a los acontecimientos históricos. Si sus crímenes morales hubieran tenido tan pocas consecuencias para los negocios públicos como los de Enrique II de Inglaterra, el historiador no tendría necesidad de inquirir en ellos. Lo cual vale para las virtudes tanto como para los vicios. Se nos dice que Pasteur y Einstein fueron hombres de vida privada ejemplar, santa incluso. Pero suponiendo que hubieran sido maridos infieles, padres desalmados y colegas sin escrúpulos, ¿quedarían menguadas sus respectivas obras, de importancia histórica? Y son éstas las que interesan al historiador. Se dice que Stalin fue cruel y desalmado con su segunda mujer; pero en mi calidad de historiador de los asuntos soviéticos, no me afecta mucho. Ello no quiere decir que la moralidad privada carezca de importancia, ni que la historia de la moral no sea parte legítima de la historia. Pero el historiador no se detiene en pronunciar juicios morales acerca de las vidas privadas de los individuos que desfilan por sus páginas. Tiene otras cosas que hacer.

La mayor de las ambigüedades surge en torno a la cuestión del enjuiciamiento moral de los actos públicos. La convicción de que es deber del historiador pronunciar juicios morales acerca de sus *dramatis personae* tiene un rancio abolengo. Pero nunca tuvo la fuerza que en la Gran Bretaña del siglo XIX, cuando contribuían a ella tanto las tendencias moralizadoras de la época como un culto sin trabas del individualismo. Rosebery apuntó que lo que los ingleses querían saber de Napoleón era si había sido un «hombre bueno».[24] Acton, en su correspondencia con Creighton, declaraba que «la inflexibilidad del código moral es el secreto de la autoridad, de la dignidad y de la utilidad de la Historia», y quería hacer de la his-

24. Rosebery, *Napoleon: The Last Phase*, p. 364.

toria «un árbitro de las controversias, una guía para el caminante, el detentador de la norma moral que tanto los poderes seculares como hasta los religiosos tienden a menguar»,[25] opinión originada por su fe casi mística en la objetividad y la supremacía de los hechos históricos, lo que, por lo visto, impulsa y autoriza al historiador a pronunciar en nombre de la Historia —entendida como una suerte de potencia suprahistórica— juicios morales acerca de los individuos participantes en los acontecimientos históricos. Esta actitud asoma todavía algunas veces bajo formas insospechadas. El profesor Toynbee describió la invasión de Abisinia por Mussolini en 1935 como un «pecado personal premeditado»,[26] y sir Isaiah Berlin, en el ensayo ya citado, insiste con suma vehemencia en que es deber del historiador «juzgar a Carlomagno o a Napoleón, a Gengis Khan, a Hitler o a Stalin, por sus matanzas».[27] Este punto de vista ha sido ya lo bastante combatido por el profesor Knowles, que en su conferencia inaugural citó la acusación de Motley contra Felipe II («si hubo vicios de los que estuviese exento, fue porque no es dado a la naturaleza humana alcanzar la perfección, ni siquiera en el mal»), y la descripción de Juan sin Tierra por Stubbs («manchado por todos los crímenes que pueden rebajar al hombre»), como modelos de juicios morales acerca de individuos que no es la incumbencia del historiador pronunciar: «El historiador no es un juez, y menos aún un juez de horca y cuchillo».[28] Pero también Croce tiene un párrafo excelente acerca del particular, que quisiera citar:

> La acusación olvida la gran diferencia de que nuestros tribunales (sean jurídicos o morales) son tribunales del presente, instituidos para

---

25.   Acton, *Historical Essays and Studies*, 1907, p. 505.

26.   *Survey of International Affairs*, 1935, ii, p. 3.

27.   I. Berlin, *Historical Inevitability*, pp. 76-77. La actitud de sir I. Berlin recuerda la visión de aquel esforzado jurista conservador del siglo pasado, Fitzjames Stephen: «El derecho penal parte del principio de que es moralmente lícito odiar a los criminales. Es sumamente conveniente que los criminales sean odiados, que los castigos que se les inflijan sean agenciados de tal modo que sean expresión de dicho odio, y que lo justifiquen en la medida en que pueden justificarlo y animarlo las disposiciones públicas para expresión y favorecimiento de un sano sentimiento natural». *A History of the Criminal Law in England* (1883, ii, pp. 81-82), citado por L. Radzinovicz, *Sir James Fitzjames Stephen* (1957, p. 30). La mayoría de los criminólogos no comparten ya estas opiniones. Pero lo que a éstas objeto aquí es que, cualquiera que sea su validez en otro campo, no son aplicables a los veredictos de la historia.

28.   D. Knowles, *The Historian and Character*, 1955, pp. 4-5, 12, 19.

hombres vivos, activos y peligrosos, en tanto que aquellos otros hombres ya comparecieron ante el tribunal de sus coetáneos y no pueden ser nuevamente condenados o absueltos. No puede hacérseles responsables ante ningún tribunal, por el mero hecho de que son hombres del pasado que pertenecen a la paz de lo pretérito y de que en calidad de tales no pueden ser más que sujetos de la historia, ni les cabe sufrir otro juicio que aquel que penetra y comprende el espíritu de su obra... Los que, so pretexto de estar narrando historia, se ajetrean con ademán de jueces, condenando acá e impartiendo su absolución allá, y pensando que tal es la tarea de la historia... son generalmente reconocidos como carentes de todo sentido histórico.[29]

Y por si alguien vacila en aceptar que no sea cosa nuestra el pronunciarnos acerca del valor moral de Hitler o de Stalin —o si se quiere, del senador McCarthy—, diré que es porque fueron contemporáneos de muchos de nosotros, porque cientos de miles de personas que sufrieron directa o indirectamente sus actos viven aún, y porque, por estas razones precisamente, nos resulta difícil enfocarlos como historiadores y renunciar a otras posturas desde las cuales podríamos justificadamente enjuiciar moralmente sus actos: es ésta una de las cohibiciones —la principal diría yo— del historiador de la época contemporánea. Pero ¿qué beneficios reporta a nadie hoy el señalar los pecados de Carlomagno o de Napoleón?

Rechacemos pues la noción que hace del historiador un juez de horca y cuchillo y pasemos al problema, más arduo pero más provechoso, de los juicios morales, no ya acerca de individuos, sino de acontecimientos, instituciones o políticas del pasado. Éstos son los juicios importantes del historiador, y los que insisten con tanto fervor en la condena moral de los individuos, aportan a veces sin saberlo una coartada a grupos y sociedades enteros. El historiador francés Lefèbvre, tratando de exonerar a la Revolución francesa de la responsabilidad por los desastres y la sangre de las guerras napoleónicas, los atribuyó a «la dictadura de un general... cuyo temperamento... no se avenía fácilmente con la paz y la moderación».[30] Los alemanes de hoy acogen encantados las denuncias hechas contra la perversidad de Hitler, viendo en ellas un sustitutivo conveniente del juicio moral del historiador acerca de la sociedad que le engendró. Rusos, ingleses y norteamericanos se suman

29.   B. Croce, *La Historia como hazaña de la libertad*, trad. esp., México, F.C.E.
30.   *Peuples et civilisations*, vol. xiv: *Napoléon*, p. 58.

gustosos a las críticas personales en contra de Stalin, Neville Chamberlain o McCarthy, haciéndolos cabezas de turco de sus errores colectivos. Y lo que es más, los juicios morales elogiosos acerca de individuos pueden ser tan inductores a error y tan nocivos como la denuncia moral de los mismos. El reconocimiento de que algunos propietarios de esclavos fueron hombres de espíritu elevado ha sido argumento permanente para dejar para ulterior ocasión la condena, por inmoral, de la esclavitud. Max Weber se refiere a «la esclavitud sin amo en que el capitalismo aprisiona al obrero o al deudor», y opina con razón que el historiador tiene que formular un juicio moral acerca de la institución y no sobre los individuos que la crearon.[31] El historiador no se constituye en juez de un déspota oriental determinado. Pero no se le pide que permanezca indiferente y neutral entre, pongamos por caso, el despotismo oriental y las instituciones de la Atenas de Pericles. No sentenciará al esclavista concreto. Pero ello no quita para que condene a la sociedad esclavista. Los datos históricos presuponen, como vimos, cierto grado de interpretación; y las interpretaciones históricas siempre llevan inherentes juicios morales, o, si se prefieren expresiones de apariencia menos comprometida, juicios de valor.

Pero esto es sólo el principio de nuestras dificultades. La historia es un proceso de lucha en que los resultados, se nos antojen buenos o malos, son directa o indirectamente —antes lo primero que lo segundo— logro de unos grupos determinados, a expensas de otros grupos. Pagan los perdedores. El sufrimiento es connatural a la historia. No hay gran período histórico que no tenga sus bajas así como sus triunfos. Es ésta una cuestión tremendamente complicada porque carecemos de metro para comparar el mayor bien de algunos con los sacrificios de otros: sin embargo, debe buscarse alguna medida para esto. No es que se trate de un problema privativo de la historia. En la vida corriente nos encontramos más veces de las que pensamos ante la necesidad de escoger el mal menor, o de hacer mal que redunde en bien. En historia se discute a veces este aspecto bajo la rúbrica de «el coste del progreso» o «el precio de la revolución». Esto nos puede inducir a error. Como dice Bacon en su ensayo *On Innovations*, «la conservación de la costumbre a contrapelo es cosa tan perturbadora como una innovación». Tan gravoso resulta para los no privilegiados el precio de la conserva-

31. *From Max Weber: Essays in Sociology*, 1947, p. 58.

ción como cuesta la innovación a los que se ven despojados de sus privilegios. La tesis según la cual el bien de unos justifica los sufrimientos de los demás es inherente a todo gobierno, y es tanto una doctrina conservadora como radical. El doctor Johnson invoca poderosamente el argumento del mal menor para justificar el mantenimiento de las desigualdades existentes:

> Mejor es que algunos sean desgraciados que no que nadie sea feliz, lo que sería el caso en un estado de igualdad generalizada.[32]

Pero es en los períodos de cambio radical cuando el programa reviste su forma más dramática, y ésta es la oportunidad en que más fácil resulta estudiar la actitud del historiador.

Veamos por ejemplo la historia de la industrialización de Gran Bretaña entre, digamos, 1780 y 1870. Casi no habrá historiador que no trate la Revolución industrial, probablemente sin discusión, como una gran hazaña acarreadora de progreso. También describirá la expulsión del campesinado lejos de sus tierras, el amontonamiento de los obreros en fábricas antihigiénicas y viviendas insalubres, la explotación del trabajo infantil. Dirá seguramente que hubo abusos en el funcionamiento del sistema y que algunos patronos tuvieron menos escrúpulos que otros, y ahondará con cierta unción en el surgir gradual de una conciencia humanitaria, después de establecido el sistema. Pero partirá del supuesto, seguramente sin decirlo de modo explícito, de que las medidas coercitivas y explotadoras eran parte ineludible, durante la primera fase cuando menos, del coste de la industrialización. Tampoco he oído jamás a un historiador que dijera que, en vista del precio, hubiera sido mejor detener la mano del progreso y no industrializar; y de existir tal historiador, seguro que pertenecerá a la escuela de Chesterton y de Belloc, y los historiadores serios dejarán, con razón, de tomarle en serio. Este ejemplo me resulta singularmente interesante porque espero llegar pronto en mi historia de la Rusia soviética al problema de la colectivización campesina, vista como parte del coste de la industrialización; y sé perfectamente que si, imitando a

32.   Boswell, *Life of Doctor Johnson, a. d. 1776* (Everyman, ed., ii, p. 20). Tiene mérito por lo candoroso; Burckhardt (*Judgements on History and Historians*, trad. ing., p. 85) derrama lágrimas sobre los «gemidos silenciados» de las víctimas del progreso, «quienes, por lo común, no quisieron nada fuera de *parta tueri*», mas permanece callado él mismo en lo que hace a los gemidos de las víctimas del antiguo régimen que, en general, no tenían nada que conservar.

los historiadores de la Revolución industrial británica, deploro las brutalidades y los abusos de la colectivización pero trato el problema como parte inevitable del precio que debe satisfacerse por una política de industrialización conveniente cuanto necesaria, seré acusado de cinismo y de laxitud en el enjuiciamiento del mal. Los historiadores hacen gala de esta laxitud cuando enfocan la colonización decimonónica de Asia y de África por parte de las naciones occidentales, justificándola por sus efectos inmediatos en la economía mundial, pero, además, por sus consecuencias a largo plazo para los pueblos atrasados de estos continentes. Al fin y al cabo, se dice, la India contemporánea es hija de la dominación británica; y la China de nuestros días es producto del imperialismo occidental del siglo pasado, mestizado por el influjo de la Revolución rusa. Desgraciadamente, ni los trabajadores chinos que trabajaron en las fábricas poseídas por los occidentales en los puertos que les reconocían los tratados, ni los que trabajaron en las minas sudafricanas, ni los que tuvieron que luchar en el frente occidental durante la Primera Guerra Mundial, han sobrevivido para disfrutar de cualesquiera gloria o ventajas que hayan podido provenir de la Revolución china. Quienes pagan el coste son muy pocas veces los que cosechan los beneficios. El famoso y colorido párrafo de Engels es atinado, para desgracia nuestra:

> La historia es acaso la más cruel de todas las diosas y conduce su carro triunfante por sobre montones de cadáveres, no sólo durante la guerra, sino también en tiempos de desarrollo económico «pacífico». Y nosotros, hombres y mujeres, somos desdichadamente tan estúpidos que nunca nos armamos de valor para el progreso verdadero hasta que nos impulsan unos sufrimientos casi fuera de toda proporción.[33]

El famoso gesto de reto de Ivan Karamazov no pasa de ser una falacia heroica. Hemos nacido en una sociedad, nacemos en la historia. No llega ningún momento en el que se nos ofrezca un billete de entrada, con la opción de aceptarlo o rechazarlo. El historiador no tiene, frente al problema del padecimiento, ninguna solución más definitiva que la del teólogo. También él echa mano de la tesis del mal menor y del mayor bien.

¿Pero no implica sumisión de la historia a un patrón suprahis-

---

33. Carta de 24 de febrero de 1893, a Danielson, en *Karl Marx and Friedrich Engels: Correspondence 1846-1895*, 1934, p. 510.

tórico de valor el hecho de que el historiador, frente al científico, se vea, por la naturaleza misma de su material de trabajo, mezclado en semejantes problemas de juicio moral? No lo creo. Supongamos que nociones abstractas como son lo «bueno» y lo «malo», y otras calificaciones más elaboradas que de ellas parten, se encuentran situadas más allá de las lindes de la historia. Pero aun así, estas abstracciones desempeñan en el estudio de la moralidad histórica un papel muy parecido al de las fórmulas matemáticas y lógicas en la ciencia física. Son categorías imprescindibles del pensamiento, pero carecen de sentido y no pueden aplicarse hasta que se les instila un contenido específico. Si prefieren una metáfora distinta, diremos que los preceptos morales que aplicamos tanto a la historia como a la vida cotidiana son como cheques bancarios: tienen una parte escrita y otra impresa. La parte impresa consiste en palabras abstractas como las de libertad, igualdad, justicia, democracia. Son éstas categorías esenciales. Pero el cheque carece de valor hasta que rellenamos la otra parte, en la que se dice cuánta libertad concedemos a quien, a quienes consideramos como nuestros iguales, y hasta qué punto. La forma en que llenamos el cheque de una vez para otra es algo que depende de la historia. El proceso por el cual se da a las concepciones morales abstractas un contenido histórico específico es un proceso histórico, y además nuestros juicios morales proceden de un marco conceptual que es él mismo creación de la historia. La forma favorita que adopta la controversia internacional contemporánea acerca de los problemas morales es la de un debate acerca de sendas pretensiones de libertad y democracia. Los conceptos son abstractos y universales. Pero el contenido con que se rellenan ha variado en el curso de la historia, de un tiempo para otro, de un lugar para otro; cualquier problema práctico acerca de su aplicación puede sólo ser comprendido y debatido en términos históricos. Pongamos un ejemplo algo menos popular; se ha tratado de utilizar la noción de la «racionalidad económica» como criterio objetivo y no sometido a controversias para juzgar y aquilatar la conveniencia de las políticas económicas. El intento fracasa inmediatamente. Los teóricos educados en la veneración de las leyes de la economía clásica condenan en principio la planificación, calificándola de intromisión irracional en los procesos económicos racionales; así, los planificadores se niegan a que su política de precios esté sujeta a la ley de la oferta y la demanda, y los precios carecen en un sistema planificado de una base racional.

Desde luego, cabe la suposición de que los planificadores obren a menudo de modo irracional, y por lo tanto neciamente. Pero el criterio en función del cual deben ser enjuiciados no es el de la vieja «racionalidad económica» de la economía clásica. Personalmente, prefiero la opinión contraria, que califica de esencialmente irracional la economía incontrolada, inorganizada, del *laissez-faire*, y que ve en la planificación un intento de introducir en el proceso la «racionalidad económica». Pero lo único que me propongo dejar claro ahora es que resulta materialmente imposible erigir un metro abstracto y suprahistórico por el cual se puedan medir las acciones históricas. Ambas partes encuentran inevitablemente en esta medida el contenido específico apropiado a sus condiciones y a sus aspiraciones históricas propias.

Aquí reside la verdadera falta de los que tratan de blandir un criterio o valor suprahistóricos desde los cuales pronunciar sus juicios acerca de acontecimientos o situaciones históricos, derívese su criterio de la autoridad divina postulada por los teólogos, o de una Razón o una Naturaleza, estáticas ambas, al estilo de las postuladas por los filósofos de la Ilustración. No es que sobrevengan percances en la aplicación del patrón, ni que el metro sea defectuoso en sí. Es que el intento mismo de levantar este punto de referencia universal es ahistórico y contradice la propia esencia de la historia. Aporta una respuesta dogmática a las preguntas que su profesión obliga al historiador a plantearse sin cesar: el historiador que acepta de antemano las contestaciones a tales interrogantes sale a trabajar con los ojos vendados y reniega de su profesión. La historia es movimiento, y el movimiento implica comparación. Por eso tienden los historiadores a expresar sus juicios morales en palabras de índole comparativa, como las de «progresivo» y «reaccionario», y no con absolutos rígidos como los de «bueno» y «malo»; se trata de intentos de definir sociedades o fenómenos históricos diversos relacionándolos entre sí, y no refiriéndolos a algún patrón absoluto. Y además, cuando examinamos esos valores supuestamente absolutos y extrahistóricos, vemos que también ellos están de hecho vinculados a la historia. El nacimiento de un valor o ideal determinado, en un momento o en un lugar determinado, queda explicado por las condiciones históricas del momento y del lugar. El contenido práctico de absolutos hipotéticos como la igualdad, la libertad, la justicia o el derecho natural varía de un período a otro, de un continente a otro. Cada grupo tiene sus valores, que están arraigados en la historia. Cada grupo se protege a sí mismo contra la irrupción de valores extraños e inoportunos, que moteja con epítetos envilecedores, como los de burgués y capitalista, o antidemocrático y totalitario, o, más brutalmente aún, antiamericano o antibritánico. La norma de comparación o el valor abstractos, divorciados de la sociedad y dirimidos de la historia, son una entelequia, lo mismo que el individuo abstracto. El historiador serio es aquel que reconoce el carácter históricamente condicionado de todos los valores y no quien reclama para sus propios valores una objetividad más allá del alcance de la historia. Las convicciones que abrigamos y los puntos de referencia de que partimos en nuestros juicios son parte de la historia, y son tan susceptibles de investigación histórica como cualquier otro aspecto de la conducta humana. Pocas ciencias —y las ciencias sociales menos que ninguna— pueden pretender hoy que gozan de una independencia total. Pero la historia no se halla en una situación de fundamental dependencia respecto de algo situado fuera de ella, lo que la diferenciaría de cualquier otra ciencia.

Quisiera ahora resumir lo que llevo dicho acerca de la pretensión de la historia de que se la incluya entre las ciencias. El término «ciencia» abarca ya tan distintas ramas del conocimiento, que se valen de tantos métodos y técnicas diferentes, que la carga de la prueba antes parece corresponder a los que tratan de excluir de la familia de las ciencias a la historia, que a quienes abogan por lo contrario. No es casual que los argumentos en pro de la exclusión no provengan de los científicos deseosos de librar a su selecta compañía de la presencia de los historiadores, sino de historiadores y filósofos que ansían vindicar para la historia la categoría de rama de las humanidades. La disputa refleja el prejuicio de la vieja división entre Ciencias y Letras, en la que éstas, las humanidades, debían representar la amplia cultura de la clase rectora, en tanto que las ciencias representaban la especialización de los técnicos a su servicio. Las propias expresiones de «humanidades» y «humanismo» son en sí mismas, en este contexto, una prueba de supervivencia de tan arraigado prejuicio; y el hecho de que la antítesis entre la ciencia y la historia carezca de sentido en cualquier idioma que no sea el inglés sugiere el carácter específicamente insular del prejuicio. Mi principal objeción contra la negativa a calificar de ciencia a la historia radica en que justifica y perpetúa el abismo entre las llamadas «dos culturas». Este abismo es en sí mismo producto del viejo prejuicio, basado en una estructura de clases de la sociedad inglesa que pertenece también a tiempos dejados atrás; creo yo que la distancia que separa al historiador del geólogo no es por fuerza más infranqueable ni mayor que la que separa al geólogo del físico. Pero no es, a mi juicio, forma de salvar el abismo la de enseñar ciencia elemental a los historiadores e historia elemental a los científicos. Es éste un callejón sin salida al que nos ha llevado la confusión mental. Al fin y al cabo los propios científicos no proceden así. Nunca he sabido de ingenieros a quienes se aconsejara asistir a clases elementales de botánica.

Una solución que se me ocurre es la de mejorar la calidad de nuestra historia, la de hacerla —si me atrevo a decirlo así— más científica, la de endurecer nuestras exigencias hacia quienes quieren seguir esta carrera. La historia, como disciplina académica en esta universidad, reviste para algunos la apariencia de un colector hacia el que confluyen quienes encuentran demasiado difíciles los clásicos y demasiado serias las ciencias. Una impresión que quisiera comunicar con estas conferencias es que la historia es especialidad mucho más difícil que los clásicos, y tan seria como cualquiera de las ciencias. Mas el remedio indicado implicaría, en los propios historiadores, una mayor fe en lo que hacen. Sir Charles Snow, en una reciente conferencia sobre este tema, tenía razón cuando contrastaba el optimismo «agresivo» del científico con la «voz timorata» y el «sentimiento antisocial» del por él denominado «intelectual literario».[34] Algunos historiadores —y más aún algunos de los que escriben acerca de la historia sin ser historiadores— pertenecen a esta categoría de los «intelectuales literarios». Tanto les ocupa decirnos que la historia no es una ciencia y explicarnos lo que no puede ni debe ser o hacer, que no les queda tiempo para explotar toda su riqueza actual y potencial.

La otra forma de sanar la herida consiste en fomentar en científicos e historiadores una mejor comprensión de la identidad de sus metas; y aquí reside la principal importancia del nuevo y creciente interés por la historia y filosofía de la ciencia. Los científicos, los especialistas de las ciencias sociales y los historiadores se encuentran todos trabajando en distintas ramas del mismo estudio: el estudio del hombre y de su mundo circundante, de los efectos de éste sobre el hombre, y de los efectos del hombre sobre el mundo

---

34. C. P. Snow, *The Two Cultures and the Scientific Revolution*, 1959, pp. 4-8.

que le rodea. El objeto que se propone alcanzar la investigación es el mismo: incrementar la comprensión y la dominación de su ambiente por el hombre. Las premisas de partida y los métodos del físico, del geólogo, del psicólogo y del historiador varían mucho en detalle; y no es mi propósito el de sumarme a la opinión de que, para ser más científico, el historiador debe seguir más fielmente los métodos de la física. Pero tanto él como el físico tienen en común el propósito fundamental de tratar de explicar, y el procedimiento fundamental del preguntar y responder. El historiador, lo mismo que cualquier otro científico, es animal que pregunta sin cesar «¿Por qué?». En mi próxima conferencia examinaré los modos de formular la pregunta y las formas en que intenta contestarla.

IV

La causación en la historia

Si se pone leche a hervir en un cazo, rebosa cuando hierve. No sé, ni he querido nunca saber, por qué ocurre; si se insiste mucho, lo atribuiré probablemente a una propensión de la leche a subir, lo que es perfectamente cierto pero no explica nada. Pero es que no soy un especialista de las ciencias naturales y físicas. Del mismo modo, puede leerse o escribirse acerca de los acontecimientos del pasado sin tratar de saber por qué ocurrieron, o decir sólo que la Segunda Guerra Mundial tuvo lugar porque Hitler la quería, lo que es perfectamente cierto pero no explica nada. Pero entonces debe uno abstenerse de cometer el solecismo de llamarse estudiante de historia o historiador. El estudio de la historia es un estudio de causas. El historiador, como dejé dicho al final de mi anterior conferencia, pregunta continuamente ¿Por qué?; y mientras espera poder dar una contestación, no hay descanso para él. El gran historiador —acaso debiera decir, más ampliamente, el gran pensador— es el hombre que plantea la pregunta: ¿Por qué?, acerca de cosas nuevas o en contextos nuevos.

Heródoto, el padre de la historia, definió su meta al principio de su obra: conservar el recuerdo de las hazañas de griegos y bárbaros, «y especialmente, más que nada, decir la causa de que lucharan unos contra otros». Halló pocos discípulos en el mundo antiguo: hasta a Tucídides se ha acusado de no tener una noción clara de la causación.[1] Pero cuando, en el siglo XVIII, empezaron a echarse los fundamentos de la historiografía moderna, Montesquieu, en sus *Consideraciones acerca de las Causas de la Grandeza de los*

---

1. F. M. Cornford, *Thucydides Mythistoricus, passim.*

Romanos y de su Decadencia, partía de los principios de que «existen unas causas generales, sean ellas morales o físicas, que operan en toda monarquía, que la encumbran, la mantienen, y la derrocan», y que «todo cuanto ocurre está sometido a estas causas». Unos años más tarde, en el *Espíritu de las Leyes,* desarrolló y generalizó esta idea. Era absurdo suponer que «un sino ciego ha sido causa de cuantos efectos vemos en el mundo». Los hombres no están «gobernados tan sólo por sus caprichos»; su conducta sigue ciertas leyes o principios derivados de la «naturaleza de las cosas».[2] Durante cerca de 200 años, después, historiadores y filósofos de la historia estuvieron muy atareados buscando organizar la experiencia pasada de la humanidad con el descubrimiento de las causas de los acontecimientos históricos y de las leyes que los rigen. Estas leyes y causas se concibieron unas veces como algo mecánico, y otras en términos biológicos; ya como algo metafísico, ya como algo económico, o como algo psicológico. Pero era doctrina aceptada por todos que la historia consistía en hacer desfilar los acontecimientos del pasado en una secuencia ordenada donde primero venía la causa y detrás seguía el efecto. «Si nada tenéis que decirnos —escribía Voltaire en su artículo sobre la historia, en la *Enciclopedia*— salvo que un bárbaro sucedió a otro en las riberas del Oxus y del Jaxartes, ¿qué más nos da?» En los últimos años, el panorama ha cambiado un tanto. En la actualidad, y por razones que discutimos en la anterior conferencia, ya no hablamos más de «leyes» históricas; y hasta la palabra «causa» ha pasado de moda, debido en parte a ciertas ambigüedades que no he de analizar aquí, y en parte a su supuesta asociación con el determinismo, de que me he de ocupar ahora. Hay pues quienes en vez de hablar de «causa» en historia, aluden a la «explicación» o la «interpretación», o hablan de «la lógica de la situación», o de «la lógica interior de los acontecimientos» (esto procede de Dicey), o si no, rechazan el análisis causal (de *por qué* ocurrió) trocándolo por el enfoque funcional (de *cómo* pasó), a pesar de que esto parece implicar de modo ineludible el problema de cómo llegó a pasar de ese modo, que retrotrae al investigador a la pregunta de ¿Por qué? Otros distinguen entre diferentes clases de causas —mecánicas, biológicas, psicológicas, etcétera— y consideran que la causa histórica es categoría *sui generis.* Aunque algunas de estas discriminaciones tienen cierto grado de

2. *De l'esprit des Lois,* prefacio y cap. I.

validez, acaso sea en este momento más provechoso destacar lo que tienen en común todas las clases de causas que detenernos en lo que las separa unas de otras. Por mi parte, me limitaré a utilizar la palabra «causa» en su acepción vulgar, dejándome de esos refinamientos particulares.

Empecemos por preguntarnos qué hace el historiador en la práctica cuando se encuentra ante la necesidad de atribuir causas a los acontecimientos. La primera característica del enfoque del problema por parte del historiador es que asignará generalmente varias causas al mismo acontecimiento. El economista Marshall escribió una vez que «debe evitarse por todos los medios posibles que se estudie, como muchos hacen, la acción de una causa por separado... sin tener en cuenta las demás, cuyos efectos están fundidos con los de ella».[3] El examinando que, a la pregunta «¿Por qué estalló la revolución en Rusia en 1917?», contestase aludiendo a una sola causa tendría suerte saliendo con un aprobado mondo. El historiador se enfrenta con múltiples causas. Si se encuentra en la necesidad de analizar las causas de la Revolución bolchevique, podrá aludir a las sucesivas derrotas militares rusas, al colapso de la economía rusa bajo la presión de la guerra, a la eficaz propaganda de los bolcheviques, al hecho de que el gobierno zarista no resolviese el problema agrario, a la concentración de un proletariado empobrecido y explotado en las fábricas de Petrogrado, al hecho de que Lenin supiera lo que se proponía y que nadie lo supiera del otro lado: en suma, a todo un conjunto heterogéneo de causas económicas, políticas, ideológicas y personales, de causas a largo y a corto plazo.

Pero esto nos conduce ya a la segunda característica del estudio del historiador. El estudiante que, respondiendo a nuestra pregunta, se limitase a enumerar una tras otra hasta doce causas de la Revolución rusa, sin más podrá ganarse un notable, pero seguramente no una nota mejor; el veredicto del tribunal sería sin duda el de «bien informado pero sin imaginación». El verdadero historiador, puesto ante la lista de causas que lleva reunidas, sentirá una compulsión profesional a reducirlas a un orden, a establecer cierta jerarquía causal que fijará las relaciones entre unas y otras; una necesidad, quizá, de decidir qué causa, o qué clase de ellas, debe considerarse «en última instancia» o «en último análisis» (expre-

---

3. *Memorials of Alfred Marshall*, ed. A. C. Pigou, 1925, p. 428.

siones favoritas de los historiadores) como la causa básica, la causa de todas las causas. Tal es su interpretación de su tema de estudio; se conoce al historiador por las causas que invoca. Gibbon atribuyó la decadencia y la caída del Imperio Romano al triunfo de la barbarie y de la religión. Los historiadores liberales ingleses del siglo XIX atribuyeron el surgir del poder y de la prosperidad británicos al desarrollo de instituciones políticas que encarnaban los principios de la libertad constitucional. Gibbon y los historiadores ingleses del siglo pasado se nos aparecen hoy anticuados porque desatienden las causas económicas que los historiadores contemporáneos han traído al primer plano. Toda discusión histórica gira en torno de la cuestión de la prioridad de las causas.

Henri Poincaré, en la obra que mencioné en mi anterior conferencia, apuntó que la ciencia avanzaba a la vez «hacia la variedad y la complejidad» y «hacia la sencillez y la unidad», y que este doble proceso aparentemente paradójico era condición necesaria para el conocimiento.[4] Esto es no menos cierto en cuanto hace a la historia. El historiador, al ampliar y profundizar su investigación, acumula constantemente más y más respuestas a la pregunta de ¿Por qué? La proliferación estos años de la historia económica, social, cultural e institucional —por no hablar de una penetración nueva de las complejidades de la historia política, ni de las nuevas técnicas de la psicología y de la estadística— ha incrementado enormemente el número y la gama de nuestras respuestas. Cuando Bertrand Russell dijo que «cada paso adelante de la ciencia nos aleja más de las bastas uniformidades primero observadas, llevándonos a una mayor diferenciación de los fenómenos antecedentes y consecuentes y a un círculo cada vez más dilatado de antecedentes reconocidos como relevantes»,[5] describió con precisión la situación de la historia. Pero el historiador, en su necesidad imperativa de comprender el pasado, se ve ante la necesidad al mismo tiempo de simplificar la multiplicidad de sus respuestas, de subordinar una contestación a otra, y de introducir cierto orden y unidad en el caos de los acontecimientos y en la barahúnda de las causas específicas, obrando en todo ello lo mismo que el científico. «Un Dios, una Ley, un Elemento. Y un acontecimiento divino remoto», o la busca, por Henry Adams, de «alguna gran generalización que acabe con la exi-

---

4. H. Poincaré, *La Science et l'Hypothèse*, 1902, pp. 202-203.
5. B. Russell, *Mysticism and Logic*, 1918, p. 188.

gencia de uno de que se le instruya»,[6] todo esto suena a broma anticuada en oídos modernos. Pero sigue en pie el hecho de que el historiador debe trabajar mediante la simplificación tanto como la multiplicación de las causas. La historia, como la ciencia, avanza gracias a este proceso doble y en apariencia contradictorio.

Tengo aquí, en contra de mi deseo, que detenerme en dos obstáculos levantados en nuestro camino: llamados el uno «el Determinismo en la Historia, o la Perversidad de Hegel», y el otro «el Azar en la Historia o la Nariz de Cleopatra». Debo antes que nada decir una o dos palabras acerca de la razón por la que nos los encontramos en este lugar. El profesor Karl Popper, que en los años treinta y tantos escribió en Viena una obra de gran seriedad acerca del nuevo aspecto de la ciencia, traducida hace poco al inglés con el título de *The Logic of Scientific Enquiry*,[7] publicó en inglés durante la guerra dos libros de índole más popular: *The Open Society and its Enemies* y *The Poverty of Historicism*.[8] Fueron escritos bajo la poderosa influencia emocional de la reacción contra Hegel, tratado, junto con Platón, de antecesor espiritual del nazismo, y contra el marxismo más bien superficial que caracterizaba el clima intelectual de la izquierda inglesa de unos años antes. Los blancos principales eran las, a su decir, deterministas filosofías de la historia de Hegel y Marx, que quedaban unidas bajo el concepto vergonzoso de «historicismo».[9] En 1954 sir Isaiah Berlin publicó su *Historical*

6. *The Education of Henry Adams*, Boston, 1928, p. 224.
7. Hay trad. española, *La Lógica de la Investigación Científica*, Madrid, Ed. Tecnos.
8. *The Poverty of Historicism* se publicó por primera vez en forma de libro en 1957, aunque consta de artículos publicados en 1944 y 1945.
9. He eludido el vocablo «historicismo», fuera de una o dos veces en que no era precisa mayor especificación, porque las obras ampliamente difundidas del profesor Popper han vaciado el término de todo contenido preciso. La constante insistencia en la definición de las palabras resulta pedante. Pero hay que saber de qué se habla, y el profesor Popper hace del «historicismo» el cajón de sastre en que junta todas las opiniones acerca de la historia que le desagradan, incluyendo por igual algunas que a mí se me antojan adecuadas y otras que, si no me equivoco, no defiende hoy ningún escritor serio. Como reconoce él mismo, inventa argumentos «historicistas» que no han sido de hecho utilizados por ningún «historicista» de que se tenga noticia (*The Poverty of Historicism*, p. 3). En sus textos, el historicismo abarca tanto las doctrinas que asimilan la historia a la ciencia como aquellas otras que las diferencian de modo tajante. En *The Open Society* se hace de Hegel, que huyó del pronóstico, el gran sacerdote del historicismo; en la introducción de *The Poverty of Historicism* se describe el historicismo como «un enfoque de las ciencias sociales que supone que su meta principal es el *pronóstico histórico*». Hasta entonces el término «*historicism*» se había venido usando corrientemente como la traducción inglesa del alemán «*Historismus*»; mas el profesor Popper distingue entre «historicismo» e «historismo», añadiendo así un elemento más

Inevitability. Dejó el ataque contra Platón, acaso por cierto respeto cohibidor hacia ese viejo pilar del «sistema» de Oxford,[10] y añadió a la acusación el cargo, que falta en Popper, de que el «historicismo» de Hegel y de Marx es censurable porque, al explicar las acciones humanas en términos causales, implica la negación del libre albedrío humano, y estimula a los historiadores a que abandonen su obligación supuesta de que hablé en mi anterior conferencia: la de pronunciar la sentencia moral condenatoria contra los Carlomagno, los Napoleón y los Stalin de la historia. Fuera de esto, no es mucha la novedad. Pero sir Isaiah es escritor merecidamente popular y ampliamente leído. Durante los últimos cinco o seis años, casi no ha habido en este país o en Estados Unidos quien escribiese un artículo con la historia por tema, o una crítica seria de una obra histórica, sin sacar la lengua con aire entendido a Hegel, Marx y el determinismo, y sin apuntar lo absurdo que resulta desconocer el papel que desempeña el accidente en la historia. Quizá sea poco correcto hacer a sir Isaiah responsable de sus discípulos. Hasta cuando se pierde en dislates, se hace merecedor de nuestra indulgencia haciéndolo de una forma estimulante y atractiva. Sea como sea, no hay nada nuevo en todo ello. Charles Kingsley, que no fue el más distinguido de los profesores que ocuparon la cátedra Regius de Historia Moderna, y que seguramente no había leído nunca a Hegel ni oído hablar de Marx, mencionó en su conferencia inaugural de 1860 el «poder misterioso [que tiene el hombre] de quebrantar las leyes de su propio ser», como prueba de que no puede haber en la historia ninguna «secuencia ineludible».[11] Pero afortunadamente habíamos olvidado a Kingsley. Son el profesor Popper y sir Isaiah Berlin quienes, juntos, han forzado este caballo de batalla muerto desde antiguo a volver a una vida aparente; y hará falta alguna paciencia antes de que vuelva a normalizarse la situación.

Me ocuparé, pues, del determinismo primero, al que definiré, espero que sin dar pie a controversia, como la convicción de que

---

de confusión a la ya confusa utilización del término. M. C. d'Arcy, en *The Sense of History: Secular and Sacred* (1959, p. 11), usa la palabra «historicismo» como «idéntica a una filosofía de la historia».

10.   Sin embargo, el ataque contra Platón como el primero de los fascistas partió de un hombre de Oxford, R. H. Crossman, en una serie de conferencias radiofónicas: *Plato Today* (1937).

11.   C. Kingsley, *The Limits of Exact Science as Applied to History*, 1860, p. 22.

todo cuanto ocurre tiene una o varias causas, y no podía haber ocurrido de otro modo más que si algo, en la causa o las causas, hubiese sido asimismo distinto.[12] El determinismo es un problema, no de la historia, sino de toda conducta humana. El ser humano cuyas acciones no tienen causa, y son por lo tanto indeterminadas, es una abstracción tanto como el individuo situado al margen de la sociedad, del que hablamos en una de las anteriores conferencias. El aserto del profesor Popper de que «todo es posible en las cosas humanas»,[13] o nada significa, o es falso. Nadie, en la vida de cada día, puede creer cosa semejante. El axioma de que todo tiene causa es una condición de nuestra capacidad de comprender lo que a nuestro alrededor acontece.[14] La pesadilla que emana de las novelas de Kafka proviene de que nada de lo que ocurre parece tener causa determinada alguna, ni causa que pueda descubrirse: lo que conduce a la total desintegración de la personalidad humana, que se basa en la suposición de que los acontecimientos tienen causas, y de que pueden descubrirse bastantes de estas causas como para elaborar en la mente humana una imagen del pasado y del presente lo suficientemente coherente como para servir de guía para la acción. La vida cotidiana sería imposible de no suponerse que el comportamiento humano esta determinado por causas descubribles en principio. Érase una vez un tiempo en que los hombres pensaron que era blasfemo investigar en las causas de los fenómenos naturales, porque éstos estaban obviamente regidos por la divina voluntad. La objeción de sir Isaiah Berlin a nuestra explicación de por qué los seres humanos obran como lo hacen, partiendo de la base de que el albedrío humano es quien gobierna las acciones humanas, pertenece al mismo orden de ideas, y acaso indica que las ciencias sociales se hallan hoy en la misma fase de desarrollo que las ciencias de la naturaleza cuando se utilizaba contra ellas este argumento.

12. «Determinismo... significa... que, siendo los datos lo que son, lo que ocurre acaece de modo específico y no podría ser distinto. Pensar que podría serlo, implica nada más que lo sería si los datos fueran otros» (S. W. Alexander, en *Essays Presented to Ernst Cassirer*, 1936, p. 18).

13. K. R. Popper, *The Open Society*, 2.ª ed., 1952, ii, p. 197.

14. «La ley de causalidad no nos viene impuesta por el mundo», sino que «acaso sea el mejor método de adaptarnos nosotros al mundo» (J. Rueff, *From the Physical to the Social Sciences*, Baltimore, 1929, p. 52). El propio profesor Popper (*The Logic of Scientific Enquiry*, p. 248) califica la creencia en la causalidad de «hipostatización metafísica de una norma metodológica justamente acreditada».

Veamos cómo resolvemos este problema en la vida de cada día. Cuando vais a vuestras ocupaciones cotidianas soléis encontraros con Smith. Le saludáis con una observación, afable pero trivial, acerca del tiempo, o acerca del estado en que se encuentran los asuntos del *college* o de la Universidad; contesta con otra observación igualmente amigable y sin interés, acerca del mismo punto. Pero supongamos que una mañana Smith, en vez de responder a vuestro saludo como siempre, prorrumpe en una violenta diatriba contra vuestra persona. ¿Os encogeréis de hombros tratando el exabrupto como una manifestación del libre albedrío de Smith y del hecho de que todo es posible en las cosas humanas? Me temo que no. Antes bien, diréis probablemente algo así como: «¡Pobre Smith!, como usted seguramente sabe, su padre falleció en un hospital mental», o si no, «¡Pobre Smith!, debe de tener más problemas con su mujer». Es decir, trataréis de diagnosticar la causa del comportamiento, aparentemente desprovisto de ella, de Smith con la convicción firme de que hay una causa. Al hacer así, incurriréis, ¡ay!, en la ira de sir Isaiah Berlin, que se lamentaría amargamente de que, con aportar una explicación causal del comportamiento de Smith, habéis caído en la presunción determinista de Hegel y de Marx, y habéis eludido vuestra obligación de denunciar a Smith por grosero. Pero, en la vida ordinaria, nadie adopta este punto de vista, nadie supone que se trate de un problema donde entran en juego el determinismo o la responsabilidad moral, con incompatibilidad recíproca. El dilema lógico del libre albedrío o del determinismo no se plantea en la vida real. No se trata de que unas acciones humanas sean libres y otras no lo sean. El hecho es que todas las acciones humanas son tanto libres como determinadas, según el punto de vista desde el cual se las considera. El problema práctico que se plantea es también distinto. El acto de Smith tuvo una o varias causas; pero en la medida en que vino causado, no por alguna compulsión exterior, sino por imperativo de su propia personalidad, Smith era moralmente responsable, porque es condición de la vida social que los seres humanos adultos normales sean moralmente responsables de su propia personalidad. Si debe hacérsele responsable en este caso concreto, es cosa que depende de vuestro juicio particular. Pero en caso afirmativo, eso no significa que pensáis que no tiene causa su acción: la causa y la responsabilidad moral son categorías distintas. Se acaban de establecer en esta Universidad un Instituto y una Cátedra de Criminología. Estoy seguro de que a ninguno de los que trabajan en la investigación de las causas del crimen se le ocurrirá suponer que esa tarea le obliga a negar al criminal su responsabilidad moral.

Pero volvamos al historiador. Lo mismo que el hombre ordinario, cree que las acciones humanas tienen unas causas que en principio pueden descubrirse. La historia, lo mismo que la vida de cada día, sería imposible si no se partiera de este supuesto. Función especial del historiador es la de investigar dichas causas. Puede pensarse que esto despierta en él un interés particular hacia el aspecto determinado del comportamiento humano: mas no rechaza el libre albedrío —salvo cuando se basa éste en la hipótesis insostenible de que las acciones voluntarias no tienen causa—. Como tampoco le turba la cuestión de lo ineludible. Los historiadores, como otros, caen a veces en la retórica, y dicen de un acontecimiento que era «inevitable», queriendo decir tan sólo que la confluencia de factores que lo hacían probable era arrolladora. Escudriñé recientemente mi propia historia en busca de la palabra incriminadora, y no puedo otorgarme certificado de salud plena: en un párrafo escribí que, después de la Revolución de 1917, un choque entre los bolcheviques y la Iglesia ortodoxa era «inevitable». No cabe duda de que mejor hubiera sido escribir: «probabilísimo». Pero ¿se me excusará si digo que encuentro la corrección un tanto pedante? En la práctica, los historiadores no suponen que un acontecimiento es ineluctable antes de que haya ocurrido. Suelen discutir caminos alternativos por los que podían haber tomado los actores de la narración, partiendo de la idea de que la opción era posible, aunque continúan, con razón, explicando por qué se siguió una vía en vez de la otra. Nada es inevitable en la historia, salvo en el sentido formal de que, de haber ocurrido de otro modo, hubiera sido porque las causas antecedentes eran necesariamente otras. Como historiador, estoy perfectamente dispuesto a renunciar a los términos de «inevitable», «indefectible», «inexorable» y aun «ineludible». La vida resultará más monótona. Pero dejemos que poetas y metafísicos hagan de ellas su patrimonio exclusivo.

Tan vacío de contenido y poco a propósito parece este cargo de la inevitabilidad, y es tanta la vehemencia con que ha sido esgrimido en los últimos años, que creo que hemos de buscar los motivos ocultos detrás. Si no me equivoco, su fuente principal es la escuela de pensamiento, o mejor dicho de emoción, que llamaré de «lo que pudo haber sido y no fue». Se ceba casi sólo en la historia con-

temporánea. El curso pasado vi el anuncio aquí en Cambridge de
una conferencia a cierta sociedad, titulada: «¿Era inevitable la Revolución rusa?». Estoy seguro de que la intención era de lo más seria. Pero si hubiesen visto un anuncio que dijera: «¿Era inevitable
la Guerra de las dos Rosas?», seguro que hubieran sospechado una
broma. El historiador habla de la conquista de los normandos o de
la guerra de la independencia norteamericana como si lo que pasó
no hubiera tenido más remedio que pasar, y como si su obligación
fuera tan sólo la de explicar lo que ocurrió, y por qué ocurrió; y nadie le acusa de ser un determinista o de no discutir la posibilidad
alternativa de que Guillermo el Conquistador o los insurgentes
norteamericanos hubiesen sido derrotados. Sin embargo, cuando
escribo acerca de la Revolución rusa de 1917 exactamente de este
modo —el único posible para el historiador—, me veo sometido al
fuego de mis críticos por haber descrito implícitamente lo que ocurrió como algo que no tenía más remedio que ocurrir, y por no haber examinado todas las demás cosas que podían haber sucedido.
Supóngase, dicen, que Stolypin hubiera tenido tiempo de completar su reforma agraria, o que Rusia no hubiese ido a la guerra, y
puede que la revolución no hubiera tenido lugar; y supóngase si no
que el gobierno Kerensky hubiese resultado bueno, y que el liderato de la revolución lo hubieran asumido los mencheviques o los
social-revolucionarios en vez de los bolcheviques. Son éstas suposi-
ciones teóricamente concebibles; y siempre se puede uno entrete-
ner como con un juego de salón con los «pudo ser pero no fue» de
la historia. Pero nada tiene que ver con el determinismo porque el
determinista se limitará a contestar que, de haber acaecido estas cosas, también las causas hubieran tenido que ser otras. Ni tampoco
tienen nada que ver con la historia. El hecho es que hoy nadie desea seriamente trastocar los resultados de la conquista normanda o
de la independencia norteamericana, ni exteriorizar un alegato
apasionado contra estos acontecimientos; y por eso nadie protesta
cuando el historiador los trata como asuntos terminados. Pero son
muchos los que, habiendo sufrido directa o indirectamente de la
victoria bolchevique, o temiendo todavía sus más remotas consecuencias, anhelan hacer constar su protesta contra ella; y esta ansia
cobra la forma, cuando leen historia, de un abandono a su imaginación, que se pierde en sueños acerca de todas las cosas más agra-
dables que podían haber sucedido, y de un sobresalto de indigna-
ción cuando el historiador procede tranquilamente a su tarea de

explicar lo que pasó y las razones por las que se incumplieron sus más gratos deseos. El problema de la historia contemporánea es que viven quienes recuerdan la época en que todavía existían todas las opciones, y les parece difícil adoptar la postura del historiador para quien han quedado todas canceladas por el hecho consumado. Estamos ante una reacción puramente emocional y ahistórica. Y, no obstante, es ella la que ha abastecido en las más de sus municiones la reciente campaña contra la supuesta «inevitabilidad histórica». Dejemos de una vez por todas el paso franco de este obstáculo.

La otra fuente de la agresión debe buscarse en el arcano de la nariz de Cleopatra. Es la teoría según la cual la historia consiste, en rasgos generales, en una serie de acontecimientos determinados por coincidencias fortuitas, y tan sólo atribuibles a las causas más casuales. El resultado de la batalla de Actium no se debió a las causas que suelen exponer los historiadores, sino al encantamiento amoroso en que Cleopatra tenía a Antonio. Cuando Bayaceto prescindió por un ataque de gota de marchar sobre Europa central, observó Gibbon que «un humor acrimonioso que afecte una sola fibra de un solo hombre puede prevenir o suspender la miseria de las naciones».[15] Cuando el rey Alejandro de Grecia murió, en otoño de 1920, del mordisco de un mono domesticado que tenía, este accidente disparó toda una cadena de acontecimientos que hicieron que sir Winston Churchill apuntase: «Murió un cuarto de millón de personas del mordisco de aquel mono».[16] O véase, por ejemplo, el comentario de Trotsky acerca de la fiebre que contrajo en una cacería de patos, y que le inmovilizó en el momento crítico de su pelea con Zinoviev, Kamenev y Stalin, en otoño de 1923: «Puede preverse una revolución o una guerra, pero resulta imposible prever las consecuencias de una cacería otoñal de patos salvajes».[17] Lo primero que debe dejarse claro es que lo que aquí se discute no tiene nada que ver con el determinismo. El enamoramiento de Antonio, el ataque de gota de Bayaceto o el catarro febril de Trotsky fueron tan causalmente determinados como cualquier otra cosa que ocurre. Es descortesía gratuita hacia la belleza de Cleopatra sugerir que el enamoramiento de Antonio no tenía causa. La conexión en-

15. *Decline and Fall of the Roman Empire*, cap. lxiv.
16. W. Churchill, *The World Crisis: The Aftermath*, 1929, p. 386.
17. L. Trotsky, *My Life*, trad. ing., 1930, p. 425.

tre la belleza femenina y el enamoramiento masculino es una de las secuencias de causa y efecto más regulares que observamos en la vida cotidiana. Estos llamados accidentes representan una secuencia de causa y efecto que viene a interrumpir —y por así decirlo a chocar con ella— la secuencia cuya investigación interesa primordialmente al historiador. Bury habla atinadamente de una «colisión entre dos cadenas causales independientes».[18] sir Isaiah Berlin, que inaugura su ensayo *The Historical Inevitability* encomiando y citando un artículo de Bernard Berenson acerca de «La Noción Accidental de la Historia», pertenece a la categoría de quienes confunden accidente, en esta acepción, con ausencia de determinación causal. Pero obviada esta confusión, nos hallamos con un problema real entre las manos. ¿Cómo podemos descubrir en la historia una secuencia coherente de causa y efecto, cómo podemos encontrar un significado en la historia, si en cualquier momento nuestra secuencia puede verse quebrada o desviada de su curso por otra secuencia, irrelevante desde nuestro punto de vista?

Conviene que nos detengamos aquí un instante para aludir al origen de esta reciente y difundida insistencia acerca del papel del azar en la historia. Polibio parece haber sido el primer historiador que se ocupó de él de modo sistemático; y Gibbon no tardó en encontrar la razón de ello y exponerla públicamente: «Los griegos», observaba éste, «después de reducido su país a provincia, no imputaban los triunfos de Roma al mérito, sino a la fortuna de la república».[19] Tácito, también historiador de la decadencia de su país, fue otro de los historiadores antiguos que se entregaron a largas disquisiciones acerca del azar. La renovada insistencia, por parte de los escritores británicos, en la importancia del accidente en la historia, viene de la época, inaugurada el siglo presente, y acentuada ya a contar de 1914 en que crecía una sensación de incertidumbre y de aprensión. El primer historiador británico que pulsara esta nota después de un largo intervalo parece haber sido Bury, quien,

18. Para el argumento de Bury acerca del particular, véase *The Idea of Progress*, 1920, pp. 303-304.

19. *Decline and Fall of the Roman Empire*, cap. 38. Resulta divertido apuntar que los griegos, después de su conquista por los romanos, dieron también en entretenerse con el juego histórico de los «pudo ser pero no fue», consuelo favorito de los derrotados: si Alejandro Magno no hubiese muerto joven, se decían, «habría conquistado occidente, y Roma habría pasado a ser súbdito de los reyes griegos» (K. von Fritz, *The Theory of the Mixed Constitution in Antiquity*, Nueva York, 1954, p. 395).

en un artículo de 1909 acerca del «Darwinismo en la Historia», llamó la atención sobre «el elemento de la coincidencia casual», que «ayuda» en medida no pequeña «a determinar los acontecimientos en la evolución social»; y el año 1916, dedicó un artículo por separado a este tema, titulado: «La Nariz de Cleopatra».[20] H. A. L. Fisher, en párrafo ya citado, reflejo de su desilusión ante el desmoronamiento de los sueños liberales después de la Primera Guerra Mundial, suplica a sus lectores que reconozcan «el papel de lo contingente y lo imprevisto» en la historia.[21] La popularidad, en este país, de una teoría de la historia que hace de ésta un capítulo de accidentes, ha coincidido con el nacimiento, en Francia, de una escuela de filósofos que predican que la existencia —cito el famoso *El Ser y la Nada* de Sartre— «no tiene causa, ni razón, ni es necesaria». En Alemania, el anciano historiador Meinecke, como ya dejamos dicho, se impresionó al final de su vida ante la importancia del papel que el azar desempeña en la historia. Afeó a Ranke no haber dedicado bastante atención a este fenómeno; y después de la Segunda Guerra Mundial, atribuyó los desastres nacionales de los pasados cuarenta años a una serie de accidentes, la vanidad del Kaiser, la elección de Hindenburg para la presidencia de la república de Weimar, el carácter obseso de Hitler, etc.; la bancarrota, en suma, de la mente de un gran historiador bajo la presión de los infortunios de su país.[22] En un grupo o una nación que navega por los acontecimientos históricos con vientos adversos, las teorías que destacan el papel del azar o del accidente en la historia son las que prevalecen. La idea de que los resultados de los exámenes son todos una lotería será siempre popular entre los que no pasaron del aprobado.

Pero una cosa es revelar las fuentes de que mana una convicción y muy otra demostrar su error; y todavía nos queda por descubrir qué es con exactitud lo que hace la nariz de Cleopatra en las

---

20. Los dos artículos a que aquí se alude se hallan reimpresos en J. Bury, *Selected Essays* (1930); para los comentarios de Collingwood acerca de los puntos de vista expresados por el primero, consúltese *The Idea of History*, pp. 148-150.

21. Para el párrafo, véase p. 57, *supra*. La cita que hace Toynbee de la sentencia de Fisher en *A study of History*, v. 414 (hay trad. esp.), revela un total error en la comprensión: la considera producto de la «creencia occidental contemporánea en la omnipotencia del azar», que «dio origen» al *laissez-faire*. Los teóricos del *laissez-faire* no creían en el azar, sino en la mano oculta que imponía regularidades beneficiosas a la diversidad del comportamiento humano; y la observación de Fisher no es producto del liberalismo del *laissez-faire*, sino de su quiebra entre las dos guerras mundiales.

22. Los párrafos significativos para el caso vienen citados por W. Stark en su introducción a F. Meinecke, en *Machiavellism*, pp. xxxv-xxxvii.

páginas de la historia. Parece que el primero en tratar de defender las leyes de la historia contra esta intromisión fue Montesquieu. «Si una causa particular, como el resultado accidental de una batalla, ha reducido un Estado a la nada —escribió en su obra acerca de la grandeza y la decadencia de los romanos— es porque habla una causa general que hizo que dicho Estado pudiese hundirse con una sola batalla.» Los marxistas también han tenido ciertas dificultades con este problema. Marx no escribió más que una vez acerca de él, y sólo en una carta:

> La historia mundial tendría un carácter muy místico si no hubiese en ella lugar para el azar. Este mismo azar se convierte naturalmente en parte de la línea general de desarrollo y viene compensado por otras formas de azar. Pero la aceleración y el retraso dependen de elementos accidentales como éstos, en los que se incluye el carácter «usual» de los individuos que se encuentran al frente de un movimiento que se inicia.[23]

Marx ofrecía así una apología del azar en la historia desde un triple punto de vista. En primer lugar, no es muy importante; puede «acelerar» o «retardar», pero está implícito que no puede alterar de modo radical el curso de los acontecimientos. En segundo lugar, un azar viene contrarrestado por el otro, de forma que a la postre el elemento casual se ha eliminado a sí mismo. Tercero: el azar se ilustra especialmente en el carácter de los individuos.[24] Trotsky reforzó la teoría de la compensación y el autocancelamiento de los accidentes mediante una analogía ingeniosa:

> El proceso histórico todo él es una refracción de la ley histórica al pasar por lo accidental. Con jerga biológica, diríamos que la ley histórica se realiza mediante la selección natural de los accidentes.[25]

Confieso que ni me satisface ni me convence esta teoría. El papel que en la historia desempeña el accidente se viene exagerando mucho en nuestros días, y lo hacen quienes están interesados en destacar su importancia. Pero existe, y decir que solamente acelera o

---

23. Marx y Engels, *Obras* (ed. rusa), xxxvi, p. 108.
24. Tolstoy, en *Guerra y Paz*, epílogo, i, ponía el «azar» y «el genio» en pie de igualdad, viendo en ellos una manifestación de la humana incapacidad de comprender las causas últimas.
25. L. Trotsky, *My Life*, 1930, p. 422.

o retarda pero no altera, no pasa de ser tanto como jugar con las palabras. Como tampoco veo razón alguna para pensar que un acaecimiento accidental —como la muerte prematura de Lenin a los 54 años— venga automáticamente compensado por otro accidente de forma que quede restablecido el equilibrio del proceso histórico.

Igualmente impropio es el punto de vista que sostiene que el accidente en la historia es mera medida de nuestra ignorancia —nada más que un nombre para calificar algo que ignoramos—.[26] Desde luego, esto ocurre a veces. Los planetas recibieron su nombre, que como se sabe significa «paseantes sin itinerario fijo», cuando se suponía que pasaban por el firmamento sin rumbo fijo, y no se comprendía la regularidad de sus movimientos. Decir que algo ha sido un azar desafortunado es una de las formas más frecuentes de eximirse de la cansada obligación de examinar sus causas; y cuando alguien me dice que la historia es una sucesión de accidentes, tiendo a sospechar la presencia, en mi interlocutor, de cierta pereza mental o de una corta vitalidad intelectual. Es práctica corriente entre los historiadores serios apuntar que algo que hasta la fecha se había tratado como elemento accidental no lo era en absoluto, pues cabe una explicación racional y puede encajarse de modo significativo en el marco más amplio de los acontecimientos. Pero tampoco contesta ello del todo a nuestra pregunta. El accidente no es sencillamente algo que no comprendemos. La solución del problema del accidente en la historia debe, a mi juicio, buscarse dentro de un orden de ideas totalmente distinto.

Ya vimos anteriormente que la historia empieza con la selección y el encaminamiento de los hechos, por parte del historiador, hacia su conversión en hechos históricos. No todos los hechos son históricos. Pero la distinción entre hechos históricos y hechos ahistóricos no es ni rígida ni constante; y, por decir así, cualquier hecho puede ser ascendido a la categoría de hecho histórico después de comprobadas su relevancia y su importancia. Vemos ahora que en la forma de enfocar el historiador el estudio de las causas estamos ante un proceso hasta cierto punto parecido. La relación del historiador con sus causas tiene el mismo carácter doble y recíproco que la relación que le une a sus hechos. Las causas determinan

---

26. Así lo veía Tolstoy: «Nos vemos compelidos a recaer en el fatalismo como explicación de acontecimientos irracionales, es decir, de acontecimientos cuya racionalidad no alcanzamos a comprender» (*Guerra y Paz*, libro IX, cap. I); véase también § cit., p. 136, nota 24.

su interpretación del proceso histórico, y su interpretación determina la selección que de las causas hace, y su modo de encauzarlas. La jerarquía de las causas, la importancia relativa de una u otra causa o de este o aquel conjunto de ellas, tal es la esencia de su interpretación. Y esto aporta la clave del problema de lo accidental en la historia. La forma de la nariz de Cleopatra, el ataque de gota de Bayaceto, el mordisco del simio, letal para el rey Alejandro, la muerte de Lenin, fueron todos ellos accidentes que modificaron el curso de la historia. Resulta vano tratar de suprimirlos, o pretender que, de una u otra forma, carecieron de efecto. Por otra parte, en la medida en que fueron accidentales, no forman parte de una interpretación racional de la historia, ni de la jerarquía que de las causas significativas tiene compuesta el historiador. El profesor Popper y el profesor Berlin —los vuelvo a citar como los miembros más distinguidos y más leídos de la escuela que representan— parten de la idea de que el intento del historiador de hallar significado en el proceso histórico y de deducir consecuencias de él, es tanto como tratar de reducir «el conjunto de la experiencia» a un orden simétrico, y que la presencia del accidente en la historia condena de antemano al fracaso todo lo que en este sentido se trate de hacer. Pero ningún historiador cuerdo intenta nada tan fantástico como abarcar «el conjunto de la experiencia»; no puede abarcar más que una reducidísima fracción de los hechos, aun dentro de su sector propio o del aspecto de la historia que ha escogido. El mundo del historiador, lo mismo que el mundo del científico, no es copia fotográfica del mundo real, sino más bien modelo operativo que le permite, con eficacia variable, comprenderlo o dominarlo. El historiador destila de la experiencia del pasado, o de tanta experiencia pasada como llega a conocer, aquella parte que le parece reducible a una explicación y una interpretación racionales, y de ello deduce unas conclusiones que podrán servir de guía para la acción. Un popular y reciente escrito, hablando de los logros de la ciencia, se refiere gráficamente a los procesos de la mente humana que, «escarbando en el amasijo deforme de los "hechos" observados, selecciona, compone y sistematiza los datos *relevantes* observados, desechando los que son *irrelevantes,* hasta que tiene cosido un tejido de "conocimiento" racional y lógico».[27] Con algún reparo acerca de los peligros del subjetivismo exagerado, aceptaría

27.   L. Paul, *The Annihilation of Man*, 1944, p. 147.

estas palabras como imagen del modo en que trabaja la mente del historiador.

Puede que este procedimiento sorprenda a los filósofos y aun a algunos historiadores. Pero es algo con que están perfectamente familiarizadas las personas corrientes que vacan a sus tareas prácticas. Pondremos un ejemplo. Jones, de regreso de una fiesta en la que consumió más de su cuota normal de alcohol, y al volante de un coche cuyos frenos resultan no del todo eficaces, atropella y mata, en un cruce notoriamente sin visibilidad, a Robinson, que atravesaba el arroyo para comprar unos cigarrillos en la tienda situada en el cruce mismo. Después de resueltos los problemas inmediatos, nos congregamos, en la comisaría local por ejemplo, para inquirir las causas del acontecimiento. ¿Se debió al estado de semiembriaguez en que se encontraba el conductor, en cuyo caso habría pie para incriminación penal? ¿O se debió a los frenos deficientes, en cuyo caso habrá que decir dos palabras al garaje a cuyo cargo corrió la revisión del coche una semana antes? ¿O debe pensarse que se debió al cruce sin visibilidad, debiendo entonces llamarse la atención de las autoridades responsables? Mientras nos hallamos discutiendo estas cuestiones prácticas, irrumpen en la habitación dos caballeros —que no trataré de identificar— y se ponen a explicarnos, con verbo fácil y convincente, que de no haber quedado sin tabaco Robinson, no habría cruzado la calle ni por lo tanto habría sido atropellado: que el deseo de fumar de Robinson fue por lo tanto causa del óbito; y que la encuesta que olvide este elemento causal será tiempo malgastado, y las conclusiones que de ella se deduzcan carentes de sentido y fútiles. Bueno, ¿qué hacemos? En cuanto se nos deja una oportunidad de penetrar en ese torrente de elocuencia, vamos llevando amable pero firmemente a nuestros dos visitantes hacia la puerta, y damos al portero instrucciones de no dejarles entrar de nuevo bajo ningún pretexto, volviendo a nuestra encuesta. Mas ¿qué respuesta tenemos para nuestros entrometidos? Desde luego murió Robinson por fumador. Todo lo que puedan decir los devotos del azar y de lo contingente en la historia es perfectamente cierto y perfectamente lógico. Tienen sus argumentos esa lógica implacable que hallamos en *Alicia en el País de las Maravillas* y en *A través del Espejo*. Pero, mientras que a nadie cedo en la intensidad de mi admiración por estos maduros ejemplos de la erudición de Oxford, prefiero conservar mis diferentes tipos de lógica en compartimientos aparte. La manera de Dodgson no es la manera histórica.

La historia es, por lo tanto, un proceso de selección que se lleva a cabo atendiendo a la relevancia histórica. Volviendo a tomar la frase de Talcott Parsons, la historia es un «sistema selectivo» de orientaciones, no sólo cognitivas, sino también causales, hacia la realidad.

Así como el historiador selecciona del océano infinito de los datos los que tienen importancia para su propósito, así también extrae de la multiplicidad de las secuencias de causa y efecto las históricamente significativas, y sólo ellas; y el patrón por que se rige la relevancia histórica es su capacidad de hacerlas encajar en su marco de explicación e interpretación racionales. Las otras secuencias de causa y efecto deben rechazarse como algo accidental, no porque sea distinta la relación de causa y efecto, sino porque la propia secuencia es irrelevante. El historiador nada puede hacer con ella: no es reducible a una interpretación racional, carece de significado tanto para el pasado como para el presente. Verdad es que la nariz de Cleopatra, o la gota de Bayaceto, o el mordisco que infligió cierto mono a Alejandro, o la muerte de Lenin, o el hecho de que Robinson fumase cigarrillos, tuvieron resultados. Pero carece de sentido la proposición general de que los generales pierden las batallas porque están enamorados de reinas guapas, o que las guerras ocurren porque los reyes tienen monos domesticados, o que hay atropellos y muertes en las carreteras porque la gente fuma cigarrillos. En cambio, si se dice al hombre de la calle que Robinson murió porque el conductor estaba ebrio, o porque los frenos no funcionaron, o porque había en la carretera un cruce sin visibilidad, le parecerá una explicación perfectamente adecuada y racional; y si opta por pronunciarse, es probable que diga que ésta y no el deseo de fumar en Robinson fue la causa «real» de su atropello mortal. Del mismo modo, si se dice al estudiante de historia que las luchas habidas en la Unión Soviética en los años veinte se debieron a discusiones acerca del ritmo de industrialización, o acerca del mejor procedimiento para inducir a los campesinos a cultivar trigo para alimentar las ciudades, o aun a las ambiciones personales de líderes rivales, pensará que son éstas explicaciones racionales e históricamente significativas, queriendo decir que también pueden aplicarse a otras situaciones históricas; y que son causas «reales» en el sentido en que el accidente de la muerte prematura de Lenin no lo fue. Hasta puede que, si es dado a la reflexión acerca de estas cosas, recuerde el tan citado como mal comprendido aserto de Hegel, en la introducción de su *Filosofía del Derecho,* de que «todo lo racional es real, y todo lo real es racional».

Volvamos a detenernos aunque sólo sea un instante en las causas de la muerte de Robinson. No nos resultó difícil reconocer que algunas causas eran racionales y «reales» en tanto que otras eran irracionales y accidentales. Pero ¿a qué criterio atendimos al distinguir de esta forma? La facultad de razonar se suele ejercer con algún fin. Puede ocurrir que los intelectuales razonen, o piensen que razonan, por entretenerse. Pero, en general, los seres humanos razonan por algo. Y cuando reconocíamos como racionales ciertas explicaciones, y cuando descartábamos otras por irracionales, estábamos, en mi opinión, discriminando entre explicaciones que sirven un fin y las que no lo sirven. En el caso que ahora discutimos, tenía sentido suponer que la disminución de los excesos alcohólicos en los conductores, o un mayor control de la condición de los frenos, o la mejora de la construcción y diseño de las carreteras pueden servir al fin de reducir el número de las muertes producidas en el tráfico. Pero carecía totalmente de sentido suponer que el número de éstas menguaría impidiendo que se fumen cigarrillos. Tal era el criterio en que apoyamos nuestra distinción. Y lo mismo puede decirse de nuestra actitud ante las causas de la historia. También aquí discriminamos entre causas racionales y causas accidentales. Las primeras, por ser potencialmente aplicables a otros países, otros períodos y condiciones otras, conducen a generalizaciones y lecciones fructíferas que pueden deducirse de ellas: sirven el fin de ensanchar y profundizar nuestra comprensión.[28] Las causas accidentales no pueden generalizarse; y como son exclusivas en la plena acepción de la palabra, ni nos enseñan lecciones ni nos llevan a conclusiones. Pero aquí quiero indicar otra cosa más. Es precisamente esta noción de una meta por alcanzar lo que da su clave a nuestro enfoque de la causación en la historia; y esto implica por fuerza juicios de valor. La interpretación en la historia,

---

28. El profesor Popper tropieza aquí, pero sin percatarse de ello. Tras asumir «una pluralidad de interpretaciones que se encuentran fundamentalmente al mismo nivel tanto de sugestividad como de arbitrariedad» (cualquiera que sea el sentido concreto de ambas palabras), añade en un paréntesis que «algunas de ellas pueden destacarse por su fertilidad, punto éste de alguna importancia» (*The Poverty of Historicism,* p. 151). No es *un* punto de alguna importancia; es *el* punto que prueba que el «historicismo» (en algunas acepciones del término) no es tan pobre al fin y al cabo.

como vimos en nuestra conferencia anterior, viene siempre ligada a juicios valorativos, y la causalidad está vinculada a la interpretación. Con palabras de Meinecke —el gran Meinecke, el de los años veinte—, «la busca de causalidades en la historia es imposible sin la referencia a los valores... detrás de la busca de las causalidades siempre está, directa o indirectamente, la busca de valores».[29] Esto nos recuerda lo que dije antes acerca de la doble y recíproca función de la historia, de fomentar nuestra comprensión del pasado a la luz del presente y la del presente a la luz del pasado. Todo lo que, como el loco enamoramiento de Antonio por la nariz de Cleopatra, deja de contribuir a esta doble meta resulta muerto y estéril desde el punto de vista del historiador.

Llegados a este punto, viene para mí la hora de confesar un procedimiento desleal de que me he valido ante ustedes, aunque, como no les habrá costado ningún trabajo ver a su través, y como me ha permitido en varias ocasiones acortar y simplificar lo que quería decir, quizá habrán sido lo bastante indulgentes como para ver en ello un apropiado instrumento taquigráfico. Hasta el presente me he servido de modo permanente de la expresión convencional de «pasado y presente». Pero como todos sabemos, el presente no tiene más que una existencia conceptual, como línea divisoria imaginaria entre el pasado y el futuro. Hablando del presente, ya he introducido subrepticiamente otra dimensión temporal en la discusión. Creo que sería fácil demostrar que, como el pasado y el futuro son parte del mismo lapso temporal, existe interrelación entre el interés por el pasado y el interés por el futuro. La línea de deslinde entre los tiempos prehistóricos y los tiempos históricos se franquea cuando los hombres dejan de vivir sólo en presente y surge en ellos un interés consciente tanto por su pasado como por su futuro. La historia empieza cuando se transmite la tradición; y la tradición significa el traspaso de los hábitos y las lecciones del pasado al futuro. Empieza a guardarse memoria del pasado en beneficio de ulteriores generaciones. «El pensamiento histórico —escribe el historiador holandés Huizinga— siempre es teleológico.»[30] Escribía hace poco sir Charles Snow refiriéndose a Rutherford que «como todos los científicos... tenía, casi sin pensar

---

29. *Kausalitäten und Werte in der Geschichte*, 1928, traducido al inglés en F. Stern, *Varieties of History*, 1957, pp. 268, 273.

30. J. Huizinga, traducido al inglés en *Varieties of History*, selección de F. Stern, 1957, p. 293.

lo que significaba, la médula impregnada del futuro».[31] Sospecho que los buenos historiadores, lo sepan o no, tienen la médula impregnada del futuro. Además de la pregunta ¿Por qué?, el historiador también plantea la interrogante ¿Adónde?

31. *The Baldwin Age*, dirigido por John Raymond, 1960, p. 246.

V

La historia como progreso

Se me dejará que comience citando un párrafo del profesor Powicke, en su conferencia inaugural como ocupante de la cátedra Regius de Historia Moderna en Oxford, hace treinta años:

> El ansia de una interpretación de la historia está tan arraigada que, si no tenemos un enfoque constructivo del pasado, somos arrastrados al misticismo o al cinismo.[1]

Se entenderá, creo yo, por «misticismo» aquella concepción según la cual el significado de la historia radica en algún lugar fuera de ella, en el ámbito de la teología o en el reino de la escatología, idea ésta de escritores como Berdyaev, Niebuhr o Toynbee.[2] Por «cinismo» se alude a la actitud de aquellos para quienes, como hemos visto en varios ejemplos mencionados, la historia carece de significado, o lleva implícitos múltiples significados igualmente válidos o parejamente inválidos, o tiene el sentido que arbitrariamente se nos antoje darle. Éstas son, en la actualidad, las dos concepciones más populares de la historia. Pero las rechazaré ambas sin vacilar un instante. Esto nos deja con la curiosa pero sugestiva noción de «un enfoque constructivo del pasado». Como no tengo medio de saber lo que el profesor Powicke quería decir cuando se valió de la expresión, trataré de darle mi interpretación propia.

Lo mismo que las civilizaciones antiguas de Asia, la civilización

---

1. F. Powicke, *Modern Historians and the Study of History*, 1955, p. 174.
2. «La historia rebosa en la teología», como afirmó triunfalmente Toynbee (*Civilization on Trial*, prefacio, 1948. Hay trad. esp.: *La civilización puesta a prueba*).

clásica de Grecia y de Roma era básicamente ahistórica. Como ya vimos, Heródoto tuvo, como padre de la historia, pocos hijos; y los escritores de la Antigüedad clásica se interesaron tan poco, en conjunto, por el pasado como por el futuro. Tucídides era de la opinión de que nada importante había ocurrido en el tiempo anterior a los acontecimientos que él describe, y que era probable que nada importante ocurriese después. Lucrecio deducía la indiferencia del hombre hacia el futuro de su indiferencia hacia el pasado:

> Considérese cómo no nos importan las pasadas edades del tiempo eterno que precedió a nuestro nacimiento. Es ello un espejo que nos brinda la naturaleza, en el que se refleja el tiempo futuro de después de nuestra muerte.[3]

Las visiones poéticas de un futuro mejor revistieron la forma de visiones de un retorno a una edad áurea pasada —visión cíclica que asimilaba los procesos de la historia a los propios de la naturaleza—. La historia no iba a ninguna parte: como no había sentido del pasado, tampoco lo había del futuro. Sólo Virgilio, que en su cuarta égloga había formulado la idea clásica de un retorno a la edad de oro, tuvo en la *Eneida* la inspiración momentánea de salirse de la concepción cíclica: «*Imperium sine fine dedi*» era un pensamiento de lo más poco clásico, que luego hizo que se viera en Virgilio un profeta cuasi-cristiano.

Fueron los judíos, y los cristianos tras ellos, los que introdujeron un elemento del todo nuevo postulando una meta hacia la que se dirige el proceso histórico: la noción teleológica de la historia. De esta forma adquirió la historia sentido y propósito, pero a expensas de su carácter secular. El alcance de la meta de la historia implicaría automáticamente el final de la historia: la misma historia se tornaba teodicea. Tal fue la noción medieval de la historia. El Renacimiento restableció la concepción clásica de un mundo antropocéntrico y de la primacía de la razón, pero sustituyó la pesimista visión clásica del futuro por una visión optimista derivada de la tradición judeocristiana. El tiempo, que en una época había sido hostil y corrosivo, pasó ahora a ser favorable, creador; compárese la pregunta de Horacio: «*Damnosa quid non imminuit dies?*», con la sentencia de Bacon: «*Veritas temporis filia*». Los racionalistas de la Ilustración, que

---

3. *De Rerum Natura*, iii, pp. 992-995.

fueron los fundadores de la moderna historiografía, conservaron la visión teleológica judeocristiana, pero secularizaron la meta: pudieron así restablecer el carácter racional del propio proceso histórico. La historia se convirtió en el progreso hacia la consecución de la perfección terrenal de la condición humana. Gibbon, el mayor de los historiadores de la Ilustración, no se arredró ante la naturaleza misma de su tema, y a pesar de ésta formuló «la agradable conclusión de que cada época, en el mundo, ha incrementado y sigue acreciendo la riqueza real, la felicidad, el conocimiento, y acaso la virtud, de la raza humana».[4] El culto al progreso llegó a su cenit cuando la prosperidad, el poderío y la confianza alcanzaron su punto culminante en la Gran Bretaña; y los escritores e historiadores británicos fueron de los más ardientes partícipes del culto. Este fenómeno es demasiado conocido como para necesitar más ejemplos; me limitaré a citar uno o dos párrafos para probar qué poco tiempo hace que la fe en el progreso ha dejado de ser un postulado de todo nuestro pensamiento. Acton, en la memoria de 1896 sobre el proyecto de la *Cambridge Modern History,* que cité en mi primera conferencia, aludió a la historia como «ciencia progresiva»; y en la introducción al primer volumen de la historia escribía que «no podemos dejar de suponer un progreso en las cosas humanas, siendo ésta la hipótesis científica de que debe partir la historia que se escriba». En el último volumen de la historia, publicado en 1910, Dampier, que era *tutor* de mi *college* cuando yo era estudiante, se mostraba convencido, sin asomo de duda, de que «los tiempos venideros no verán límite alguno en el crecimiento del poder del hombre sobre los recursos de la naturaleza ni de su inteligente utilización de los mismos para el bienestar de su raza».[5] En vista de lo que estoy diciendo, creo que es mi obligación admitir que tal era la atmósfera en que me instruí y que puedo ratificar sin vacilar las palabras de Bertrand Russell, que me lleva media generación: «Crecí cuando el optimismo victoriano estaba en plena pujanza y... que-

---

4.   Gibbon, *The Decline and Fall of the Roman Empire,* cap. xxxviii; ocasión de esta digresión fue el derrumbamiento del imperio de occidente. Un crítico en *The Times Literary Supplement* de 18 de noviembre de 1960, tras citar este párrafo, se pregunta si Gibbon quería realmente decir lo que las palabras expresan. Desde luego que sí; es más probable que el punto de vista del escritor refleje el período en que vive que aquél acerca del cual escribe; verdad bien ilustrada por este crítico, que trata de transferir su escepticismo de mediados del siglo XX a un escritor de finales del siglo XVIII.

5.   *Cambridge Modern History: Its Origins, Authorship and Production,* 1907, p. 13; *Cambridge Modern History,* i, 1904, p. 4; xii, 1910, p. 791.

da en mí algo de aquella visión esperanzada que entonces era cosa fácil compartir».[6]

En 1920, cuando Bury escribió su libro *La Idea del Progreso,* ya predominaba un clima más apagado, que él reprochó, siguiendo la moda del día, a «los doctrinarios que han establecido el presente reinado del terror en Rusia», a pesar de lo cual, todavía describía el progreso como «la idea que anima y controla la civilización occidental».[7] En adelante faltaría esta nota. Se dice de Nicolás I de Rusia que dio una orden prohibiendo la palabra «progreso»: en la actualidad, los filósofos y los historiadores de Europa occidental, y aun de los Estados Unidos, han llegado a un tardío acuerdo con él. Se ha refutado la hipótesis del progreso. La decadencia del Occidente se ha convertido en expresión tan familiar que ya no se necesitan comillas para encerrarla. Pero ¿qué ha ocurrido, fuera de tanto griterío? ¿Quiénes han formado esta nueva corriente de opinión? El otro día me chocó dar con una observación de Bertrand Russell, la única frase suya, creo, nunca leída por mí que me pareciera revelar un agudo sentimiento de clase: «Hay, en conjunto, mucha menos libertad en el mundo hoy que hace cien años».[8] No tengo vara para medir la libertad, y no sé cómo poner en los platillos de la misma balanza la menor libertad de unos pocos y la mayor libertad de muchos. Pero, cualquiera que sea el sistema de medidas de que se parta, no puedo sino considerar la afirmación como algo fantásticamente alejado de la verdad. Me atraen más algunas de esas fascinantes miradas que A. J. P. Taylor echa sobre la vida académica de Oxford. Toda esta discusión acerca de la decadencia de la civilización, escribe, «no significa más que una cosa, que los profesores universitarios solían tener servicio doméstico y ahora en cambio tienen que lavar ellos mismos la vajilla».[9] Como es natural, para los anteriores criados, el lavado de la vajilla por los profesores puede ser un símbolo de progreso. La pérdida de la supremacía blanca en África, que preocupa a los partidarios de la conservación del Imperio británico, a los republicanos *afrikaner* y a los inversores en títulos del oro y del cobre, puede antojárseles progreso a otros. No veo razón alguna por la que, en este asunto del progreso, deba yo preferir *ipso facto* el veredicto del sexto decenio

---

6.   B. Russell, *Portraits From Memory*, 1956, p. 17.
7.   J. B. Bury, *The Idea of Progress*, 1920, pp. vii-viii.
8.   B. Russell, *Portraits From Memory*, 1956, p. 124.
9.   *The Observer*, de 21 junio de 1959.

de nuestro siglo al del último decenio del pasado; la decisión del mundo de habla inglesa a la de Rusia, África y Asia; o la sentencia del intelectual de clase media a la del hombre de la calle que, según nuestro actual primer ministro, señor MacMillan, nunca estuvo tan bien como ahora. Déjesenos por ahora suspender nuestro juicio acerca de si vivimos un período de decadencia o de progreso, y vamos a examinar con algún mayor cuidado lo que implica el concepto de progreso, las premisas subyacentes a él y hasta dónde se han hecho insostenibles en la actualidad.

Quisiera comenzar por poner orden en la maraña del progreso y de la evolución. Los pensadores de la Ilustración adoptaron dos puntos de vista aparentemente incompatibles. Se propusieron reivindicar el lugar del hombre en el mundo natural: las leyes de la historia se equipararon a las leyes de la naturaleza. Por otra parte, creían en el progreso. Pero ¿qué base había para ver en la naturaleza algo en progreso, para considerarla como algo que está en trance constante de avance hacia una meta? Hegel orilló la dificultad discriminando de modo tajante entre la historia, que progresa, y la naturaleza, que no lo hace. La revolución darwiniana pareció remover todos los obstáculos equiparando evolución y progreso: la naturaleza, como la historia, se revelaba a la postre progresiva. Pero esto dio lugar a un error de comprensión mucho más grave, haciendo que se confundiese la herencia biológica, que es la fuente de la evolución, con la adquisición social, que es la fuente de progreso histórico. La distinción es familiar y evidente. Póngase un bebé europeo en una familia china, y el niño crecerá con la piel blanca pero hablando chino. La pigmentación cutánea es herencia biológica; el lenguaje, una adquisición social transmitida por el conducto del cerebro humano. La evolución por herencia debe medirse en milenios o en millones de años; no se conoce ningún cambio biológico medible ocurrido en el hombre desde el comienzo de la historia escrita. El progreso por adquisición puede medirse en generaciones. La esencia del hombre como ser racional radica en el desarrollo de sus capacidades potenciales mediante la acumulación de la experiencia de las generaciones pasadas. Se dice que el hombre contemporáneo no tiene un cerebro mayor, ni una superior capacidad innata de pensamiento que su predecesor de hace 5.000 años. Pero la eficacia de su pensamiento ha sido varias veces multiplicada al aprender e incorporar a su experiencia la experiencia de las generaciones precedentes. La transmisión de características adquiridas, que los biólogos niegan, es el fundamento mismo del progreso social. La historia es el progreso mediante la transmisión de las técnicas adquiridas, de una generación a la siguiente.

Luego, no es preciso ni se debe imaginar el progreso como teniendo un principio o un final definidos. La creencia, que no hace cincuenta años estaba todavía ampliamente difundida, de que la civilización se inventó en el valle del Nilo en el cuarto milenio antes de nuestra era, no resulta más creíble hoy que aquella cronología que colocaba la creación en el año 4004 antes de Cristo. La civilización, cuyo nacimiento acaso tomemos como el punto de arranque de nuestra hipótesis del progreso, no fue desde luego una invención, sino un proceso de desarrollo infinitamente lento, en el que hubo probablemente ocasionales saltos espectaculares hacia delante. No necesitamos preocuparnos de cuándo empezó el progreso —o la civilización—. La hipótesis de un término finito del progreso llevó a un error más grave. Se ha censurado justamente a Hegel por ver el final del progreso en la monarquía prusiana —resultado éste, al parecer, de una interpretación demasiado forzada de su noción de la imposibilidad de pronosticar—. Pero la aberración de Hegel fue superada por aquel «eminente victoriano», Arnold de Rugby, que en su conferencia inaugural en la cátedra Regius de Historia moderna en Oxford, en 1841, afirmó que la historia contemporánea sería la última fase de la historia de la humanidad: «Parece llevar la impronta de la plenitud del tiempo, como si no cupiera más allá de ella una historia futura».[10] El pronóstico de Marx de que la revolución proletaria realizaría el fin último de una sociedad sin clases era lógico y moralmente menos vulnerable; pero la presunción de un término de la historia tiene un matiz escatológico más apropiado para un teólogo que para un historiador, y revierte en la falacia de una meta situada fuera de la historia. No cabe duda de que un término finito encierra elementos atrayentes para la mente humana; y la visión de Acton de una marcha de la historia que es proceso sin fin hacia la libertad parece tan poco estimulante como vaga. Pero si el historiador ha de salvar su hipótesis de progreso, creo que debe estar dispuesto a tratarlo

10. T. Arnold, *An Inaugural Lecture on the Study of Modern History*, 1841, p. 38.

como un proceso en que las exigencias y condiciones de los períodos sucesivos impondrán su contenido específico. Y esto es lo que implica la tesis de Acton de que la historia no es solamente constancia del progreso pasado sino una «ciencia progresiva», o, con otras palabras, que la historia es progresiva en los dos sentidos de la palabra —como curso de los acontecimientos y como documentación de su constancia—. Déjeseme recordar la descripción que del avance de la libertad en la historia hace Acton:

> Es por los esfuerzos combinados de los débiles, llevados a cabo por necesidad imperativa, para resistir al dominio de la fuerza y del perjuicio propio constante, por los que, en el rápido cambio pero lento progreso de cuatrocientos años, se ha preservado la libertad, se la ha afianzado, ampliado, y por fin comprendido.[11]

Acton entendía la historia en tanto que devenir como progreso hacia la libertad, y la historia, en tanto que constancia de los acontecimientos ocurridos, como un progreso hacia la comprensión de la libertad: ambos procesos corrían parejos.[12] El filósofo Bradley, que escribía en una época en que las analogías estaban de moda, observó que «para la fe religiosa el final de la evolución se presenta como algo que... ya ha desembocado».[13] Para el historiador, el final del progreso todavía no ha desembocado. Es algo todavía infinitamente remoto, y los indicadores que hacia él señalan solamente se hacen visibles para nosotros conforme adelantamos. Lo que no disminuye su importancia. La brújula es guía útil, hasta imprescindible. Pero no es un mapa topográfico de nuestro itinerario. El contenido de la historia no puede ser captado más que a medida que vamos experimentándola.

Tercera observación por mi parte: nadie en su sano juicio creyó nunca en esa clase de progreso que avanza en línea recta, ininterrumpida, sin altibajos, sin desviaciones ni soluciones de continuidad, de forma que aun el giro más adverso no es por fuerza contrario a la convicción de la existencia del progreso mismo. Es claro que hay períodos de regresión tanto como fases de progreso. Y lo que es

---

11. Acton, *Lectures on Modern History*, 1906, p. 51.
12. K. Mannheim, *Ideología y Utopía*, trad. esp., Madrid, Aguilar, 1958; asocia también «la voluntad [del hombre] de dar forma a la historia» con su «capacidad de comprenderla».
13. F. H. Bradley, *Ethical Studies*, 1876, p. 293.

más, sería precipitado pensar que después de un retroceso el nuevo avance partirá del mismo punto o seguirá la misma línea. Las cuatro o tres civilizaciones de Hegel o de Marx, las veintiuna civilizaciones de Toynbee, la teoría de un ciclo vital de las civilizaciones que pase por las fases de auge, decadencia y caída, todos esos esquemas no tienen sentido en sí mismos. Pero son trasunto del hecho observado de que el esfuerzo que se necesita para llevar la civilización adelante se extingue en un lugar y renace luego en otro, de forma que cualquier progreso por nosotros observable en la historia es desde luego discontinuo, tanto por lo que al sitio se refiere como en cuanto al tiempo. Así que, si fuese incapaz de pasar sin formular leyes de la historia, una de éstas rezaría que el grupo —sea él una clase o una nación, un continente o una civilización, lo que se quiera— que desempeña el papel principal en el avance de la civilización en un período no será probablemente el que desempeñe igual papel en el período siguiente, y ello por la sencilla razón de que estará demasiado imbuido de las tradiciones, los intereses y las ideologías del período anterior como para poder adaptarse a las exigencias y las condiciones del siguiente.[14] Con lo que muy bien puede ocurrir que lo que a un grupo se le antoja período de decadencia, a otro le parezca inicio de un nuevo paso adelante. El progreso ni significa ni puede significar progreso igual y simultáneo para todos. No es casual que casi todos nuestros recientes profetas de la decadencia, nuestros escépticos que no ven en la historia sentido alguno y que afirman que el progreso pasó a mejor vida, pertenezcan al sector del mundo y a la clase de la sociedad que han desempeñado triunfalmente un papel protagonizador y predominante en el avance de la civilización durante varias generaciones. No les consuela que se les diga que la función que su grupo desempeñó correrá ahora a cargo de otros. Es evidente que una historia que les ha hecho tan ruin faena no puede ser ante sus ojos un proceso racional o significativo. Pero si hemos de retener la hipótesis de progreso, creo que tenemos que aceptar la condición de la línea quebrada.

14. Para un diagnóstico de esta situación, véase R. S. Lynd, *Knowledge for What?*, Nueva York, 1929, p. 88: «Las personas de edad provecta están a menudo en nuestra cultura orientadas hacia el pasado, la época de su vigor y de su potencia, a la vez que oponen al futuro igual resistencia que a una amenaza. Es probable que toda una cultura que se halle en una fase avanzada de pérdida relativa de energía, de desintegración, tenga así una orientación predominante hacia una edad de oro dejada atrás, mientras se vive a desgana la vida del presente».

Y por fin llego a la pregunta de cuál es el contenido esencial del progreso atendiendo a la acción histórica. Los que luchan, pongamos por caso, por extender a todos los derechos civiles, o por reformar la práctica penal, o por allanar las desigualdades de raza o de riqueza, conscientemente se proponen el solo alcance de estas metas; no tratan, de forma consciente, de «progresar», de plasmar en la realidad alguna «ley» o «hipótesis» histórica de progreso. Es el historiador quien aplica a sus acciones su hipótesis de progreso, quien interpreta sus acciones como progreso. Pero ello no invalida el concepto de progreso. Me agrada encontrarme en este punto de acuerdo con sir Isaiah Berlin, por cuanto «progreso y reacción, por más que se hayan desquiciado estas palabras, no son conceptos vacíos».[15] Es suposición previa en la historia el que el hombre es capaz de sacar provecho —no que siempre lo haga— de la experiencia de sus predecesores, y que el progreso descansa, en la historia y frente a lo que ocurre con la evolución en la naturaleza, sobre la transmisión del acervo así adquirido. Este legado incluye tanto los bienes materiales como la capacidad de dominar, transformar y utilizar el mundo circundante. Y desde luego ambos factores están estrechamente relacionados, y reaccionan recíprocamente. Marx hace del trabajo humano el fundamento de todo el edificio; y parece que esta fórmula es aceptable siempre que se dé al «trabajo» una acepción lo bastante amplia. Pero la mera acumulación de recursos no valdrá si no va acompañada de un conocimiento y una experiencia técnicos y sociales mayores, y además de un mayor dominio del mundo que rodea al hombre, en su sentido más amplio. Hoy por hoy, pocas personas, según creo, pondrían en tela de juicio el progreso habido tanto en la acumulación de recursos materiales y de conocimientos científicos como en nuestro dominio del mundo circundante en el sentido técnico. Lo que se pone en duda es que el siglo XX haya sido testigo de algún progreso en nuestra ordenación de la sociedad, en nuestro dominio del mundo social ambiente, nacional o internacional; se pregunta, en fin, si no ha habido una marcada regresión en este aspecto. ¿Acaso no ha tenido la evolución del hombre como ser social un retraso fatal frente al progreso de la tecnología?

Los síntomas que inspiran esta pregunta son evidentes. Pero ello no es óbice a que me parezca que está mal planteada. La his-

---

15. *Foreign Affairs*, XXVIII, n.º 3, junio de 1950, p. 382.

toria ha conocido muchos cambios de rumbo, pasando la iniciativa y el liderato de un grupo a otro, de un sector del mundo a otro: el momento en que surge el Estado moderno y en que el centro del poder pasa del Mediterráneo a la Europa occidental, y el período de la Revolución francesa son ejemplos destacados dentro de la época moderna. Estos períodos son siempre tiempos de violentas sublevaciones y de luchas por el poder. Las viejas autoridades se debilitan, las viejas lindes desaparecen; el nuevo orden emerge de un choque feroz de ambiciones y resentimientos. Yo sugeriría que estamos ahora pasando por un período de éstos. Me parece sencillamente falso decir que nuestra comprensión de los problemas de la organización social o que nuestro sincero deseo de organizar la sociedad a la luz de esta comprensión han menguado: hasta me atrevería a decir que son mucho mayores. No es que nuestras habilidades hayan decrecido, ni que declinen nuestras cualidades morales. Pero el período en que vivimos, de conflicto y de levantamiento, debido a la mutación del equilibrio del poder entre continentes, naciones y clases, ha incrementado enormemente la tensión a que están sujetas estas capacidades y cualidades, ha limitado y frustrado su eficacia para logros positivos. Sin querer infravalorar la fuerza del reto que los últimos cincuenta años han lanzado a la convicción del progreso en el mundo occidental, sigo sin creer que el progreso en la historia haya tocado a su fin. Pero si se me pregunta más acerca del contenido del progreso, creo que sólo me cabe contestar algo así como lo siguiente: la noción de una meta finita y claramente definible del progreso en la historia, tantas veces postulada por los pensadores del siglo XIX, ha resultado inaplicable y yerma. La creencia en el progreso no significa la creencia en un proceso, cualquiera que sea éste, automático e ineluctable, sino en el desarrollo progresivo de las potencialidades humanas. El progreso es un término abstracto; y las metas concretas que se propone alcanzar la humanidad surgen de vez en cuando del curso de la historia, y no de alguna fuente situada fuera de ella. No profeso ninguna fe en la perfectibilidad del hombre ni en un paraíso terrenal venidero. En esto estaría de acuerdo con los teólogos y los místicos que dicen que la perfección no es alcanzable en la historia. Pero me basta con la posibilidad de un progreso ilimitado —o un progreso que no esté sometido a ningún límite que podamos o debamos tener en cuenta—; progreso hacia metas que sólo pueden irse definiendo conforme avanzamos hacia ellas, y cuya validez nada más

puede comprobarse en el proceso de alcanzarlas. Ni tampoco sé
cómo podría perdurar la sociedad sin una concepción del progreso parecida a ésta. Toda sociedad civilizada impone sacrificios a la
generación viva en beneficio de generaciones aún no nacidas. Justificar estos sacrificios en nombre de un mejor mundo futuro es la
contrapartida secular de su justificación alegando algún designio
divino. Con palabras de Bury, «el principio del deber para con la
posteridad es corolario directo de la idea de progreso».[16] Acaso no
requiera justificación este deber. Pero si la necesita, no sé de otra
forma de justificarlo.

Esto me trae al famoso rompecabezas de la objetividad en la historia. La misma palabra objetividad induce a error y plantea un
mar de interrogantes. En una conferencia previa defendí ya la opinión de que las ciencias sociales —y entre ellas la historia— no
pueden acomodarse a una teoría del conocimiento que disloca el
sujeto del objeto y que sostiene una rígida separación entre el observador y la cosa observada. Necesitamos un nuevo modelo que
haga justicia al complejo proceso de interrelación e interacción
que media entre ellos. Los datos de la historia no pueden ser puramente objetivos, ya que se vuelven datos históricos precisamente
en virtud de la importancia que les concede el historiador. La objetividad en la historia —si es que hemos de seguir utilizando este
vocablo convencional— no puede ser una objetividad del dato,
sino de la relación, de la relación entre dato e interpretación, entre el pasado, el presente y el futuro. No he de volver sobre las razones que me indujeron a rechazar por ahistórico el intento de juzgar los acontecimientos históricos erigiendo un patrón valorativo
absoluto fuera de la historia y al margen de ella. Pero tampoco es
apropiado para el mundo de la historia el concepto de la verdad
absoluta —ni creo que lo sea para el mundo de la ciencia—. Sólo
el tipo más sencillo de afirmación histórica puede considerarse absolutamente cierta o absolutamente falsa. A un nivel más complejo,
el historiador que discute, por ejemplo, el veredicto de uno de sus
predecesores, solerá condenarlo, más que por absolutamente falso,
por inadecuado, parcial, o erróneo, o como producto de un punto
de vista que las pruebas ulteriores han relegado al olvido o han hecho irrelevante. Decir que la Revolución rusa se debió a la estupidez de Nicolás II o al genio de Lenin es inadecuado —tan inade-

16.   J. B. Bury, *The Idea of Progress*, 1920, p. ix.

cuado que es desde luego descaminado—. Pero no puede ciertamente tildarse de totalmente falso. El historiador no trabaja con absolutos de ninguna clase.

Volvamos al triste caso de la muerte de Robinson. La objetividad de nuestra investigación de este acontecimiento dependía, no de nuestra adecuada captación de los hechos —que no se discutían—, sino de la distinción entre los datos reales o importantes, que nos interesaban, y los datos accidentales, que podíamos permitirnos el lujo de olvidar. Nos pareció fácil practicar este deslinde porque nuestro patrón o test de importancia, la base de nuestra objetividad, eran claros y consistían en la relevancia respecto a la meta propuesta, a saber, la reducción de los accidentes de tráfico. Pero el historiador es persona menos afortunada que el investigador que tiene ante sí el propósito sencillo y concreto de reducir los accidentes de tráfico. También el historiador necesita, en su tarea interpretadora, su patrón de la importancia de los datos, que es también su patrón de objetividad, para distinguir entre lo significativo y lo accidental; y tampoco él puede hallarlo fuera de la relevancia frente a la meta propuesta. Pero es ella una meta necesariamente en evolución, ya que la interpretación cambiante del pasado es una función necesaria de la historia. La tradicional presuposición de que el cambio debe siempre explicarse en función de algo fijo e inmutable es contraria a la experiencia del historiador. «Para el historiador —dice Butterfield, reservándose acaso implícitamente la esfera en que el historiador no necesita seguirle—, lo único absoluto es el cambio».[17] Lo absoluto en la historia no es algo del pasado de que se parte; no es tampoco algo en el presente, ya que todo pensamiento presente es necesariamente relativo. Es algo aún incompleto y en proceso de devenir —algo en el futuro hacia el que nos movemos, que sólo empieza a cobrar forma cuando partimos en su dirección, y a cuya luz, conforme vamos adelantando, vamos dando forma gradualmente a nuestra interpretación del pasado—. Ésta es la verdad secular que se oculta detrás del mito religioso de

17.   H. Butterfield, *The Whig Interpretation of History* (1931, p. 58); compárese con la siguiente formulación, más elaborada, de A. von Martin, *The Sociology of the Renaissance* (trad. ing., 1945; hay trad. esp.), p. i: «Quietud y movimiento, estática y dinámica, son categorías fundamentales de las que partir para un enfoque sociológico de la historia… La historia conoce la quietud en un sentido relativo nada más: el problema decisivo radica en saber cuál predomina, si la quietud o el cambio». El cambio es, en la historia, el elemento positivo y absoluto; la quietud, el elemento subjetivo y relativo.

que el significado de la historia será revelado el Día del Juicio. Nuestro criterio no es un absoluto en el sentido estático de algo que permanece igual ayer, hoy y para siempre: semejante absoluto es incompatible con la naturaleza de la historia. Pero es un absoluto en cuanto a nuestra interpretación del pasado. Rechaza la óptica relativista según la cual una interpreación vale tanto como otra, o que cualquier interpretación es cierta en su tiempo y lugar, y aporta la piedra de toque con la que finalmente habrá de juzgarse nuestra interpretación del pasado. Este sentido de dirección en la historia es el único que nos permite ordenar e interpretar los acontecimientos del pasado —tarea ésta del historiador— y liberar y organizar las energías humanas del presente pensando en el futuro —tarea del hombre de Estado, del economista, del reformador social—. Pero el proceso mismo sigue siendo progresivo y dinámico. Nuestro sentido de la dirección y nuestra interpretación del pasado están sujetos a modificación y evolución constantes conforme vamos adelante.

Hegel revistió su absoluto con el manto místico de un espíritu mundial, y cometió el error cardinal de abocar el curso de la historia a su fin en el presente, en vez de proyectarlo en el futuro. Reconocía en el pasado un proceso de evolución continua, y se lo negó al futuro, de modo incongruente. Los que, desde Hegel, han reflexionado más profundamente acerca de la naturaleza de la historia, han visto en ella una síntesis del pasado y del futuro. Tocqueville, que no se llegó a liberar del todo del lenguaje teológico de su tiempo y que dio a su absoluto un contenido demasiado estrecho, percibió sin embargo la esencia del problema. Después de aludir al desarrollo de la igualdad, como fenómeno universal y permanente, proseguía así:

> Si se llevase a los hombres de nuestro tiempo a concebir el gradual y progresivo desarrollo de la igualdad como pasado a la vez que futuro de su historia, este solo descubrimiento revestiría dicho desarrollo del carácter sagrado que para ellos tiene la voluntad de su amo y señor.[18]

Podría escribirse un capítulo importante acerca de este tema todavía inacabado. Marx, que compartía algunas de las inhibiciones

---

18. Tocqueville, prefacio a *Democracy in America*. [Hay trad. esp.]

de Hegel en cuanto a mirar hacia el futuro, y que se interesaba sobre todo en arraigar firmemente su enseñanza en la historia pasada, se vio compelido, por la naturaleza de su tema, a proyectar hacia el futuro su absoluto de la sociedad sin clases. Bury describió
algo torpemente la idea del progreso, aunque lo hizo claramente
con la misma intención, como una «teoría que implica una síntesis
del pasado y una profecía del futuro».[19] Los historiadores, dice Namier con paradoja buscada que luego ilustra con su habitual riqueza de ejemplos, «imaginan el pasado y recuerdan el futuro».[20]
Sólo el futuro puede darnos la clave de la interpretación del pasado; y sólo en este sentido nos es dado hablar de una objetividad básica en la historia. Es a la vez explicación y justificación de la historia que el pasado ilumine nuestra comprensión del futuro, y que el
futuro arroje luz sobre el pasado.

   ¿Qué queremos, pues, decir cuando elogiamos a un historiador
por su objetividad, o cuando decimos que un historiador es más objetivo que otro? No, desde luego, que sabe cómo hacerse con los datos adecuados o, dicho con distintas palabras, que aplica el patrón
adecuado para aquilatar la importancia de sus datos. Cuando califi-
camos de objetivo a un historiador, queremos decir dos cosas. Ante
todo queremos decir que sabe elevarse por encima de la limitada visión que corresponde a su propia situación en la sociedad y en la
historia —capacidad la suya en tal caso que, según sugerí en una
conferencia previa, depende en parte de su capacidad de reconocer
hasta qué punto se halla insito en dicha situación, de reconocer, por
ende, la imposibilidad de una total objetividad—. En segundo lugar,
queremos decir con ello que sabe proyectar su visión hacia el futuro, de forma tal que él mismo penetra el pasado más profundamente y de modo más duradero que otros historiadores cuya visión
depende totalmente de la propia situación inmediata. Ningún historiador actual compartiría la confianza de Acton en la posibilidad
de una «historia definitiva». Pero algunos historiadores escriben
una historia más duradera, con un carácter más definitivo y objetivo que la de otros; y son éstos los historiadores que poseen la que
quisiera llamar visión a largo plazo del pasado y del futuro. El historiador del pasado no puede acercarse a la objetividad más que en
la medida en que se aproxima a la comprensión del futuro.

19.   J. B. Bury, *The Idea of Progress*, 1920, p. 5.
20.   L. B. Namier, *Conflicts*, 1942, p. 70.

Así que cuando hablé en una conferencia anterior de la historia como diálogo entre el pasado y el presente, más bien debía haberla definido como diálogo entre los acontecimientos del pasado y las metas del futuro que emergen progresivamente. La interpretación que da el historiador del pasado, su selección de lo importante y de lo significativo, evolucionan conforme van emergiendo gradualmente nuevas metas. Para tomar el más sencillo de los ejemplos posibles, mientras el fin principal pareció ser la organización de las libertades constitucionales y de los derechos políticos, el historiador interpretó el pasado en términos constitucionales y políticos. Cuando las metas económicas y sociales principiaron a sustituir los fines constitucionales y políticos, los historiadores se volvieron hacia interpretaciones económicas y sociales del pasado. En este proceso, podrá el escéptico alegar que la nueva interpretación no es más cierta que la anterior, que cada cual vale para su período. No obstante, como la preocupación por las metas económicas y sociales representa una fase más amplia y más avanzada del desarrollo humano que la que se centra en las metas políticas y constitucionales, puede decirse que la interpretación social y económica de la historia representa una fase más avanzada, en la historia, que la interpretación exclusivamente política. No es que se rechace la anterior interpretación, sino que queda a la vez incluida en la nueva y superada por ella. La historiografía es una ciencia progresiva, en el sentido de que trata de alcanzar una penetración cada vez más amplia y profunda de un curso de los acontecimientos que también es progresivo. Esto entendería yo al afirmar que necesitamos «una visión constructiva del pasado». La moderna historiografía se ha desarrollado en los dos últimos siglos con esta doble creencia en el progreso, y no puede pervivir sin ella, ya que es esta convicción la que le aporta su patrón de lo significativo, su piedra de toque para la distinción entre lo real y lo accidental. Goethe, en una conversación hacia el final de su vida, cortó con alguna brusquedad el nudo gordiano:

> Cuando las edades están en su decadencia, todas las tendencias son subjetivas; pero por otra parte, cuando las cosas están maduras para una nueva época, todas las tendencias son objetivas.[21]

---

21. Citado en H. Huizinga, *Men and Ideas*, 1959, trad. ing., p. 50. Traducción esp.: *Hombres e Ideas*.

Nadie tiene la obligación de creer en el futuro de la historia ni en el futuro de la sociedad. Puede que nuestra sociedad sea destruida o se extinga al final de una lenta decadencia, y que la historia vuelva a caer en la teología —es decir, en el estudio, no de los logros humanos, sino del designio divino—, o en la literatura —es decir, en la narración de cuentos y leyendas sin propósito ni significado—. Pero esto no será historia en el sentido en que la venimos conociendo en los últimos doscientos años.

Todavía tengo que ocuparme de la conocida y popular objeción que se opone a cualquier teoría que sitúe el criterio decisivo de juicio histórico en el futuro. Semejante teoría, reza el reparo, implica que el éxito es el criterio decisivo del juicio y que lo que venga, si no lo que hay, está bien, sea como quiera. Durante los últimos doscientos años, la mayoría de los historiadores no sólo han supuesto una dirección seguida por el movimiento de la historia, sino que, a sabiendas suyas o no, han creído que esta dirección era en su conjunto la dirección justa, que la humanidad se movía de lo malo a lo mejor, de lo más bajo a lo superior. El historiador, además de reconocer la dirección, la aprobaba. La prueba de significación que aplicaba a su enfoque del pasado consistía, además de en un sentido del curso seguido por el devenir histórico, en un sentido de su propio empeño moral en que siguiese dicho curso. La alegada dicotomía entre «ser» y «deber ser», entre hecho y valor, estaba resuelta. Era una concepción optimista, producto de una edad de desbordante confianza en el futuro; *whigs* y liberales, hegelianos y marxistas, teólogos y racionalistas, permanecieron firmemente, y con más o menos congruencia, adictos a ella. Durante doscientos años pudo describírsela, sin demasiada exageración, como la contestación aceptada e implícita a la pregunta de ¿Qué es la Historia? La reacción contra ella vino con el ánimo aprensivo y pesimista de nuestros días, que ha dejado libre el terreno a los teólogos que buscan el significado de la historia fuera de ella, y a los escépticos que no encuentran sentido alguno a la historia. Se nos dice por todas partes, y con el mayor énfasis, que la dicotomía entre «ser» y «deber ser» es absoluta y que no puede zanjarse, que no se pueden derivar «valores» de los «hechos». Creo que éste es un camino equivocado. Veamos cómo han enfocado esta cuestión unos cuantos historiadores, o escritores acerca de la historia, elegidos más o menos al azar.

Gibbon justifica el mucho espacio que dedica en su narración a las victorias del islam diciendo que «los discípulos de Mahoma todavía detentan el cetro secular y religioso del mundo oriental». Pero añade: «La misma tarea constituiría una pérdida de tiempo si la dedicáramos al estudio de las multitudes de salvajes que, entre los siglos VII y XII, bajaron de las mesetas de Escitia», puesto que «la majestad del trono bizantino rechazó y sobrevivió a estos ataques desordenados».[22] No parece del todo descaminada esta afirmación. La historia es, en términos generales, recuento de lo que han hecho los hombres, no de lo que se frustró: en cuya medida es una narración del éxito. El profesor Tawney observa que los historiadores dan «un símil de inevitabilidad» a un orden existente «trayendo a primer plano las fuerzas que han triunfado, y relegando hacia el fondo a las que han sido derrotadas por las primeras».[23] ¿Pero acaso no es ésta, en cierto sentido, la esencia del trabajo del historiador? El historiador no debe infravalorar la oposición; no debe representar la victoria como un paseo militar cuando fue hija de un duro combate. A veces los que fueron vencidos contribuyeron tanto como los vencedores al resultado final. Son éstas máximas familiares a todo historiador. Pero, por lo común, el historiador se ocupa de los que, vencidos o derrotados, llevaron algo a cabo. Yo no soy un especialista de la historia del fútbol. Pero sus páginas están seguramente saturadas de los nombres de los que metieron goles al adversario en tanto que no se habla de los que quedaron en *off-side*. La famosa afirmación de Hegel de que en historia «sólo pueden llegar a nuestro conocimiento aquellos pueblos que forman un Estado»,[24] ha sido atinadamente criticada por reconocer un valor exclusivo a una forma de organización social y por dejar franco el paso a un censurable culto al Estado. Pero en principio, lo que Hegel trataba de decir es correcto, y refleja la familiar distinción entre prehistoria e historia. Sólo los pueblos que han sabido organizar en cierto grado su sociedad dejan de ser salvajes primitivos y penetran en el recinto de la historia. Carlyle, en su *Revolución francesa*, llamó a Luis XV «una verdadera encarnación de Solecismo Mundial». Es evidente que le gustó la metáfora, porque la coloca de nuevo en un párrafo ulterior más largo:

---

22. Gibbon, *The Decline and Fall of the Roman Empire*, capítulo lv.
23. R. H. Tawney, *The Agrarian Problem in the Sixteenth Century*, 1912, p. 177.
24. *Lectures on the Philosophy of History*, trad. ing., 1884, p. 40.

¿Qué nuevo y vertiginoso movimiento universal es éste: de instituciones, acuerdos sociales, mentes individuales, que una vez coopera-
ron en su funcionamiento y ahora giran y muelen en loca colisión?
Ineludible; es el estallido de un Solecismo Mundial, por fin agotado.[25]

Una vez más el criterio utilizado es histórico: lo que era adecuado para una época se ha mudado en solecismo en otra, y por
esta razón queda condenado. Hasta el mismo sir Isaiah Berlin,
cuando desciende del olimpo de las abstracciones filosóficas y pasa
a considerar situaciones históricas concretas, parece haber llegado
al mismo punto de vista. En una conferencia radiada a poco de la
publicación de su libro sobre lo Inevitable Histórico, encomió a
Bismarck, pese a sus defectos morales, como «un genio» y el «más
alto ejemplo en el siglo pasado de un hombre de Estado dotado de
las mayores capacidades de juicio político», comparándole de
modo favorable con hombres como José II de Austria, Robespierre,
Lenin y Hitler, quienes no alcanzaron a plasmar en la realidad «sus
metas positivas». Me parece incorrecto este veredicto. Pero lo que
me interesa en el momento presente es el criterio de que Berlin se
ha valido en su juicio. Bismarck, dice sir Isaiah, comprendió la materia con que trabajaba; los demás se dejaron arrastrar a lo lejos por
teorías abstractas que no funcionaron. La moraleja a deducir es
que «el fracaso proviene de la resistencia opuesta a lo que mejor
funciona… en apoyo de algún método o principio sistemático con
pretensiones de validez universal».[26] Dicho de otro modo: el criterio del juicio, en la historia, no es «algún principio de sedicente validez universal», sino «el que mejor funciona».

No es sólo —casi no necesito decirlo— cuando analizamos el pasado cuando invocamos este criterio de «lo que mejor funciona». Si
alguien les dijese que pensaba que, en la coyuntura presente, la
unión de Gran Bretaña con los Estados Unidos de Norteamérica en
un solo Estado y bajo una soberanía única era lo mejor, podría ser
que conviniesen ustedes en que la idea es razonable. Si prosiguiese
diciendo que la monarquía constitucional es preferible a la democracia presidencial como forma de gobierno, también reconocerían,
quizá, que no estaba descaminado. Pero supongamos que entonces

---

25. T. Carlyle, *The French Revolution*, I, i, cap. 4; I, iii, cap. 7.
26. Emisión acerca del «Juicio Político» en el Tercer Programa de la *BBC*, 19 de
junio de 1957.

les propusiera dedicarse a lanzar una campaña en pro de la reunión de ambos países bajo la Corona británica; seguramente contestarían que es perder el tiempo. De intentar explicar el porqué, tendrían que razonarle que los problemas de esta índole deben debatirse partiendo, no de la base de un principio de aplicación general, sino de lo que, dadas ciertas condiciones históricas, mejor funcionaría; hasta puede que cometieran ustedes el pecado capital de hablar de la Historia con H mayúscula, y que le dijeran que la Historia está contra él. La tarea del político no es la de considerar meramente lo moral y teóricamente deseable, sino también la de investigar las fuerzas existentes en el mundo, y cómo pueden ser dirigidas o manipuladas hacia realizaciones probablemente parciales de los fines propuestos. Nuestras decisiones políticas adoptadas a la luz de nuestra interpretación de la historia llevan inherente esta transacción. Pero nuestra interpretación de la historia tiene insertas sus raíces en la misma transacción. Nada hay más radicalmente falso que la erección de algún patrón supuestamente abstracto de lo deseable y que la condena del pasado de acuerdo con este patrón. A la palabra «éxito», que se ha impregnado con connotaciones turbias, déjesenos sustituir la locución neutral de «lo que mejor funciona». Ya que he entrado a discutir varias veces con sir Isaiah Berlin en estas conferencias, me alegra poder cerrar la cuenta con, por lo menos, este acuerdo parcial.

Pero la aceptación del criterio de «lo que funciona mejor» no hace su aplicación ni fácil ni evidente de por sí. No es un criterio que estimule veredictos sin preparar previamente, ni que se avenga a la noción de que, en cualquier caso, bien está lo que hay. Los fracasos en que se vienen abajo posibilidades existentes no son desconocidos de la historia, y ella reconoce lo que llamaré la «realización diferida»: los fracasos aparentes de hoy pueden revelarse luego contribución vital a la realización de mañana —aquí tenemos a los profetas antes de su tiempo—. Y una de las ventajas de este criterio sobre el de un supuesto principio universal y fijo consiste en que puede pedirnos que pospongamos nuestro juicio, o que lo formulemos con las reservas exigidas por cosas que todavía no han acontecido. Proudhon, que hablaba libremente en términos de principios morales abstractos, perdonó el golpe de Estado de Napoleón III después de haber prevalecido éste; Marx, que rechazaba el criterio de los principios morales abstractos, condenó a Proudhon por haberlo perdonado. Si volvemos la vista atrás desde una perspectiva histórica más larga, coincidiremos seguramente en que Proudhon estaba equivocado y Marx en lo cierto. El logro alcanzado por Bismarck nos brinda un excelente punto de partida para el examen de este problema del enjuiciamiento histórico; y, en tanto que acepto el criterio de sir Isaiah de «lo que mejor funciona», no dejo de quedar sorprendido ante la estrechez de los límites temporales dentro de los cuales parece contentarse con aplicarlo. ¿Funcionó bien lo que Bismarck creó? Más bien pensaría yo que desembocó en un desastre ingente. No quiere esto decir que trato de condenar al Bismarck que creó el Reich alemán, o a la multitud de alemanes que lo deseaban y coadyuvaron a su creación. Pero, como historiador, todavía me quedan muchas preguntas por plantear. ¿Llegó el desastre porque había resquebrajaduras ocultas en el edificio del Reich? ¿O porque había en las condiciones internas que lo trajeron a la vida algo que lo destinaba a volverse agresivo y a buscar la autoafirmación? ¿O porque, cuando se hubo creado el Reich, el escenario europeo o mundial estaba tan ocupado, y eran tan fuertes ya las tendencias expansivas de las grandes potencias, que la emergencia de otra gran potencia también expansiva era bastante para traer una colisión fortísima y reducir a ruinas todo el sistema? Según la última hipótesis, sería un error hacer a Bismarck y al pueblo alemán responsables del desastre, o por lo menos únicos responsables del mismo: no se puede echar la culpa al último que llega. Pero un juicio objetivo de la obra de Bismarck y de cómo funcionó aguarda una contestación a estas preguntas por el historiador, y no estoy seguro de que pueda todavía contestarlas definitivamente todas desde su actual posición. Lo que diría es que el historiador del tercer decenio de este siglo estaba más cerca de un juicio objetivo que el historiador del penúltimo decenio del siglo pasado, y que el historiador de hoy está más próximo de este juicio objetivo que aquél; acaso se halle aún más cerca quien historie en el año 2000. Esto ilustra mi tesis de que la objetividad en la historia no descansa ni puede apoyarse sobre un patrón fijo e inamovible de juicio, al alcance de la mano, sino sobre uno que se estructura en el futuro, y que evoluciona conforme avanza el curso de la historia. La historia adquiere significado y objetividad sólo cuando establece una relación coherente entre el pasado y el futuro.

Volvamos ahora a mirar la alegada dicotomía entre el hecho y el valor. No se pueden derivar valores de los hechos. Esta proposición es verdad en parte y falsa en parte. Basta con examinar el sistema de valores que prevalecen en cualquier período o país para convencerse de lo mucho que vienen impuestos por los hechos que proporciona el mundo circundante. En una conferencia anterior llamé la atención sobre el contenido cambiante de palabras valorativas como libertad, igualdad, justicia. Véase si no la Iglesia cristiana como institución dedicada en gran parte a la propagación de valores morales. Compárense los valores del cristianismo primitivo con los del Papado medieval, o los valores de éste con los de las Iglesias protestantes del siglo XIX. O compárense los valores promulgados en la actualidad por, pongamos por caso, la Iglesia católica en España, con los propagados por las Iglesias cristianas en Norteamérica. Estas diferencias en los valores brotan de diferencias en el hecho histórico. Tómense por ejemplo en consideración los hechos históricos que han hecho que se considerasen generalmente inmorales en el último siglo y medio la esclavitud, la desigualdad racial o la explotación del trabajo infantil, que fueron todos en algún tiempo algo moralmente neutro o respetable. La proposición según la cual no pueden deducirse valores de los hechos es, por lo menos, parcial y descaminada. Déjesenos decirlo a la inversa. No pueden derivarse hechos de los valores. También esto es parcialmente verdad, pero también puede inducir a error y hemos de formular reservas. Cuando tratamos de conocer los hechos, las preguntas que planteamos y, por lo mismo, las respuestas que obtenemos, vienen inspiradas por nuestro sistema de valores. Nuestra idea de los hechos de nuestro mundo ambiental está moldeada por nuestros valores, es decir, por las categorías a cuyo través percibimos los hechos; y esta imagen que nos hacemos es uno de los hechos importantes que debemos tener en cuenta. Los valores penetran en los hechos y son parte esencial de ellos. Nuestros valores son parte esencial de los instrumentos de que vamos provistos como seres humanos. Mediante nuestros valores actúa nuestra capacidad de adaptarnos al mundo que nos circunda, y ellos nos dotan de nuestra habilidad de adaptar a nosotros el mundo ambiente, de adquirir ese dominio sobre él que ha hecho de la historia un relato de progreso. Pero cuidado con levantar, dramatizando la lucha del hombre con el mundo que le rodea, una falsa antítesis y una separación inexistente entre hechos y valores. El progreso en la historia se logra por el conducto de la interdependencia y la interacción de hechos y valores. El historiador objetivo es el historiador que más profundamente penetra este proceso recíproco.

Una clave para la solución de este problema de los hechos y los valores es la que nos brinda la acepción que damos de ordinario a la palabra «verdad» —término que tiene un pie en el mundo del hecho y otro en el mundo del valor, y que se compone de elementos de ambos—. Y no es éste un rasgo idiosincrático del idioma inglés. Las palabras que designan la verdad en las lenguas latinas, el alemán *Wahrheit,* el ruso *pravda,*[27] tienen todas este doble carácter. Todos los idiomas parecen requerir este vocablo para una verdad que no es mera afirmación de hecho ni mero juicio de valor, sino que abarca ambos elementos. Puede ser un hecho el que yo estuviese en Londres la pasada semana. Pero normalmente no lo llamarán verdad: carece de todo contenido valorativo. Por otra parte, en la alusión de los Padres Fundadores de los Estados Unidos, en la Declaración de Independencia, a la verdad de por sí evidente de que todos los hombres han sido creados iguales, podrán pensar que el contenido valorativo de la afirmación predomina sobre el contenido fáctico, y por esta razón poner en duda su derecho a que se la considere una verdad. El ámbito de la verdad histórica se halla en alguna parte entre estos dos polos —el polo norte de los hechos carentes de valor y el polo sur de los juicios de valor, todavía luchando por transformarse ellos mismos en hechos—. El historiador, como dejé dicho en mi primera conferencia, se encuentra en equilibrio entre el hecho y la interpretación, entre el hecho y el valor. No hay modo de separarlos. Puede ser que, en un mundo estático, se vean ustedes obligados a pronunciar un divorcio entre hecho y valor. Pero la historia carece de significado en un mundo estático. La historia es, en su misma esencia, cambio, movimiento, o —si no se oponen a esta palabra pasada de moda— progreso.

Vuelvo por lo tanto, para concluir, a la descripción del progreso por Acton, como «la hipótesis científica sobre la que debe escribirse la historia». Se puede, si así se desea, convertir la historia en teología haciendo que el significado del pasado dependa de algún poder extrahistórico y suprarracional. Se puede también, si se quiere, mudar la historia en literatura —colección de narraciones y le-

27. El caso de la palabra *pravda* resulta de especial interés porque existe otra vieja palabra rusa para expresar la verdad, *istina.* Pero el deslinde no pasa por la distinción entre verdad como hecho y verdad como valor; *pravda* es la verdad humana en ambos aspectos, *istina* es la verdad divina en ambos aspectos, también la verdad acerca de Dios y la verdad en tanto que revelación divina.

yendas acerca del pasado, sin significado ni importancia—. La historia llamada así con propiedad sólo puede ser escrita por los que ven y aceptan en la historia misma un sentido de dirección. La convicción de que provenimos de alguna parte está estrechamente vinculada a la creencia de que vamos a algún lado. Una sociedad que ha perdido la fe en su capacidad de progresar en el futuro dejará pronto de ocuparse de su propio progreso en el pasado. Y, como dije al comenzar mi primera conferencia, nuestra concepción de la historia refleja nuestra concepción de la sociedad. Vuelvo con esto a mi punto de partida, declarando mi fe en el futuro de la sociedad y en el futuro de la historia.

VI

Un horizonte que se abre

La concepción defendida en estas conferencias, de la historia como un proceso en permanente movimiento, dentro del cual se mueve el historiador, parece obligarme, para terminar, a unas cuantas reflexiones acerca de la posición de la historia y del historiador en nuestro tiempo. Vivimos en un tiempo en que las predicciones de catástrofe mundial, aunque no por vez primera en la historia, están en el aire, y gravitan pesadamente sobre todos. No es posible su verificación ni su refutación. Pero, con todo, son mucho menos seguras que el pronóstico de que todos hemos de morir; y como la certidumbre del cumplimiento de este vaticinio no nos impide la formación de planes para nuestro propio futuro, pasaré a discutir el presente y el futuro de nuestra sociedad fundándome en la presuposición de que este país —y si no él, alguna parte importante del mundo— sobrevivirá a los avatares que nos amenazan, y que la historia proseguirá.

Los años de mediados del siglo xx encuentran el mundo en un proceso de cambio seguramente más profundo y más arrollador que cualquier otro de los que se han apoderado de él desde que el mundo medieval se deshizo en ruinas y se pusieron las bases del mundo moderno en los siglos xv y xvi. El cambio es, sin lugar a duda, producto fundamentalmente de los descubrimientos e inventos científicos, de su más difundida aplicación, y de los hechos acarreados por ellos, directa o indirectamente. El aspecto más visible del cambio es una revolución social comparable a la que, en los siglos xv y xvi, inauguró la subida al poder de una nueva clase basada en las finanzas y en el comercio, y más tarde en la industria. La nueva estructura de nuestra industria y la nueva estructura de nuestra sociedad presentan problemas demasiado amplios como para que me adentre en ellos aquí. Pero la mutación tiene dos aspectos más inmediatamente relevantes para mi tema: lo que llamaría un cambio en profundidad, y un cambio en la extensión geográfica. Trataré de aludir brevemente a ambos.

La historia comienza cuando los hombres empiezan a pensar en el transcurso del tiempo, no en función de procesos naturales —ciclo de las estaciones, lapso de la vida humana—, sino en función de una serie de acontecimientos específicos en que los hombres se hallan comprometidos conscientemente y en los que conscientemente pueden influir. La historia, dice Burckhardt, es «la ruptura con la naturaleza causada por el despertar de la conciencia».[1] La historia es la larga lucha del hombre, mediante el ejercicio de su razón, por comprender el mundo que le rodea y actuar sobre él. Pero el período contemporáneo ha ensanchado la lucha de una forma revolucionaria. El hombre se propone ahora comprender y modificar no sólo el mundo circundante, sino también a sí mismo; y esto ha añadido, por así decirlo, una nueva dimensión a la razón y una nueva dimensión a la historia. La época actual es, de todas, la que más se ocupa de la historia y más piensa en términos históricos. El hombre contemporáneo es consciente de sí mismo, y por lo tanto de la historia, como nunca lo ha sido el hombre antes. Escruta de buena gana la penumbra de que procede con la esperanza de que los débiles rayos de luz que en ella perciba iluminarán la oscuridad hacia la que se dirige; y a la vez sus aspiraciones y ansiedades relacionadas con el camino que le queda por andar aguzan su penetración de lo que ha quedado atrás. Pasado, presente y futuro están vinculados en la interminable cadena de la historia.

El cambio ocurrido en el mundo moderno, consistente en el desarrollo de la conciencia que de sí mismo cobra el hombre, puede hacerse partir de Descartes, quien fue el primero en establecer la posición del hombre como ser que puede no sólo pensar, sino pensar acerca de su propio pensamiento, que puede observarse a sí mismo en el acto de observar, de modo que el hombre es simultáneamente sujeto y objeto de pensamiento y observación. Pero este desarrollo no se hizo del todo explícito hasta la última parte del si-

1. J. Burckhardt, *Reflections on History*, 1959, p. 31.

glo XVIII, cuando Rousseau abrió el camino hacia nuevas profundidades de la comprensión y la conciencia de sí mismo en el hombre, y brindó a la especie una nueva visión del mundo de la naturaleza y de la civilización tradicional. La Revolución francesa, dijo Tocqueville, se inspiró en «la convicción de que lo que se precisaba era la sustitución del complejo de costumbres tradicionales que regían el orden social por normas sencillas, elementales, derivadas del ejercicio de la razón humana y del derecho natural».[2] «Nunca hasta entonces —escribió Acton en una de sus notas manuscritas— habían buscado la libertad los hombres sabiendo lo que buscaban»;[3] para Acton lo mismo que para Hegel, la libertad y la razón iban siempre juntas. Y a la Revolución francesa iba vinculada la Revolución americana.

> Hace ochenta y siete años nuestros padres trajeron a la vida, en este continente, una nueva nación, concebida en la libertad y consagrada a la proposición de que todos los hombres han sido creados iguales.

Fue, como lo sugieren las palabras de Lincoln, un acontecimiento sin precedentes —la primera vez en la historia en que los hombres se constituían deliberada y conscientemente en nación, la primera vez en que luego se empeñaban deliberada y conscientemente en moldear en ella a otros hombres—. En los siglos XVII y XVIII ya había adquirido el hombre plena conciencia del mundo que le rodeaba y de sus leyes. Ya no se trataba de misteriosos decretos de una providencia inescrutable, sino de leyes accesibles a la razón. Pero eran leyes a las que el hombre estaba sometido, y no leyes hechas por él. En la fase siguiente iba el hombre a tomar conciencia plena de su poder sobre el mundo circundante y sobre sí mismo, así como de su derecho a dictar leyes bajo las cuales habría de vivir.

La transición del siglo XVIII al mundo contemporáneo fue larga y gradual. Sus filósofos representativos fueron Hegel y Marx, y ambos ocupan una posición ambivalente. Hegel tiene arraigada la noción de las leyes de la providencia convertidas en leyes de la razón. El espíritu mundial de Hegel ase firmemente la providencia de una mano y la razón de otra. Recuerda a Adam Smith. Los individuos

---

2. A. de Tocqueville, *De l'Ancien Régime*, III, cap. 1.
3. Biblioteca de la Universidad de Cambridge: Add. MSS. 4870.

«satisfacen sus propios intereses; pero con ello se cumple algo más, latente en sus acciones aunque no presente en su conciencia». Del designio racional del espíritu mundial, escribe que los hombres, «en el acto mismo de realizarlo, lo convierten en ocasión de satisfacer su deseo, cuyo contenido aparente es distinto de este designio». Esto no es sino la armonía de los intereses traducida al lenguaje de la filosofía alemana.[4] El equivalente, en Hegel, de la «mano oculta» de Adam Smith, era la famosa «estratagema de la razón», que hace trabajar a los hombres para el cumplimiento de metas de las que no son conscientes. Pero Hegel fue, sin embargo, el filósofo de la Revolución francesa, el primer filósofo que viera la esencia de la realidad en el cambio histórico y en el desarrollo de la conciencia de sí mismo del hombre. El desarrollo en la historia significaba desarrollo hacia el concepto de libertad. Pero, después de 1815, la inspiración de la Revolución francesa feneció en la apatía de la Restauración. Hegel era demasiado tímido políticamente, y estaba, en sus últimos años, demasiado afincado en los núcleos rectores de su sociedad, como para introducir ningún significado concreto en sus proposiciones metafísicas. La descripción que diera Herzen de las doctrinas de Hegel, calificándolas de «álgebra de la revolución», era singularmente atinada. Hegel aportó la notación, pero no le dio contenido práctico. A cargo de Marx iba a correr escribir la aritmética en las ecuaciones algebraicas de Hegel.

Discípulo tanto de Adam Smith como de Hegel, Marx partió de la concepción de un mundo gobernado por leyes racionales de la naturaleza. Lo mismo que Hegel, pero esta vez de modo práctico y concreto, operó la transición a la concepción de un mundo ordenado por leyes que evolucionan siguiendo un proceso racional, a consecuencia de la iniciativa revolucionaria del hombre. En la síntesis final de Marx, la historia significaba tres cosas, inseparables una de otra y que constituían un todo racional y coherente: el devenir de los acontecimientos según leyes objetivas y primordialmente económicas; el correspondiente desarrollo del pensamiento siguiendo un proceso dialéctico; y la consiguiente acción en forma de lucha de clases, que reconcilia y une la teoría y la práctica de la revolución. Lo que brinda Marx es una síntesis de leyes objetivas y acción consciente para traducirlas a la práctica, síntesis de lo que se llama a veces, aunque equivocadamente, el determinismo y el vo-

---

4. Las citas provienen de la *Filosofía de la Historia*, de Hegel.

luntarismo. Marx menciona constantemente leyes a las que los hombres han venido estando sometidos hasta el presente sin darse cuenta de ello: más de una vez llamó la atención sobre la que designó «falsa conciencia» de los que se encuentran comprometidos en una economía capitalista y una sociedad capitalista: «Las concepciones que acerca de las leyes de producción se formen en las mentes de los agentes de la producción y de la circulación diferirán mucho de las leyes reales».[5] Pero hay en los escritos de Marx ejemplos chocantes de llamamientos a una acción revolucionaria consciente. «Los filósofos se han limitado a interpretar el mundo de distintos modos —decía la famosa tesis sobre Feuerbach—, pero de lo que se trata es de cambiarlo.» «El proletariado», declaraba el *Manifiesto Comunista,* «se valdrá de su dominación política para despojar paso a paso a la burguesía de todo capital, y concentrar todos los medios de producción en las manos del Estado». Y en *El dieciocho Brumario de Luis Bonaparte* hablaba Marx de la «conciencia intelectual que, en un proceso empezado hace un siglo, viene disolviendo todas las ideas tradicionales». Era el proletariado quien había de disolver la falsa conciencia de la sociedad capitalista, e introduciría la conciencia verdadera de la sociedad sin clases. Pero el fracaso de las revoluciones de 1848 constituyó un paso atrás grave y dramático para el desarrollo que pudo parecer inminente cuando Marx empezó a trabajar. La última parte del siglo XIX transcurrió en una atmósfera que todavía era predominantemente de prosperidad y de seguridad. No completamos hasta comienzos de este siglo la transición al período contemporáneo de la historia, en que la función primordial de la historia no es ya la de comprender las leyes objetivas que gobiernan el comportamiento del hombre en la sociedad, sino la de dar nueva forma a la sociedad y a los individuos que la componen mediante la acción consciente. En Marx, la «clase», aunque no definida con claridad, permanece en su conjunto como una concepción objetiva explicitable por análisis económico. En Lenin, el énfasis se desplaza de la «clase» al «partido», el cual constituye la vanguardia de la clase y le infunde el elemento necesario de la conciencia de clase. En Marx, la «ideología» es un término negativo —un producto de la falsa conciencia del orden social capitalista—. En Lenin, la «ideología» se torna neutral o positiva —convicción implantada por una elite de líderes

5. *Capital,* III, trad. ing., 1909, p. 369.

con conciencia de clase en una masa de trabajadores con potencial conciencia de clase—. El proceso por el que se moldea la conciencia de clase deja de ser algo automático, y se convierte en tarea que debe emprenderse.

El otro gran pensador que ha añadido una nueva dimensión a la razón de nuestro tiempo es Freud, que sigue siendo hoy una figura algo enigmática. Por su formación y su origen era un individualista liberal decimonónico, y aceptaba sin discusión la premisa, común pero equívoca, de una fundamental antítesis entre el individuo y la sociedad. Freud, al enfocar al hombre como ente biológico antes que social, tendía a tratar el mundo circundante social como algo dado históricamente en vez de como cosa en constante trance de creación y de transformación por el hombre mismo. Los marxistas siempre le han acometido por partir del individuo al estudiar lo que son realmente problemas sociales, y le han condenado como reaccionario por esta razón. Y esta acusación, válida sólo en parte contra el propio Freud, la ha justificado mucho más la actual escuela neofreudiana en los Estados Unidos, la cual afirma que los desajustes son achacables al individuo y no a la estructura de la sociedad, y hace de la adaptación del individuo a la sociedad la función esencial de la psicología. El otro cargo popular contra Freud, a saber, que ha incrementado la importancia de lo irracional en los asuntos humanos, es totalmente infundado, y descansa en una burda confusión entre el reconocimiento del elemento irracional en el comportamiento humano y un culto de lo irracional. Lo que sí es desgraciadamente cierto es que existe en el actual mundo de habla inglesa un culto de lo irracional, que cobra principalmente la forma de una infravaloración de los logros y potencialidades de la razón; es ello parte de la contemporánea corriente de pesimismo y de ultraconservadurismo, de la que hablaré luego. Pero esto no arranca de Freud, que era un racionalista elemental y sin reservas. Lo que Freud hizo fue extender el ámbito de nuestro conocimiento y de nuestra comprensión abriendo a la conciencia y a la investigación racional las raíces inconscientes de la conducta humana. Esto redundó en un acrecimiento del ámbito de la razón, un incremento del poder del hombre de comprenderse y controlarse, y de hacer lo propio con el mundo circundante; representa por lo tanto un progreso y un logro revolucionario. A este respecto, Freud complementa, y no contradice, la obra de Marx. Freud pertenece al mundo contemporáneo en cuanto, pese a que él mismo no escapó del todo a la concepción de una naturaleza humana fija e inmutable, aportó los instrumentos para una mejor comprensión de las raíces de la conducta humana, y por ende para su modificación consciente por procesos racionales.

Para el historiador, la especial importancia de Freud tiene un doble carácter. En primer lugar, Freud echó la última llave al sepulcro de la vieja ilusión de que los motivos que los hombres alegan o creen tener en la base de su actuación sirven de hecho para explicar su modo de obrar: es éste un logro negativo de alguna importancia, aunque la reivindicación positiva de algunos que pretenden esclarecer la conducta de los grandes hombres de la historia con los métodos del psicoanálisis debe mirarse con circunspección. El procedimiento del psicoanálisis se funda en un examen cuidadoso del paciente a quien se estudia, formulándole preguntas y contrapreguntas, lo que resulta difícil con un muerto. En segundo lugar, Freud refuerza la obra de Marx cuando estimula al historiador a examinar su propia posición en la historia, los motivos —acaso los motivos ocultos— que le han llevado a la elección del tema o del período que investiga, y su selección e interpretación de los hechos, la premisa nacional y social que ha determinado su óptica, la concepción del futuro que da forma a su concepción del pasado. Desde que escribieron Marx y Freud, el historiador ya no tiene excusa para pensarse individuo separado, al margen de la sociedad y fuera de la historia. Estamos en la edad de la conciencia de sí mismo: el historiador puede y tiene la obligación de saber lo que está haciendo.

Esta transición al que he llamado el mundo contemporáneo —la extensión a nuevos ámbitos de la función y del poder de la razón— todavía no se ha cumplido del todo: es parte del cambio revolucionario que está experimentado el mundo del siglo XX. Desearía examinar algunos de los principales síntomas de la transición.

Déjenme comenzar por la economía. Hasta 1914 la creencia en leyes económicas objetivas, que gobernaban el comportamiento económico de hombres y naciones, y que sólo en perjuicio suyo podían unos y otras infringir, era un dogma que virtualmente nadie discutía. Los ciclos comerciales, las fluctuaciones de los precios, el desempleo, estaban determinados por estas leyes. Hasta nada menos que 1930, cuando llegó la gran depresión, era éste el punto de vista dominante. A contar de entonces todo ocurrió muy deprisa. En los años siguientes se empezó a hablar del «fin del hombre económico», entendiendo por éste el individuo que regía sus intereses económicos según las leyes económicas; y desde entonces, nadie salvo unos cuantos cuyos relojes quedaron parados en el siglo XIX, creen en las leyes económicas así entendidas. Las ciencias económicas actuales se han convertido en una serie de ecuaciones matemáticas teóricas, o en un estudio práctico de cómo unas cuantas personas determinan a otras a obrar en tal o cual sentido. El cambio es, en lo fundamental, producto de una transición del capitalismo individual al capitalismo en gran escala. Mientras predominó el empresario o el comerciante individual, nadie pareció controlar la economía ni ser capaz de influir en ella de modo determinante; y se conservó incólume la ilusión de leyes y procesos impersonales. Hasta el Banco de Inglaterra, en los días de su mayor poder, era visto como un registrador objetivo y casi automático de las tendencias económicas, y no como un competente operador y manipulador. Pero al pasar de una economía de *laissez-faire* a una economía dirigida (economía capitalista dirigida o economía socialista; de dirección nominalmente privada a cargo de los grandes grupos capitalistas o de dirección estatal), se desvaneció el espejismo. Se hace patente que ciertas personas toman ciertas decisiones con ciertos fines, y que estas decisiones determinan el curso económico que vamos a seguir. Todo el mundo sabe que el precio del aceite o del jabón no varía conforme a alguna ley objetiva de la oferta y de la demanda. Todo el mundo sabe, o cree saber, que las depresiones y el paro son hechura humana: los gobiernos reconocen, y hasta proclaman, que saben remediarlos. Se ha pasado del *laissez-faire* al plan, de la inconsciencia a la conciencia, de la creencia en leyes objetivas económicas a la convicción de que el hombre puede con su acción ser dueño de su destino económico. La política social ha seguido en esto estrechamente los pasos de la política económica: hasta tal punto que la política económica se ha incorporado a la política social. Déjeseme entresacar del último volumen de la primera *Cambridge Modern History,* publicado en 1910, un comentario harto penetrante de un autor que era cualquier cosa menos un marxista, y que seguramente nunca oyó hablar de Lenin:

> La creencia en la posibilidad de una reforma social mediante el esfuerzo consciente es la corriente predominante de la mente europea; ha suplantado la creencia en la libertad como la panacea por antonomasia... El hecho de que haya adquirido carta de naturaleza en el pre-

sente es tan importante y va cargado de tantas consecuencias como la creencia en los derechos del hombre en tiempos de la Revolución francesa.[6]

Hoy, cincuenta años después de escrito este párrafo, más de cuarenta años tras la Revolución rusa, y a los treinta de la gran depresión, esta creencia se ha convertido en un lugar común; y la transición del sometimiento a leyes económicas objetivas que, aunque se las supusiese racionales, estaban más allá del control humano, a la creencia en la capacidad del hombre de controlar su destino económico mediante una acción consciente, me parece representar un adelanto en la aplicación de la razón a las cosas humanas, una mayor capacidad del hombre de comprenderse y regirse a sí mismo y al mundo que le rodea, adelanto y capacidad que estoy dispuesto, si es necesario, a denominar progreso, a la antigua usanza.

No tengo tiempo aquí para detenerme en detalle en procesos similares que ocurren en otros campos. Hasta la ciencia, según hemos visto, se interesa menos ahora por la investigación y la fijación de leyes objetivas de la naturaleza que por la elaboración de hipótesis operativas con las que el hombre pueda someter la naturaleza a sus propósitos y transformar el mundo ambiente. Y lo que es más importante, el hombre ha comenzado, mediante el ejercicio consciente de la razón, a transformarse a sí mismo, además de modificar lo que le rodea. A últimos del siglo XVIII, Malthus, en una obra que hizo época, trató de fijar unas leyes objetivas de la población que, lo mismo que las leyes del mercado de Adam Smith, funcionaban sin que nadie fuese consciente del proceso actuante. En la actualidad nadie cree en leyes objetivas de esta clase; mas el control de la población se ha convertido en problema de una política social racional y consciente. Hemos visto en nuestro tiempo el alargamiento, por el esfuerzo humano, del tiempo de la vida humana, y la alteración del equilibrio generacional en nuestra población. Hemos oído de específicos utilizados conscientemente para influir en el comportamiento humano, y de operaciones quirúrgicas encaminadas a modificar el carácter humano. Han cambiado tanto el hombre como la sociedad, y la mutación se ha operado ante nuestros ojos, por esfuerzo humano consciente. Pero los más importantes de estos

6. *Cambridge Modern History*, xii, 1910, p. 15; el autor del capítulo era S. Leathes, uno de los directores de esta obra y funcionario de la Administración.

cambios han sido probablemente los traídos por el desarrollo y el uso de los métodos modernos de persuasión y adoctrinamiento. Los educadores, a cualquier nivel que se encuentren, están en la actualidad cada vez más conscientemente empeñados en contribuir a dar a la sociedad su nueva forma, conforme a un molde determinado, y en inculcar en la generación ascendente las actitudes, las adhesiones y las opiniones apropiadas a ese tipo de sociedad; la política educadora es parte integrante de cualquier política social racionalmente planeada. La primera función de la razón, en cuanto se la aplica al hombre en la sociedad, ya no es la mera de investigar sino la de transformar; y esta elevada conciencia del poder del hombre de mejorar la conducción de sus asuntos sociales, económicos y políticos por la aplicación de procesos racionales es, para mí, uno de los aspectos más destacados de la revolución del siglo xx.

La indicada expansión de la razón es solamente parte del proceso que en una conferencia anterior llamé de «individualización» —la diversificación de las habilidades, ocupaciones y oportunidades individuales que es concomitante a una civilización que avanza—. Acaso fuera la consecuencia de mayor alcance de la Revolución industrial el incremento progresivo de los que aprenden a pensar, a valerse de su razón. En Gran Bretaña, es tanta nuestra pasión por el gradualismo, que el movimiento es a veces escasamente perceptible. Hemos descansado sobre los laureles de una instrucción elemental universal durante la mayor parte de un siglo, y todavía no hemos avanzado mucho o muy deprisa hacia una instrucción más elevada para todos. Esto no tenía tanta importancia cuando regíamos el mundo. Importa más cuando hemos sido alcanzados por otros con más prisa que nosotros, y cuando el cambio tecnológico ha acelerado el ritmo en todas partes. Porque la revolución social, la revolución tecnológica y la revolución científica son partes y componentes del mismo proceso. Si se desea un ejemplo académico del proceso de industrialización, téngase en cuenta la ingente diversificación habida en los últimos cincuenta o sesenta años en la historia, o en la ciencia, o en cualquiera de las ciencias particulares, y la incrementadísima variedad de especializaciones individuales que ofrece. Pero tengo a la mano un ejemplo mucho más chocante de este proceso a otro nivel. Hace más de treinta años, un jefe militar alemán que visitaba la Unión Soviética escuchaba las explicaciones aclaratorias de un oficial soviético acerca de la constitución del Ejército del Aire rojo:

Nosotros los rusos tenemos que habérnoslas con un material humano todavía primitivo. Nos vemos obligados a adaptar el avión al tipo de piloto a nuestra disposición. El desarrollo técnico del material se irá perfeccionando conforme a nuestro éxito en el desarrollo de un nuevo tipo de hombre. Los dos factores se condicionan recíprocamente. Hombres primitivos no pueden meterse en máquinas complicadas.[7]

Hoy, escasamente una generación más tarde, sabemos que las máquinas rusas ya no son primitivas, y que los millones de hombres y de mujeres rusos que planean, construyen y hacen funcionar estas máquinas han dejado asimismo de ser primitivos. Como historiador, estoy más interesado por el segundo de estos fenómenos. La racionalización de la producción significa algo mucho más importante —la racionalización del hombre—. En toda la faz de la tierra están aprendiendo hoy hombres primitivos a utilizar máquinas complicadas, y al hacerlo así aprenden a pensar, a valerse de su razón. La revolución, que podrá llamarse con justicia revolución social, pero que en el presente contexto llamaré expansión de la razón, no hace sino comenzar. Pero avanza a un ritmo increíble para mantenerse en contacto con los increíbles adelantos técnicos de la última generación. Éste me parece uno de los aspectos primordiales de nuestra revolución del siglo XX.

Algunos de nuestros pesimistas y escépticos a lo mejor me llaman al orden si dejo aquí de señalar los peligros y los aspectos ambiguos del papel asignado a la razón en el mundo contemporáneo. En una de las anteriores conferencias dije que la creciente individualización en el sentido apuntado no implicaba ninguna debilitación de las presiones sociales en pro de la uniformidad y del conformismo. Ésta es, desde luego, una de las paradojas de nuestra compleja sociedad actual. La instrucción, que es un instrumento necesario y poderoso para favorecer la expansión de las capacidades y oportunidades del individuo, y por lo tanto la expansión también de una mayor individualización, es, asimismo, entre las manos de los grupos con intereses, una poderosa herramienta para fomentar la uniformidad social. Las peticiones, frecuentes, de una radio y una televisión más responsables, o de una prensa más responsable, van dirigidas ante todo contra ciertos fenómenos negativos fáciles de condenar. Pero se convierten rápidamente en

7. *Vierteljahrshefte für Zeitgeschichte*, Munich, i, 1953, p. 38.

peticiones encaminadas a utilizar estos poderosos instrumentos de persuasión de las masas para inculcar gustos convenientes y opiniones deseables —hallándose el patrón de la conveniencia en los gustos y opiniones ya aceptados por la sociedad—. Estas campañas, para quienes las conducen, son procesos conscientes y racionales encaminados a dar forma a la sociedad, moldeando sus individuos, en una dirección querida. Otros ejemplos reveladores de estos peligros son los que brindan el especialista de la publicidad comercial y el propagandista político. Papeles ambos que no pocas veces desempeña la misma persona; abiertamente en Estados Unidos y con alguna mayor timidez en Gran Bretaña, partidos y candidatos emplean a profesionales de la publicidad para que les hagan prevalecer. Los dos procedimientos, aun cuando sean formalmente distintos, se parecen singularmente. Los profesionales de la publicidad y los jefes de los departamentos de propaganda de los grandes partidos políticos son hombres de elevada inteligencia que ponen en juego todos los recursos de la razón para alcanzar el fin propuesto. Sin embargo, la razón, como hemos ido viendo en otras ocasiones, no se emplea para la mera exploración, sino de modo constructivo, no estática sino dinámicamente. Los profesionales de la publicidad y los directores de campaña política no se ocupan fundamentalmente de los datos existentes. Solamente les interesa lo que el consumidor o el elector creen o quieren ahora en la medida en que ello contribuye al resultado, a saber, lo que el consumidor o el elector pueden, mediante hábil manejo, ser inducidos a creer o desear. Y lo que es más, su estudio de la psicología de masas les ha probado que la forma más rápida de lograr la aceptación de sus puntos de vista es la que recurre a apelar al elemento irracional del elector o del consumidor, de modo que nos encontramos ante un panorama en que una selecta minoría de industriales, profesionales o de líderes políticos alcanza sus metas pasando por procesos racionales más desarrollados que nunca anteriormente, mediante la comprensión y el uso del irracionalismo de las masas. No se apela primordialmente a la razón: se procede sobre todo según el método que Oscar Wilde llamaba «pegar golpes bajos intelectuales». He exagerado un poco la imagen para que no se me acuse de subestimar el peligro.[8] Pero en términos generales es correcta y podría

8. Para una discusión más completa, véase *The New Society*, 1951, cap. I, *passim*, del autor.

aplicarse fácilmente a otras esferas. En todas las sociedades, los grupos rectores aplican medidas más o menos coercitivas para organizar y controlar la opinión de la masa. Este método parece peor que otros porque constituye un abuso de la razón.

En contestación a esta grave cuanto fundamentada acusación, no tengo sino dos argumentos. El primero es el conocido de que todo invento, toda innovación, toda nueva técnica descubierta en el curso de la historia ha tenido sus facetas negativas a la vez que sus aspectos positivos. Siempre ha habido quien ha corrido con el costo de ellos. No sé cuánto tiempo después de inventada la imprenta empezaron los críticos a decir que facilitaba la difusión de opiniones equivocadas. Es hoy lugar común lamentar los accidentes mortales de la carretera, causados por el advenimiento del automóvil; y hasta hay científicos que deploran su propio descubrimiento de las formas y medios de liberar la energía atómica, debido a la utilización catastrófica que de ella se puede hacer, y se hace. Las objeciones de esta clase no han valido en el pasado y no es probable que valgan en el porvenir para detener el avance de los nuevos descubrimientos e inventos. Lo que hemos aprendido de las técnicas y las potencialidades de la propaganda de masas no puede borrarse sin más. No es más posible la vuelta a la democracia individualista en pequeña escala, al estilo de la propagada por las teorías de Locke o del liberalismo, y parcialmente realizada en Gran Bretaña en los años de mediados del siglo XIX, que el retorno al caballo y la tartana o al prístino capitalismo del *laissez-faire*. Pero la verdadera respuesta es que estos males llevan en sí mismos su propio correctivo. El remedio estriba en la conciencia, creciente abajo tanto como arriba, del papel que puede desempeñar la razón; ahí radica, y no en el culto del irracionalismo o en la renuncia al papel cada vez mayor de la razón en la sociedad contemporánea. Y no es el mío aquí un sueño utópico, en un momento en que nuestra revolución tecnológica y científica obliga a un mayor uso de la razón en todos y cada uno de los niveles de la sociedad. Lo mismo que cualquier otro gran avance en la historia, tiene éste su costo y sus bajas, que deben tributarse, así como sus peligros, a los que debe hacerse frente. Sin embargo, y aunque pese a los escépticos, a los cínicos y a los profetas del desastre, que abundan especialmente entre los intelectuales de los países cuya anterior posición privilegiada ha sido minada, no me avergonzaré de ver en esto un ejemplo destacado de progreso en la historia.

Puede que sea el fenómeno más sorprendente y más revolucionario de nuestro tiempo.

El segundo aspecto de la revolución progresiva por la que estamos pasando es el cambio habido en la configuración del mundo.
El gran período de los siglos xv y xvi, durante el cual se deshizo finalmente en ruinas el mundo medieval y se asentaron los cimientos del mundo moderno, se caracterizó por el descubrimiento de
nuevos continentes y por el traslado del centro de gravedad del
mundo de las riberas mediterráneas a las del Atlántico. Aun el menor seísmo de la Revolución francesa tuvo su secuela geográfica en
la entrada del nuevo mundo a restaurar el equilibrio en el viejo.
Pero los cambios acarreados por la revolución del siglo xx son mucho más arrolladores que cualesquiera otros acontecidos desde el
siglo xvi. Después de cuatrocientos años, el centro de gravedad
mundial ha salido claramente de la Europa occidental. Europa occidental, junto con las otras partes del mundo de habla inglesa, se
han convertido en zonas dependientes del continente norteamericano, o, si se prefiere, en aglomeración donde los Estados Unidos
hacen a la vez de central eléctrica y de torre de control. Pero éste
no es tampoco el solo cambio, ni acaso el más importante. No es
en absoluto evidente que el centro de gravedad esté ahora en el
mundo de habla inglesa con su anejo europeo, ni que vaya a per-
manecer largo tiempo en él. Parece que es la gran extensión de terreno que cubren Europa oriental y Asia, con sus prolongaciones
en África, la que marca la pauta en los asuntos mundiales de hoy.
El tópico del «oriente inmutable» está singularmente desacredita-
do en nuestros días.
Echemos una rápida ojeada a lo que en Asia ha acontecido durante lo que va de siglo. La historia empieza con la alianza anglo-
japonesa de 1902, la primera admisión de un país asiático en el círculo mágico de las grandes potencias europeas. Acaso parezca
coincidencia que Japón señalase su promoción atacando y derro-
tando a Rusia, con lo que encendió la primera chispa que prendió
la gran revolución del siglo xx. Las revoluciones francesas de 1789
y de 1848 habían encontrado imitadores en Europa. La Revolución
rusa de 1905 no despertó ningún eco en Europa, pero halló imitadores en Asia: en los pocos años subsiguientes hubo revoluciones
en Persia, en Turquía y en China. La Primera Guerra Mundial no

fue precisamente una guerra mundial, sino una guerra civil europea —suponiendo que existiera eso que se llama Europa— de consecuencias mundiales: entre ellas, el estímulo del desarrollo industrial en muchos países asiáticos, del sentimiento xenófobo en China, y del nacionalismo indio, así como el nacimiento del nacionalismo árabe. La Revolución rusa de 1917 dio otro impulso más, decisivo. Lo importante aquí era que sus líderes buscaron de modo persistente y en vano imitadores en Europa, y finalmente los hallaron en Asia. Era Europa la que se había vuelto «inmutable» y Asia la que se ponía en movimiento. No hace falta que siga narrando esta historia conocida hasta nuestros días. El historiador no está aún en una posición que le permita medir el alcance y la importancia de la Revolución asiática y africana. Pero la difusión de los procesos tecnológicos e industriales modernos, y de los comienzos de la conciencia política y de la instrucción, para millones de seres humanos que integran las poblaciones de Asia y de África, es algo que está cambiando la faz de estos continentes; y aunque no puedo penetrar el futuro, no sé de ningún patrón de juicio que me permita ver en ello otra cosa que un desarrollo progresivo en la perspectiva de la historia mundial. El cambio de configuración del mundo que resulta de estos acontecimientos ha acarreado, en los asuntos mundiales, una relativa mengua del peso, de este país desde luego, y quizá de los países de habla inglesa en su conjunto. Pero decadencia relativa, en este sentido, no es decadencia absoluta; y lo que me turba y alarma no es la marcha del progreso en Asia o en África, sino la tendencia que observo en los grupos dominantes de este país —y acaso de otros— a cegarse ante este desarrollo, a no quererlo comprender, a adoptar frente a él una actitud mixta de desdeño suspicaz y de afable condescendencia, a abismarse en una paralizante nostalgia del pasado.

La que he dado en llamar expansión de la razón en nuestra revolución del siglo XX tiene consecuencias particulares para el historiador; porque la expansión de la razón significa, esencialmente, el emerger en la historia de grupos y clases, de pueblos y continentes que hasta la fecha se mantuvieron al margen de ella. Sugerí en mi primera conferencia que la tendencia de los historiadores del Medioevo a ver la sociedad medieval a través del prisma de la religión se debía al carácter exclusivo de sus fuentes. Desearía llevar algo más allá esta explicación. Se ha dicho, creo que correctamente aunque con alguna exageración, que la Iglesia fue «la única institución racional de la Edad Media».[9] Siendo la única institución racional, era la única institución histórica; sólo ella estaba sujeta a un curso racional de desarrollo susceptible de ser aprehendido por el historiador. La sociedad secular estaba moldeada y organizada por la Iglesia y no tenía vida racional propia. La masa de los hombres pertenecía, lo mismo que los pueblos prehistóricos, a la naturaleza más que a la historia. La historia moderna comienza cuando despiertan más y más hombres a la conciencia social y política, cuando más y más hombres toman conciencia de sus grupos respectivos como entidades históricas que tienen un pasado y un futuro, y cuando entran totalmente en la historia. Sólo en los últimos doscientos años a lo sumo, y aun en un puñado de naciones adelantadas, ha comenzado a difundirse la conciencia social, política e histórica entre la que podemos considerar mayoría de la población. Sólo hoy se ha hecho posible, por vez primera, siquiera imaginar un mundo que consista todo él en pueblos que han entrado en la historia en toda la amplitud de la expresión y que pasan a ocupar al historiador y no ya al administrador colonial o al antropólogo.

Esto implica una revolución en nuestra concepción de la historia. En el siglo XVIII la historia era aún la historia de las *élites*. En el siglo XIX los historiadores británicos comenzaron, a tirones, espasmódicamente, a avanzar hacia una noción de la historia como historia de toda la comunidad nacional. J. R. Green, historiador más bien pedestre, adquirió fama escribiendo la primera *Historia del Pueblo Inglés*. En el siglo XX no hay historiador que no apoye, de palabra, este punto de vista; y, pese a que los hechos son inferiores a las palabras, no me detendré en estas deficiencias, ya que me interesa mucho más nuestro fracaso, como historiadores, en tener en cuenta la dilatación del horizonte fuera de este país y fuera de Europa occidental. Acton, en su informe de 1896, hablaba de historia universal como «aquella que se distingue de la historia combinada de todos los países». Y seguía así:

> Avanza según una sucesión para la que las naciones son subsidiarias. Su historia se contará, pero no por sí misma, sino refiriéndola y subordinándola a una serie más alta, según el tiempo y el grado en que contribuyen a la fortuna común de la humanidad.[10]

---

9. A. von Martin, *The Sociology of the Renaissance*, trad. ing., 1945, p. 18.
10. *Cambridge Modern History: Its Origins, Authorship and Production*, 1907, p. 14.

Era valor entendido para Acton que la historia universal, tal y como la concebía, era la preocupación de cualquier historiador digno de tal nombre. ¿Qué estamos haciendo ahora para facilitar el enfoque de la historia universal desde este ángulo?

No me proponía tocar en estas conferencias el estudio de la historia en esta Universidad, pero me brinda tan sorprendentes ejemplos de lo que trato de decir que sería cobardía por mi parte eludir esta realidad. Durante los últimos cuarenta años hemos dedicado en nuestros programas amplio lugar a la historia de los Estados Unidos. Es éste un importante paso adelante. Pero ha llevado consigo cierto peligro de reforzar el localismo estrecho de la historia inglesa, que ya gravita como un peso muerto sobre nuestros programas, reforzarlo con el más insidioso e igualmente peligroso espíritu parroquial del mundo de habla inglesa. La historia del mundo de habla inglesa durante los últimos cuatrocientos años ha sido sin lugar a duda un gran período de la historia. Pero hacer de ella la médula de la historia universal, y juzgar periférico a ella todo lo demás, constituye una desafortunada distorsión de perspectiva. Es obligación de una Universidad la de remediar distorsiones populares de esta clase. Me parece que la escuela de historia moderna en esta Universidad llega bastante allá en el incumplimiento de este deber. Es seguramente un error que un candidato pueda presentarse al concurso de premio extraordinario de historia en una Universidad importante sin tener un conocimiento adecuado de ningún otro idioma moderno además del inglés; recordemos a este respecto lo que en Oxford ocurrió a la antigua y respetada disciplina de la filosofía cuando quienes la practicaban llegaron a la conclusión de que podían pasar perfectamente con el llano inglés de cada día. Es seguramente un error que no se den facilidades algunas al estudiante que quiere estudiar la historia moderna de cualquiera de los países de Europa continental por encima del nivel de los libros de texto. Un candidato con algunos conocimientos de los asuntos de Asia, África o Latinoamérica tiene hoy en día muy escasas oportunidades de exponerlos en un examen con, por tema, el magnífico título con aureola decimonónica de «la expansión de Europa». Por desgracia, el título coarta el contenido: no se invita al estudiante a saber nada siquiera de países con una historia importante y bien documentada como China o Persia, fuera de lo acontecido cuando los europeos trataron de apoderarse de ellos. Se me dice que en esta Universidad se dan conferencias sobre la historia de Rusia, China y Persia —pero no las dan miembros de la facultad de historia—. La convicción expresada por el catedrático de chino en su conferencia inaugural hace cinco años, a saber, que «China no puede ser pensada al margen de la corriente central de la historia humana»[11] ha caído en saco roto para los historiadores de Cambridge. La que en los años venideros podrá acaso considerarse como la más importante obra histórica producida en Cambridge durante el pasado decenio ha sido escrita por completo fuera del departamento de historia, y sin ayuda alguna por parte de éste: me refiero al trabajo del doctor Needhan, *La Ciencia y la Civilización en China*. Esto implica una lección de modestia. No hubiera expuesto estos defectos domésticos a la mirada de todos de no haberlos creído típicos de la mayoría de las otras universidades británicas y de los intelectuales británicos en general durante los años de mediados de nuestro siglo. El gastado viejo chiste acerca de la insularidad victoriana, «Tempestad sobre el Canal - el Continente está aislado», tiene un desagradable sabor de actualidad. Una vez más sacuden las tormentas el mundo de allende nosotros; y mientras que nosotros, en los países de habla inglesa, nos hacinamos bien prietos y nos decimos en el inglés llano de cada día que los demás países y los demás continentes están, por su comportamiento poco común, aislados de las alegrías y bendiciones de nuestra civilización, hay veces en que más bien parece que, por nuestra incapacidad o nuestra negativa a comprender, nos estamos aislando de lo que en el mundo está pasando realmente.

En las primeras frases de mi primera conferencia, llamé la atención sobre la notable diferencia de visión que separa los años de mediados de este siglo de los de las postrimerías del XIX. Quisiera, para terminar, desarrollar este contraste, con la previa observación de que si utilizo en este contexto las palabras «liberal» y «conservador», queda bien entendido que no lo hago aludiendo a su sentido de etiquetas de partidos políticos británicos. Cuando Acton habló de progreso no creo que pensara en función del popular concepto británico de «gradualismo». «La Revolución, o, como decimos, el Liberalismo», es una frase curiosa de una carta de 1887. «El método del progreso moderno —dijo en una conferencia acer-

11.   E. G. Pullevblank, *Chinese history and World history*, 1955, p. 36.

ca de la historia moderna diez años más tarde— ha sido la revolución»; y en otra conferencia aludió al «advenimiento de las ideas generales, que llamamos revolución». Esto queda explicado en una de sus notas manuscritas inéditas: «El *Whig* gobernó mediante el compromiso: el Liberal inicia el reinado de las ideas.»[12] Acton creía que «reinado de las ideas» significaba liberalismo y que liberalismo significaba revolución. El liberalismo todavía conservaba, en vida de Acton, parte de su fuerza como elemento dinámico de cambio social. En nuestros días, lo que del liberalismo queda se ha tornado por doquier factor conservador en la sociedad. Carecería de sentido predicar hoy un retorno a Acton. Pero lo que importa al historiador es, primero, fijar la posición de Acton, luego contrastar su posición con la de los pensadores contemporáneos, y en tercer lugar investigar qué elementos de su posición pueden ser todavía válidos en la actualidad. La generación de Acton padeció, a no dudarlo, una sobresaturación de confianza en sí misma y de optimismo, y no se percató bastante de lo precario de la estructura sobre la que descansaba su fe. Pero tenía dos cosas de que estamos muy necesitados hoy: un sentido del cambio como factor progresivo en la historia, y la creencia en la razón como guía maestra para la comprensión de sus complejidades.

Atendamos ahora a algunas palabras del pasado decenio. En una conferencia anterior cité la manifestación de satisfacción de sir Lewis Namier ante el hecho de que, en tanto se buscan «soluciones prácticas» para «problemas concretos», los «programas e ideales son olvidados por ambas partes», lo cual, añadía, era síntoma de «madurez nacional».[13] No soy muy partidario de esta clase de analogía entre el lapso de vida de los individuos y el de las naciones; y si ha de invocarse ésta, sobreviene la tentación de pre-

---

12. Para estos párrafos, véase Acton, *Selection from Correspondence*, 1917, p. 278; *Lectures on Modern History*, 1906, pp. 4, 32; Add MSS 4949 (en la Biblioteca de la Universidad de Cambridge). En la carta de 1887, arriba citada, Acton califica el cambio de los «viejos» a los «nuevos» *Whigs* (es decir, los liberales) de «descubrimiento de la conciencia»: aquí «conciencia» *(conscience)* está obviamente asociada con el desarrollo de la consciencia *(consciousness)* —véase p. 219—, y corresponde al «reinado de las ideas». También Stubbs dividió la historia moderna en dos períodos, separados por la Revolución Francesa: «el primero, historia de potencias, fuerzas y dinastías; el segundo, historia donde las ideas ocupan el lugar tanto de las formas como de los derechos» (W. Stubbs, *Seventeen Lectures on the Study of Mediaeval and Modern History*, 3.ª ed., 1900, p. 239).

13. Véanse pp. 115-116.

guntar qué sigue a la fase de la «madurez» ya pasada. Pero lo que me interesa es el brusco contraste entre lo práctico y lo concreto, que son elogiados, y los «programas e ideales» objeto de censura. Esta exaltación de la acción práctica por encima de la teorización idealista es, desde luego, el marchamo del conservadurismo. En el pensamiento de Namier representa la voz del siglo XVIII, de la Inglaterra tal cual era al acceder al trono Jorge III, protestando contra la amenaza de irrupción inmediata de esa revolución y ese imperio de las ideas a que alude Acton. Pero esta misma expresión familiar de conservadurismo descarado bajo la especie de un empirismo descarado está sumamente de moda en la actualidad. Puede hallársela en su forma más popular en la observación del profesor Trevor-Roper, según la cual «cuando los radicales gritan que suya es indubitablemente la victoria, los conservadores sensatos les dan en la nariz».[14] El profesor Oakeshott nos ofrece una versión más elaborada de este empirismo tan de moda: en nuestras preocupaciones políticas, nos dice, «navegamos por un mar sin fin y sin fondo», donde «no hay punto de partida ni lugar concertado de destino» y donde nuestra sola meta es la de «mantenernos a flote sobre una tabla ligera».[15] No será necesario que prosiga con el catálogo de los escritores coetáneos que han denunciado el «utopismo» y el «mesianismo» políticos; éstos han pasado a ser los términos corrientes para designar el oprobio que se hace recaer sobre las ideas radicales de largo alcance que conciernen al futuro de la sociedad. Ni he de intentar discutir recientes tendencias de Estados Unidos, país donde historiadores y teóricos políticos han padecido menos inhibiciones que sus colegas británicos en la proclamación abierta de su filiación conservadora. Mencionaré sólo una observación de uno de los más distinguidos y más moderados historiadores conservadores norteamericanos, el profesor Samuel Morison, de Harvard, que al dirigirse a la American Historical Association por él presidida, en diciembre de 1950, decía que en su opinión había llegado el momento de reaccionar contra la que llamaba «línea de Jefferson-Jackson-F. D. Roosevelt», y reclamaba una historia de los Estados Unidos «escrita desde un punto de vista sanamente conservador».[16]

14. *Encounter*, vii, n.º 6, junio de 1957, p. 17.
15. M. Oakeshott, *Political Education*, 1951, p. 22.
16. *American Historical Review*, n.º lvi, n.º 2, enero de 1951, pp. 272-273.

Pero es el profesor Popper quien, en Gran Bretaña por lo menos, ha expresado, una vez más, este cauto enfoque conservador en su forma más clara y más tajante. Reiterando en esto la repulsa de «programas e ideales» por Namier, ataca las políticas que dice se proponen «remodelar el "conjunto de la sociedad" según un plan determinado», y recomienda lo que llama «una estructuración social por trozos», y no parece arredrarse ante la imputación de «chapucería» o de «avanzar a ciegas».[17] Sin embargo, hay un punto en que desearía rendir tributo al profesor Popper. Permanece defensor empecinado de la razón y no quiere parte en excursiones pasadas o presentes por el irracionalismo. Pero si miramos el contenido de su prescripción de «estructuración social por trozos», veremos lo limitado que resulta el papel que asigna a la razón. A pesar de que su definición de la «estructuración por trozos» no es muy precisa, se nos dice de modo específico que queda excluida la crítica de «los fines»; y los prudentes ejemplos que brinda de sus actividades legítimas —la «reforma constitucional» y «una tendencia hacia una mayor igualación de los ingresos»— deja patente que se parte de la base de que ha de operar dentro del supuesto de nuestra sociedad presente.[18] La condición de la razón en el esquema que da de las cosas el profesor Popper es, de hecho, parecida a la de un funcionario británico, con poderes para administrar conforme a las políticas del gobierno en el Poder y aun para sugerir mejoras prácticas encaminadas a hacerlas funcionar mejor, pero sin derecho a poner en tela de juicio sus premisas básicas o sus metas últimas. Es ésta una tarea útil: yo también he sido en mi día funcionario. Pero esta subordinación de la razón a los axiomas del orden existente me parece totalmente inaceptable a la larga. No era así como Acton concebía la razón cuando proponía su ecuación: revolución-liberalismo-el imperio de las ideas. El progreso en los asuntos humanos, en la ciencia, o en la historia, o en la sociedad, ha provenido fundamentalmente de la valerosa disposición de los seres humanos a no limitarse a buscar la mejora, pedazo a pedazo, de la forma de hacerse las cosas, sino a librar, en nombre de la razón, batallas fundamentales al modo corriente de hacerlas y a las premisas confesadas u ocultas de que éste parte. Espero que llegará el tiempo en que los historiadores, los sociólogos y los pensado-

17. K. Popper, *The Poverty of Historicism*, 1957, pp. 67, 74.
18. Íbid., pp. 64, 68.

res políticos del mundo de habla inglesa recobrarán su valor para
emprender esta tarea.

No es, empero, el palidecimiento de la fe en la razón entre los
intelectuales y los pensadores políticos del mundo de habla inglesa
lo que más me turba, sino la pérdida de la embargadora sensación
de un mundo en moción perpetua. Esto parece a primera vista paradójico; porque pocas veces ha habido tanta charla superficial
acerca de los cambios que tienen lugar a nuestro alrededor. Pero
lo importante es que ya no se ve el cambio como un logro positivo,
una oportunidad, un progreso, sino como un objeto de temor.
Cuando nuestros augures políticos y económicos sentencian, nada
tienen que ofrecernos fuera de ponernos en guardia frente a las
ideas radicales y de largo alcance, instarnos a que nos mantenga-
mos alejados de cuanto pueda tener matices revolucionarios, y a
que avancemos —ya que hemos de avanzar— tan despacio y con
tanta cautela como quepan. En un momento en que el mundo está
mudando de aspecto, más rápida y más radicalmente que en cualquier otro período de los últimos cuatrocientos años, esto se me
antoja ceguera singular, que alimenta la aprensión no de que un
movimiento de dimensiones mundiales como éste se va a detener,
sino de que este país, y acaso otras naciones de habla inglesa, que-
den postergados en el avance general, y caigan inermes y resigna-
dos en algún remanso de nostalgia. Por lo que a mí hace, sigo siendo un optimista; y cuando sir Lewis Namier me instiga a eludir
programas e ideales, y cuando el profesor Oakeshott me anuncia
que no vamos a ninguna parte concreta y que lo que importa es ve-
lar porque nadie mueva el barco, y cuando el profesor Popper se
empeña en conservar en la carretera aquel simpático modelo T por
arte de un tantico de remiendo pieza por pieza, y cuando el profesor Trevor-Roper da en la nariz a los radicales alborotados y el profesor Morison aboga por una historia escrita con sano espíritu conservador, yo vuelvo la mirada a la calle, sobre un mundo en
tumulto y un mundo a la obra, y contesto con las manidas palabras
de un gran científico: «Y, sin embargo, se mueve».